A*t* V

Ralf Höller, geb. 1960, studierte Anglistik und Ge-
schichte in Bonn. Nach mehrjährigem Aufenthalt in
Großbritannien arbeitete er als Übersetzer in Bonn und
Stuttgart. Heute lebt er als freier Journalist in Bonn.

Er veröffentlichte im Aufbau Taschenbuch Verlag das
Buch »Der Anfang, der ein Ende war. Die Revolution in
Bayern 1918/19« (1999).

In diesem Buch geht es um Unzufriedene, Querdenker,
Verweigerer und Rebellen, die sich gegen die herrschenden Eliten auflehnten. Die Eliten, das waren Aristokraten
und Kirchenfürsten, Armeegeneräle und Kolonialherren,
die ihren Herrschaftsanspruch mit der Gnade der Geburt
und dem Gesetz Gottes, der Macht ihrer Waffen und ihren
ökonomischen Interessen begründeten. Die Rebellen, die
hier vorgestellt werden, besaßen klare Vorstellungen von
einer besseren Gesellschaft. Einigen von ihnen gelang es
sogar, diese in die Tat umzusetzen – auch wenn ihr Lebenswerk unter ihren Nachfolgern wieder zerfiel. Aus
heutiger Sicht ist es verblüffend zu beobachten, mit welch
fortschrittlichen Ideen, teilweise aber auch mit welch primitiven Mitteln die Protagonisten des Freiheitskampfes
ihr Ziel verfolgten.

Ralf Höller

Der Kampf bin ich

Rebellen und Revolutionäre
aus sechs Jahrhunderten

Aufbau Taschenbuch Verlag

Mit 14 Abbildungen

ISBN 3-7466-8054-9

1. Auflage 2001
© Aufbau Taschenbuch Verlag GmbH, Berlin 2001
Umschlaggestaltung und Bildkolorierung
Preuße & Hülpüsch Grafik Design
unter Verwendung einer Fotografie des
Revolutionärs Emilio Zapata, ca. 1910, AKG Berlin
Satz Druckhaus Galrev, Berlin
Druck Elsnerdruck GmbH, Berlin
Printed in Germany

www.aufbau-taschenbuch.de

Inhalt

Einleitung 7

Jan Žižka (um 1360–1424).
Ein blindes Volk folgt seinem blinden Führer 11

Michael Gaismair (um 1490–1532).
Der Traum von einer freien Bauernrepublik 39

Gerrard Winstanley (um 1609–1676).
Die Erde als gemeinsame Schatzkammer für alle 67

José Gabriel Cordorcanqui (Túpac Amaru) (1743–1781).
Mythos eines immer wiederkehrenden Aufstandes 89

François-Noël Babeuf (1760–1797).
Der letzte Held der Französischen Revolution 105

José Gaspar Rodriguez de Francia (1766–1840).
Ein Diktator als Wohltäter seines Volkes 131

Mathilde Franziska Anneke (1817–1884).
Deutsche Feministin und Revolutionärin der ersten Stunde . . 153

Louise Michel (1830–1905).
Von der Pariser Kommune zur Ikone der Internationalen
Arbeiterbewegung 171

Mohammed Achmed (1844–1885).
Islamische Fundamentalisten im Lande des Mahdi 189

Menelik II. von Äthiopien (1844–1913).
Versklavte Kolonialherren bauen eine afrikanische Hauptstadt 213

Emiliano Zapata (1879–1919).
Robin Hood in Mexiko 231

Nestor Machno (1889–1934).
Der Erfinder des modernen Partisanenkrieges 257

Valentín González (El Campesino) (1909–1983).
Gegen Franco, Mussolini, Hitler und Stalin 279

Niuta Tajtelbaum (1917–1943).
Die Apokalypse in Warschau 295

Anmerkungen 309
Literaturverzeichnis 316
Quellennachweis 321
Bildnachweis 323

Einleitung

»Jahrhundertelang haben Könige, Priester, Feudalherren, Industrielle und Eltern darauf bestanden, daß Gehorsam eine Tugend und Ungehorsam ein Laster sei«, schreibt der amerikanische Sozialpsychologe Erich Fromm. »Der Grund ist einfach: Bisher hat während des größten Teils der Geschichte eine Minderheit über die Mehrheit geherrscht.«[1]

Gehorsam, zumal gegenüber einer Institution oder einer Macht ausgeübt, ist eine systemerhaltende Eigenschaft. Die Unterwerfung unter einen fremden Willen bedeutet zwar die Preisgabe der eigenen Unabhängigkeit, doch ist sie auch mit Vorteilen verbunden, beispielsweise einer gewissen materiellen Sicherheit oder einer weitgehend streßfreien Existenz. Wer Autoritäten in Frage stellt, verläßt den Weg des geringsten Widerstandes und begibt sich in Gefahr: Plötzlich ist Mann oder Frau gezwungen, sich auf sich selbst zu verlassen, seinem Verstand zu gehorchen und seinem Gewissen zu folgen. Der Ungehorsame ist äußerlich frei; allerdings muß er, um diese Freiheit zu bewahren, sich gegenüber einer ihm feindlich gesinnten Autorität behaupten.

Die Geschichte hält immer wieder Beispiele zivilen Ungehorsams bereit. Vor allem mit dem Anbruch der Neuzeit, geprägt vom Gedanken der Reformation und der Rückbesinnung auf antike Ideale in der Renaissance, setzte in kritischen Köpfen ein autoritätshinterfragendes Denken ein. Geleitet von einem stark ausgeprägten Unrechtsempfinden, waren viele politisch bewußte Menschen nicht mehr bereit, die Verhältnisse als gegeben zu akzeptieren. Statt sich in Gehorsam zu üben, orientierten sie sich an ihren Wünschen und Bedürfnissen, die ihnen aber – so ihre von einem Großteil der Gesellschaft mitgetragene Überzeugung – durch die Gewaltherrschaft einer Minderheit vorenthalten wurden.

Um solche Unzufriedenen, Querdenker, Verweigerer und Rebellen geht es in diesem Buch. Aus unterschiedlichen Gründen lehnten sie sich gegen die ihre Gesellschaft beherrschenden Eliten auf. Die Eliten, das waren Aristokraten und Kirchenfürsten, Armeegeneräle und Kolonialherren, die ihren Herrschaftsanspruch mit der Gnade der Geburt und dem Gesetz Gottes, der Wirkung ihrer Waffen und der Wahrung ihrer Wirtschaftsinteressen begründeten. Die Rebellen, die hier vorgestellt werden, besaßen klare Vorstellungen von einer Verbesserung ihrer Gesellschaft. Einigen von ihnen gelang es sogar, diese in die Tat umzusetzen – auch wenn ihr Lebenswerk unter ihren Nachfolgern wieder verfiel. Aus heutiger Sicht ist es verblüffend zu beobachten, mit welch fortschrittlichen Ideen – aber teilweise auch mit welch primitiven Mitteln – die Protagonisten des Freiheitskampfes ihr Ziel verfolgten.

Michael Gaismair etwa, ein ungebildeter Bauernführer aus Südtirol, ersann in einer Zeit, da in weiten Teilen Europas noch finsterstes Mittelalter herrschte, eine Gesellschaftsordnung, die ebenso fortschrittlich war wie die Entwürfe von Generationen von Sozialrevolutionären nach ihm. Gerrard Winstanleys Landkommunen, ein Jahrhundert später entstanden, wurden von der Hippiebewegung der sechziger und siebziger Jahre mit Begeisterung kopiert. Freiheitskämpfer wie Túpac Amaru und Emiliano Zapata stehen heute noch Pate für zahlreiche Widerstandsbewegungen in Lateinamerika; die Partisanen Nestor Machno und Valentín González dienten späteren Revolutionären wie Mao Tsetung und Che Guevara zum Vorbild. Mathilde Franziska Anneke und Louise Michel, beide Ikonen der internationalen Frauenbewegung des 19. Jahrhunderts, ließen ihre feministischen Überzeugungen in den Freiheitskampf der badischen und Pariser Revolutionäre einfließen. Jan Žižka, böhmischer Rebell und Anhänger des Reformators Jan Hus, beendete die Fremdherrschaft der Habsburger in seiner Heimat und war mitverantwortlich für die Entstehung eines tschechischen Nationalbewußtseins. Kaiser Menelik war der erste Afrikaner, dem es gelang, eine europäische Kolonialmacht zu besiegen; erst 40 Jahre nach der Schlacht von Adua war es Mussolini beschieden, Äthiopien zu unterwerfen. Mohammed Ahmed, der Mahdi, errichtete als Führer einer radikal-fundamentalistischen Bewegung im Sudan ein Jahrhundert vor der iranischen Revolution einen islamistischen Staat. Der Versuch des Gracchus Babeuf, die Ideale der französischen Revolution zu retten, scheiterte zwar, doch seine Konspiration lieferte das Muster für zahlreiche spätere – auch erfolgreiche – Verschwörungen. Was Babeuf nur geplant hatte, realisierte José Gaspar Rodriguez de Francia in der Neuen Welt. Er führte sein Land Paraguay als ersten südamerikanischen Staat in die Unabhängigkeit und regierte es während der ersten drei Jahrzehnte in einem bizarren Sozialexperiment (dem von heutigen Historikern sogar reichlich Lob widerfährt). Tragisch verlief das Schicksal einer der kompromißlosesten Widerstandskämpferinnen gegen die Nationalsozialisten: Niuta Taitelbojm, jüdische Kommunistin aus strenggläubiger Familie, stellte sich im Warschau des Zweiten Weltkriegs den deutschen Besatzern entgegen. Der Apokalypse entging weder sie noch das jüdische Ghetto der polnischen Hauptstadt.

Die Zahl der Rebellionen und Aufstandsbewegungen im gesamten Verlauf der Weltgeschichte ist bei weitem zu groß, um sämtlichen in einem Buch gerecht zu werden. Auch wurden die Taten einzelner Heldinnen und Helden wie Che Guevara oder Jeanne d'Arc in der einschlägigen Literatur bereits erschöpfend behandelt. Die vierzehn Rebellen dieser Anthologie, von Jan Žižka bis Niuta Taitelbojm, haben ebenfalls Bedeutendes geleistet. Doch nicht jeder von ihnen hat seinen Platz in der Geschichte gefunden. Wer kennt heute noch Michael Gaismair oder Nestor Machno? Und doch haben diese Revolutionäre zu ihrer

Zeit viel bewegt und noch Generationen nach ihnen beeinflußt. Durch ihre Volksnähe, ihr fortschrittliches Gedankengut und ihre charismatische Ausstrahlung verdienen sie eine eingehende Würdigung. Es wäre schön,
wenn dieses Buch einen Beitrag dazu leisten könnte.

Jan Žižka (um 1360–1424)

Ein blindes Volk folgt seinem blinden Führer

Das größte Reiterdenkmal der Welt steht auf einem Hügel in Prag. Weithin sichtbar, verkörpert es den Feldherrn Jan Žižka, der sich am 14. Juli 1420 der Übermacht des habsburgischen Heeres unter Kaiser Sigismund an diesem Ort entgegenstellte. Der Hügel hieß ursprünglich Vítkov (Veitsberg); nach der Schlacht wurde er, wie auch der gesamte ihn umgebende Stadtteil im Osten der tschechischen Hauptstadt, in Žižkov umbenannt. Diese Verbeugung vor dem großen Freiheitskämpfer läßt den Stellenwert erahnen, den Žižka in der Geschichte unseres Nachbarvolkes einnimmt.

In den Stadtteil Žižkov verirrt sich nur selten ein Tourist. Schlendert er die *Husitská* (Husstraße) entlang, deren Name wie so viele im Viertel der großen Zeit der böhmischen Reformation entlehnt ist, sollte er Ausschau halten

11

nach einem etwas ungewöhnlichen Bierlokal mit dem selbst für Tschechen merkwürdigen Namen *U vystrelenyho oka*. Das Wirtshausschild zeigt einen rücklings auf einem Pferd sitzenden Mann, der in seiner Rechten einen Kelch hält. Ein Auge ist durch eine schwarze Binde verhüllt, das andere blinzelt dem Betrachter tückisch entgegen. Der skurrile Name der Kneipe – ins Deutsche übersetzt heißt *U vystryleniho oka* »Zum ausgeschossenen Auge« – spielt nicht etwa auf die Schlacht am Veitsberg an, sondern auf ein anderes Gefecht mit tragischem Ausgang, das Žižka zu mindestens ebensoviel Berühmtheit verhalf.

Jan von Trocnov wurde um 1360 – das genaue Datum ist nicht bekannt – in dem gleichnamigen südböhmischen Weiler in der Nähe von Budweis geboren. Als erste erwähnenswerte Begebenheit aus seiner Kindheit ist eine handfeste Rauferei mit seinen Spielkameraden überliefert, bei welcher der kleine Jan sein rechtes Auge verlor. Seitdem trug er den Spitznamen *Žižka*, die tschechische Bezeichnung für »einäugig«.

Der Gegensatz zwischen der vorwiegend deutschen Oberschicht und tschechischen Handwerkern und Bauern prägte in der Zeit der böhmischen Reformation nicht nur die Hauptstadt Prag. Auch in der südböhmischen Grenzregion, in der Žižka aufwuchs, machten sich neben dem allgegenwärtigen katholischen Klerus vor allem die deutschstämmigen Adelsgeschlechter breit. So hatte selbst in einem ursprünglich rein tschechischen Dorf wie Trocnov die Familie der Rosenbergs aus dem benachbarten Böhmisch-Krumau (Cesky Krumlov) das Sagen. Bauern- und Kleinadelsfamilien verloren aufgrund der Erbteilung immer mehr an Besitz. Oft blieben nur so kleine Parzellen übrig, daß deren Bewirtschaftung nicht für die Aufbringung des Existenzminimums ausreichte. Als Folge mußten sich die Eigentümer in die Abhängigkeit eines reichen Grundherrn begeben. Darüber hinaus sicherten Hochadel und Klerus ihre Privilegien gegenüber dem gemeinen Volk auch mit politischen Mitteln ab. Primär suchten sie zu verhindern, daß die Ideen des populären Reformators Jan Hus in Böhmen Fuß faßten.

Hus hatte – beeinflußt von seinem englischen Vorbild John Wyclif – die Ursache des Verfalls der katholischen Kirche in der Anhäufung ihres weltlichen Besitzes gesehen. Nirgendwo in Europa hatte der Klerus so viel Besitztümer an sich gerafft wie in Böhmen. Die Hälfte des Landes befand sich in der Hand des Prager Erzbischofs, der Diözesen und Kapitel und der zahlreichen Klöster. Ein Sechstel gehörte der Krone, das übrige Drittel teilten sich die Städte, die freien Bauern, der niedere und der hohe Adel, wobei sich letzterer den Löwenanteil sicherte.

Mit seiner Kritik schonte Hus weder den böhmischen Dorfpfarrer noch den römischen Papst. Er predigte für eine Kirche, die materiellen Werten entsagen und zu ihren Ursprüngen zurückkehren sollte. Die Armut Jesus Christus', so Hus, stünde in krassem Gegensatz zu den luxuriösen Klöstern und den prunkvoll ausgestatteten, mit reichen Wand- und Deckenmalereien verzierten Kirchen. Auch der Lebenswandel vieler Geistlicher, die sich Geliebte hielten und ausschweifende Feste feierten, stand in seinen Augen in krassem Gegensatz zur Heiligen Schrift. Hus hielt seine Predigten, die er allesamt der Bibel entnahm, in tschechischer Sprache. Beim einfachen Volk, dem das Latein der Vulgata nicht zugänglich war, stieß er damit auf großen Anklang.

Hus brachte nicht nur Klerus und Adel auf dem Land gegen sich auf. Er machte sich auch das deutsche Patriziat in der Hauptstadt zum Feind. Bereits Mitte des 12. Jahrhunderts waren den deutschen Kaufleuten weitreichende Privilegien verliehen worden, die sie von Militärdienst und Steuerlast befreiten und der tschechischen Gerichtsbarkeit entzogen. Die Einwohner Prags waren auch geographisch voneinander getrennt: Auf der Kleinseite, unterhalb des Hradschin, lebte die deutsche, in der Neustadt jenseits des Moldauufers die tschechische Bevölkerung. Die Deutschen stellten den überwiegenden Anteil der Ratsherren, leiteten die 1348 gegründete und nach Bologna, Oxford und Paris viertgrößte europäische Universität und beherrschten den gesamten Handel der Stadt. Die Tschechen dominierten das Handwerk; aus ihren Reihen bildete sich auch die Unterschicht der einfachen Arbeiter, der Tagelöhner und der zahlreichen Arbeitslosen heraus.

Auf Initiative Hus' begann der böhmische König Wenzel IV, die Vormachtstellung der Deutschen in Böhmen aufzubrechen. Hus wurde am 14. Januar 1408 zum Rektor der Prager Universität ernannt. Der folgende Exodus von 2 000 deutschen Studenten und Professoren führte zur Gründung der Universität Leipzig.

Dem römischen Papst blieb das Treiben Hus' im fernen Prag nicht verborgen. Seine Tiraden gegen Ablaßhandel und Ämterkauf, verbunden mit der Rückbesinnung auf die Bibel, die für die Katholiken im Lauf der Jahrhunderte immer mehr an Wert verloren hatte, drohten die päpstliche Machtposition nun auch in Mitteleuropa ernsthaft zu gefährden. Ohnehin war nach dem fehlgeschlagenen Versuch, auf dem Konzil von Pisa das seit 1378 bestehende Schisma zu beenden, die katholische Kirche im Westen vom Verfall bedroht. Papst Johannes verlangte von Hus vor allem die Abschaffung der von den Hussiten praktizierten Kommunion in Form von Hostie und Kelch entsprechend dem Leib und dem Blut Christi. Als Hus sich weigerte, belegte ihn der römische Kirchenhirt mit der Exkommunikation. Daraufhin begab sich Hus im Sommer 1412 ins Exil auf die südböhmische Burg Kozí, von wo aus er seine Predigten fortsetzte.

Ein neues Konzil wurde nach Konstanz einberufen, auf dem Hus seiner Lehre abschwören sollte. Mit der Zusicherung des freien Geleits durch den deutschen und römischen König Sigismund begab sich Hus an den Bodensee. Doch auf der Konstanzer Versammlung wurde Hus nicht einmal angehört. Statt dessen endete der große tschechische Reformator am 6. Juli 1415 wie so viele Ketzer vor ihm auf dem Scheiterhaufen.

Über Žižkas Leben bis zu jener Zeit ist nicht viel bekannt. Er war Anführer einer Räuberbande, die ihren Privatkrieg mit der Familie Rosenberg führte. Ein Bruder Žižkas, der den Gegnern in die Hände fiel, wurde in Budweis enthauptet. Daraufhin konzentrierte Žižka seine Aktivitäten gegen die Stadt und stellte diese erst ein, als König Wenzel ihm und seiner Bande eine Amnestie gewährte. Der königliche Strafrabatt war nicht uneigennützig. Wenzel hatte Žižkas militärisches Talent erkannt und nutzte es zu seinen Zwecken. So kämpfte Žižka als Anführer eines tschechischen Bataillons an der Seite des siegreichen polnischen Königs in der Schlacht von Tannenberg 1410 gegen den Deutschen Orden. Nach weiterer militärischer Tätigkeit und einem Intermezzo in der Heimat trat Žižka im Jahre 1414 in den Dienst des königlichen Hofes ein. Er bezog ein Haus in der Straße Na Prikope nahe des Königshofes, wo heute der Pulverturm steht.

Der Wortbruch des Kaisers und die schändliche Verbrennung Hus' sorgten in ganz Böhmen für Aufruhr in der Bevölkerung. Doch bekam die katholische Kirche durch die Beendigung des Schismas und die Wahl Martins zum Papst bald wieder Oberwasser. Dies schlug sich in einer Reihe repressiver Maßnahmen gegen die Hussiten nieder, die vom böhmischen König mitgetragen wurden. In Prag ließ Wenzel bis auf drei alle hussitischen Kirchen schließen. Bald nahmen die Deutschen wieder ihre alte Vormachtstellung ein.

Auch Žižka wurde von der Unruhe in der Hauptstadt erfaßt. Er hatte mit den Ideen Hus' in seiner südböhmischen Heimat Bekanntschaft gemacht, wo der Reformator nach seiner Exkommunikation predigte. Obwohl dem König gegenüber loyal gesinnt, maß Žižka der Glaubensfrage größere Bedeutung zu als weltlichen Angelegenheiten. Žižkas Pfarrei mit der Kirche Maria Schnee (Panny Marie Snezné) am Fuße des heutigen Wenzelsplatzes war eine der letzten Bastionen der Hussiten in der Hauptstadt. Ihr Prediger Jan Zelivsky war ein brillanter Rhetoriker und verfügte über eine große Anhängerschaft. In seinen Reden verkündete er das Wort Gottes gegen eine weltlich orientierte Kirche:

»Das Wichtigste ist die absolute Ergebenheit in den Willen Gottes, der unser gütiger Vater ist; an ihn müssen wir immer glauben, ihm müssen wir gehorchen, und für nichts achten müssen wir die verlogenen Anordnungen der Menschen: der Päpste, der Kardinäle, der verräterischen Magister. Ein wahrer Christ ist arm, demütig, geduldig, wahrhaftig, einfach, aufrichtig und rein.«[1]

Zelivsky sparte auch nicht mit Kritik an der weltlichen Macht. Er prangerte vor allem die Arroganz des Patriziats an, das am Volk vorbei regierte und dessen Herrschaft im Rat sich längst zum Selbstzweck entwickelt hatte:

»Ratsherren, steht Rede und Antwort! Ein Richter soll sich nicht bestechen lassen, denn die Annahme von Geschenken ist der Untergang der Gerechtigkeit. Aber sie wollen ja nicht richten, ja nicht einmal eine Streitsache anhören, wenn sie kein Geschenk erhalten! Können sie aber nicht anders, so verkaufen sie wenigstens die Getränke teurer.«[2]

Žižka war von Zelivskys Ideen und seiner Person sehr angetan. Bald entwickelte sich zwischen beiden Männern eine Freundschaft.

In seinen Predigten kritisierte Zelivsky ebenfalls die Unterdrückung seiner Glaubensgemeinschaft, die sich in erster Linie aus den Bewohnern der Neustadt rekrutierte. Am 30. Juli 1419 hatte sich wieder eine große Ansammlung von Menschen in seiner Kirche eingefunden, unter ihnen auch Žižka. Angeführt von Zelivsky begab sich die Menge anschließend zum Neustädter Rathaus, um die Freilassung aller in den letzten Monaten verhafteten Hussiten zu verlangen. Ein heftiger Disput entspann sich zwischen den Demonstranten auf dem Karlsplatz und den Ratsherren, die sich aus den Fenstern der oberen Stockwerke herauslehnten und wohl auch einige Gegenstände auf die Protestierenden herabwarfen. Daraufhin verschafften sich die aufgebrachten Hussiten gewaltsam Eingang in das Gebäude:

»Das Tor wurde erbrochen. Die Hussiten stürmten hinauf, es kam zu einem kurzen Handgemenge. Dann wurden die Ratsherren und ihre Begleiter, etwa zwölf Personen, vom Turm auf das Pflaster gestürzt. Wer durch den Fall noch nicht tot war, wurde niedergemacht. Niemand durfte plündern, die Leichen mit den kostbaren Amtsketten lagen auf dem Platz. Es war kein rasender Mob, obwohl auch gerast und geschrien wurde. Die Schutzmannschaft, angeblich 300 Mann stark, die anrückte, zog es vor, sich ohne Kampf zurückzuziehen.«[3]

Als ›Prager Fenstersturz‹ gingen die Vorgänge in und um das Neustädter Rathaus in die Geschichte ein. Die Aufrührer machten sich umgehend daran, ihren Erfolg politisch auszunutzen. An Ort und Stelle wählten sie einen neuen Stadtrat, dem fortan eine entsprechend große Anzahl von Hussiten angehörte. Als König Wenzel die Nachricht von der Revolte zu Ohren kam, steigerte er sich in einen Tobsuchtsanfall. Die unvorsichtige Bemerkung aus der Runde seiner Berater, mit einer solchen Revolte habe er aufgrund seiner Repressalien gegen die Hussiten doch rechnen müssen, konterte er, indem er seinen Dolch zog und sich auf den vorlauten Beamten stürzte. Erst im letzten Moment konnten die Umstehenden den Rasenden von einem Mord abbringen. Allerdings regte sich Wenzel so stark auf, daß er, noch während er von kräftigen Händen festgehalten wurde, einen Schlaganfall erlitt und halbseitig gelähmt blieb.

Die heikle Angelegenheit endete in einem Kompromiß: Der neue Stadtrat versicherte dem Monarchen seinen absoluten Gehorsam; im Gegenzug erkannte Wenzel die neue Zusammensetzung des Gremiums an. Doch sollte auch dieser Friede nicht von Dauer bleiben, denn nur zwei Wochen später ereilte den König ein erneuter Schlaganfall, der ihn endgültig hinwegraffte. Durch seinen Tod fühlten sich die Hussiten zu weiteren Angriffen berufen.

Ihr nächster Schlag galt dem Kartäuserkloster im Stadtteil Smíchov, das den asketischen Hussiten seit langem ein Dorn im Auge war. Durch königliches Privileg von jeder Steuerlast befreit, hatte es immense Reichtümer angesammelt. Die Mönche waren ausschließlich deutschstämmig und unterhielten beste Beziehungen zum deutschen Patriziat in der Altstadt. Außerdem war den Hussiten die Stimmungsmache der Kartäuser gegen den Reformator, die sie vor und auf dem Konstanzer Konzil betrieben hatten, in unangenehmer Erinnerung geblieben; sie gaben den Kartäusern sogar eine Mitschuld am Flammentod ihres Märtyrers. Angeführt von Žižka, vertrieben die Hussiten alle Mönche aus dem prachtvollen Gebäude und legten es in Asche. Es wurde nie wieder aufgebaut.

Das Haus Luxemburg, dessen Linie seit Karl IV. die böhmischen Herrscher entstammten, hatte keinen männlichen Thronfolger aufzuweisen. Demzufolge übernahm Sigismund, der gleichzeitig römischer, deutscher und ungarischer Kaiser war, auch das Zepter in Böhmen. Aufgrund der Gefahr, die ihm durch die aufstrebende türkische Großmacht drohte, konnte er seine Residenz in Buda kaum verlassen. Die häufige Abwesenheit des Königs machte die wegen seines Wortbruchs gegenüber Hus ohnehin bereits tief verwurzelte Abneigung des aufrührerischen Volkes gegen seinen landfremden Herrscher nur noch schlimmer. Der Konflikt zwischen Oberschicht und Unterschicht, zwischen Katholiken und Protestanten in

Böhmens Hauptstadt wurde um einen weiteren Aspekt bereichert: den des Nationalismus.

In Prag bliesen die Hussiten zur Jagd auf die Deutschen. Sie warfen ihnen vor, sich auf Kosten der tschechischen Bevölkerungsmehrheit bereichert und unrechtmäßig eine große Machtfülle an sich gerissen zu haben. Die Verfolgungen trieben viele deutsche Einwohner Prags in die Emigration. Anders als in vielen ähnlich gelagerten Fällen in der Geschichte, in denen die Juden als Sündenböcke für die wirtschaftliche Misere des Mehrheitsvolks hinhalten mußten, blieb ihre zahlenmäßig starke Kolonie in der Moldaumetropole völlig von Pogromen verschont. Die Hussiten sahen in den Juden aufrechte Anhänger ihres Glaubens und respektierten sowohl ihre religiöse Einstellung als auch ihre Rolle im Prager Handels- und Geschäftsleben.

Eine aus tschechischen Bürgern gebildete Prager Versammlung forderte von Sigismund die Rücknahme aller gegen die Hussiten gerichteten Diskriminierungen. Der neue Herrscher hielt sich mit festen Zusagen zurück, versprach aber, bei seinem Einzug auf dem Hradschin die religiöse Frage zur Zufriedenheit aller zu lösen.

Während in Prag die Zeit verging, ohne daß sich Sigismund in der Hauptstadt blicken ließ, entwickelte sich die Region, die Hus zu seinem südböhmischen Exil gewählt hatte, zu einer Hochburg des religiösen und nationalen Widerstands. In Sezimovo Ustí, 80 Kilometer südlich von Prag, sammelten sich die Unzufriedenen, die von der Entwicklung der Ereignisse seit dem Fenstersturz enttäuscht waren. Neben religiösen Eiferern und tschechischen Nationalisten pilgerten verarmte Bauern und Tagelöhner in das Städtchen an der Lusnitz. Ihre gemeinsamen Hoffnungen auf eine Besserung ihrer Lebensverhältnisse wurden genährt von Prophezeiungen, die eine Wiederkehr des Herrn zur Erde im Jahre 1420 voraussagten. Sie identifizierten die päpstliche Kirche mit der

Hure Babylon und ihren obersten Hirten mit dem Antichrist. Ihre Heilserwartung verbanden sie mit der Aussicht, durch einen urchristlichen, streng an der Bibel orientierten Lebenswandel vom großen Fegefeuer verschont zu bleiben.

Auch Žižka verschlug es nach Sezimovo Ustí, nachdem sein Versuch, zusammen mit Zelivsky die Prager Bürger weiter aufzuwiegeln und sie zur offenen Rebellion gegen Sigismund zu bewegen, fehlgeschlagen war. Die Hauptstädter, angeführt von den tschechischen Adligen und den Magistern der Universität, gaben sich mit der vom König in Aussicht gestellten Sanktionierung der vier Prager Artikel zufrieden. Dieser Minimalkonsens aller hussitischen Strömungen beinhaltete den Verzicht des Klerus auf irdische Güter und weltliche Herrschaft, die Bestrafung von Geistlichen, die Ämter- und Pfründehandel betrieben oder einen unchristlichen Lebenswandel führten, die freie Verkündung der Heiligen Schrift auch in tschechischer Sprache und den Empfang der heiligen Kommunion in beiderlei Form.

Den Hussiten in Sezimovo Ustí gingen die Prager Artikel nicht weit genug. Sie verlangten nicht nur für Priester, sondern auch für jeden Laien das Recht, das Wort der Bibel frei zu verkünden. Die Verpflichtung, gegenüber einer Obrigkeit Eide zu leisten, sollte abgeschafft werden; desgleichen Reliquienkult und Heiligenverehrung. Beides lehnten die Radikalen ebenso ab wie Messen für Verstorbene, da diese Rituale in ihrer Sichtweise nicht der biblischen Lehre, sondern einem allein den Interessen des katholischen Klerus zugute kommenden Aberglauben eines ungebildeten Volkes entsprachen.

Die Kirchen, so behaupteten die Radikalen, seien nicht mehr das Haus Gottes, sondern das des Teufels. In Altären, Monstranzen und anderen goldenen oder silbernen Kleinodien sahen sie nichts anderes als Götzensymbole, wie der Chronist Laurentius von Brezová beschreibt:

»Und wo sie es vermochten, brachen sie in die Kirchen ein, verbrannten sie oder schändeten sie auf andere Weise. Gestiftete Altäre warfen sie zusammen, und dann haben sie die Altarflügel zerbrochen und für den heiligen Gottesdienst unbrauchbar gemacht. Sie predigten außerdem, daß die Klöster der Mönche Räuberhöhlen seien, die gegen das Gesetz Christi schlecht gegründet worden seien. Da Christus seinen Jüngern und durch sie allen Priestern befohlen hatte, daß sie sich nicht von der Welt abschließen, sondern in alle Welt gehen, predigen und im Namen des Sohnes, des Vaters und des Heiligen Geistes taufen sollten, deswegen sollten reich ausgestattete und Bettelordensklöster von den Gläubigen aufgebrochen und zerstört werden, so daß alle Mönche in alle Welt gehen würden, um das Evangelium zu predigen.«[4]

Die Radikalen sprachen dem Episkopat das Recht ab, Priester zu ordinieren. Statt dessen sollten die Bischöfe von Priestern gewählt werden. Die Pfarrer in Sezimovo Ustí hatten im Gegensatz zu katholischen Geistlichen keine Machtposition mehr inne. Ihre Aufgabe war es, der Gemeinde zu dienen. Diese hatte das Recht, dem Bischof die Kandidaten für das Priesteramt vorzuschlagen. Auch Laien konnten Pfarrer werden, sofern sie sich als bibelfest erwiesen und der Gemeinde wertvolle Dienste geleistet hatten.

Die radikalen Hussiten gründeten eine neue Siedlung um die Burg Hradiste auf einem Hügel in unmittelbarer Nachbarschaft von Sezimovo Ustí. Nach dem Berg der Heiligen Schrift, auf dem Christus seine Wiederkehr verkündet hatte, gaben sie dem Ort den Namen *Tábor* und nannten sich selbst *Taboriten*. Tábor ist auch das tschechische Wort für ›Lager‹. In Erwartung kommender schwerer Kämpfe und militärischer Auseinandersetzungen sicherten die Taboriten ihre Neusiedlung mit einer doppelten Befestigungsmauer ab, die auch heute noch das Zentrum der 35 000 Einwohner-Stadt umgibt.

Žižka schloß sich den Taboriten in der Erwartung an, zusammen mit ihnen den Kampf für eine gerechtere soziale Ordnung zu führen. Er forderte, »daß die Macht der Priester, angefangen vom höchsten, dem Papst selbst, bis zum gemeinsten und niedrigsten, nicht mehr hingenommen wird, daß diese weder Landgüter besitzen noch Abgaben eintreiben dürfen, und daß die Herrschaft des Klerus, die er mit Hilfe des weltlichen Adels ausübt, abgeschafft wird«.[5]

Žižka schwebte eine Gesellschaft vor, in der alle von den Erträgen der gemeinsamen Arbeit leben und in der es keine Rangunterschiede geben sollte. Feudale Abgaben, Pachten und Zinse sollten abgeschafft und statt dessen Vorratsspeicher angelegt werden, aus denen sich jeder nach seinen Bedürfnissen bedienen konnte. Anfangs funktionierte dies auch in Tábor; jedenfalls solange die Versorgung mit den zum Leben notwendigen Mitteln gesichert war.

Die Taboriten hatten allerdings richtig vorausgesehen, daß die friedliche Situation in Böhmen nicht lange vorhalten würde. Sobald sich die Lage in seiner ungarischen Heimat für Sigismund entschärft hatte, fühlte er sich stark genug, gegen die böhmischen Ketzer vorzugehen. Unterstützt wurde er von Papst Martin, der am 1. März 1420 zu einem Kreuzzug gegen die Hussiten aufrief. Jedem, der daran teilnahm, sollten sämtliche in der Vergangenheit begangenen Sünden erlassen werden.

Rund 100 000 Söldner aus ganz Europa folgten dem Ruf aus Rom und drangen in Böhmen ein. Überall, wo die Kreuzfahrer auf Widerstand stießen – darunter verstanden sie bereits die bloße Weigerung, der neuen Lehre zu entsagen – gingen sie mit brutaler Härte gegen die Bevölkerung vor. Viele Anhänger Hus' landeten wie ihr großes Vorbild auf dem Scheiterhaufen. In Kuttenberg (Kutná Hora), einer mehrheitlich von Deutschen bewohnten Silberbergwerksstadt östlich von Prag, wurde ein Kopfpreis auf Hussiten ausgesetzt. Zuerst wurden die Ketzer, egal ob Erwachsene oder Kinder, Männer oder Frauen, Priester oder Laien, öffentlich gehängt; als der Henker mit der Arbeit nicht mehr nachkam, wurden die Hussiten in Bergwerksstollen geworfen, wo sie, wenn sie nicht durch den Sturz zu Tode kamen, langsam verhungerten. Auf diese Weise kamen 1 600 Hussiten ums Leben; der größte dieser Stollen, in dem sich Hunderte von Leichen befanden, wurde von den Mördern in Verhöhnung ihrer Opfer ›Tábor‹ getauft.

Die Kreuzfahrerheere drangen rasch von allen Seiten auf Prag vor. Die Hauptstädter waren bereit, Sigismund, der noch nicht als böhmischer König gekrönt war, alle Stadttore zu öffnen und – falls er dies wünsche – sogar eine Bresche in die Mauern zu schlagen. Sigismund erwartete ihre Abordnung in Kutná Hora, wo er von der deutschen Bevölkerung begeistert empfangen worden war. Er forderte von den Prager Bürgern die bedingungslose Kapitulation und die Auslieferung aller Waffen. Erst wenn diese in den Garnisonen auf dem Hradschin oder auf dem Vyšehrad, wo sich die neustädtische Königsburg befand, eingetroffen seien, würde er Einzug in Prag halten und dortselbst das Urteil über die widerspenstige Hauptstadt fällen.

Die Prager weigerten sich, die von ihrem zukünftigen König geforderte bedingungslose Kapitulation anzunehmen. Sie machten sich umgehend an den Ausbau der Stadtbefestigungen und sahen sich überall im Land nach Bundesgenossen um. Als erster antwortete Žižka auf den Hilferuf aus der Hauptstadt. Er hatte in der Zwischenzeit in Tábor ein ansehnliches Heer aufgebaut. Mit diesem führte er vereinzelte Feldzüge gegen die Klöster und Burgen in Südböhmen, die sich sämtlich in der Hand von Hussitengegnern befanden.

Žižka erhielt den Prager Hilferuf am 16. Mai. Es mußte ihm gelingen, vor den Truppen Sigismunds die Hauptstadt zu erreichen. Deshalb setzte er bereits zwei Tage später seine Armee, die mehrere tausend Soldaten zählte, in Bewegung. Er nahm auch die Frauen und Kinder aus Tábor auf seinen Feldzug mit. Doch behinderte ihn diese unorthodoxe Maßnahme in keiner Weise bei seinem Vormarsch. Er bewältigte die 80 Kilometer Distanz in nur zwei Tagen – doppelt so schnell wie eine herkömmliche Armee; und das, obwohl sein Heer auf halbem Weg bei Benesov von der Armee des königstreuen Bohuslav von Svamberg angegriffen wurde.

Žižka hatte eine für die damalige Zeit revolutionäre Taktik entwickelt. Anders als die Ritterheere verzichtete er auf schwere Panzerungen, die zwar den einzelnen Kämpfer schützten, dafür aber die Bewegungsfreiheit der gesamten Armee beeinträchtigten. Statt dessen setzte Žižka auf eine mobile Artillerie. Er ließ mehrere leichte Feldschlangen oder auch eine schwere Kanone auf einen von Pferden gezogenen Wagen montieren. Sobald seine Späher die feindliche Armee erblickten, suchte er sich einen strategisch günstigen Punkt, etwa eine natürliche Erhebung oder einen schwer zugängliche Stelle im Gelände aus, die der feindlichen Kavallerie nicht viel Raum zum Manövrieren bot. Anschließend gab er Befehl, daß sich die Fahrzeuge in einem Karree aufstellen sollten. Um die so gebildete Wagenburg ließ er in aller Eile einen improvisierten Graben ausheben, der es dem Gegner unmöglich machte, unmittelbar an seine Soldaten heranzukommen. Žižkas Taktik kam zugute, daß die Ritter gewohnt waren, Mann gegen Mann zu kämpfen und auf ihre schwere Panzerung vertrauten. In bezug auf die Organisation waren sie dem mobilen Taboritenheer hoffnungslos unterlegen. Außerdem verging einfach zu viel Zeit, bis die schwerfälligen Ritter zum Gegner aufgeschlossen hatten und ihn zum Kampf stellten. Bis dahin hatten Žižkas Truppen sich längst in einer günstigen Schlachtordnung positioniert und sogar noch Zeit gefunden, Gräben zu ziehen. Den Rest erledigte die überlegene Feuerkraft der Taboriten, die außer der Artillerie auch Bogen- und später sogar Pistolenschützen einsetzte. (*Pistala* ist das tschechische Wort für Pfeife; die ersten Handfeuerwaffen, Anfang des 15. Jahrhunderts in Böhmen entwickelt, glichen umgedrehten Pfeifen und wurden unter dem Begriff *Pistole* bald auch von anderen europäischen Nationen zu Kriegszwecken verwendet.) Nach dem Sieg über Svambergs Armee setzte Žižka seinen Weg nach Prag ungehindert fort.

Sigismund rückte von Kutná Hora aus auf Prag vor. Als er Žižka bereits in der Stadt vorfand, war ihm ebenso wie jenem klar, daß die Stadt erst nach einer langen Belagerung fallen würde. Die Kleinseite jenseits der Moldau war durch den Hradschin fest in der Hand der Königlichen, ebenso der Süden durch den Vysehrad. Von hier aus konnten die Belagerer einen Einfall in die Neustadt wagen. Žižka verhinderte dies, indem er einen Graben zwischen dem Vysehrad und der Neustadt anlegen ließ. Sigismund blieb der Weg von Norden her über die Neustadt in die Altstadt. Um dorthin zu gelangen, mußte er jedoch die Moldau überqueren. Dies war nur möglich mit dem Schutz des Hradschin in seinem Rücken. Žižka versuchte daher, die Besatzung auf dem Burgberg auszuhungern und zur Übergabe der Festung zu zwingen. Doch dieser Schachzug mißlang: Als die Soldaten dort sich bereits von Pferdefleisch ernähren mußten, gelang es einem kaiserlichen Stoßtrupp im Schutz der Nacht, sich mitsamt Proviant auf den Hradschin zu schleichen.

Žižka konzentrierte sich auf die Verteidigung des Vítkov, des Veitsbergs, im Osten von Prag. Wenn es Sigismund gelänge, die Moldau an der schmalsten Stelle, dort, wo sie zwischen den heutigen Stadtteilen Holesovice und Liben in einer großen Schleife auf die Insel Stvanice zufließt, zu überqueren, und anschließend den strategisch wichtigen Hügel einzunehmen, konnte er den Belagerungsring um die Stadt schließen und sie von allen Nachschub- und Lebensmittellieferungen, die sie von den östlich gelegenen Dörfern bezog, abschneiden.

Am 14. Juli 1420 kam es zur entscheidenden und einzig wirklich großen Schlacht des gesamten Kreuzzugs. Etwa 20 000 hussitische Verteidiger – die Verbündeten aus befreundeten Städten wie Písek und Tabor im Süden, Zatec und Louny im Nordwesten und Hradec Králové in Ostböhmen eingeschlossen – standen einer vierfachen Übermacht gegenüber, die Sigismund aus nicht weniger als zwei Dutzend Nationen rekrutiert hatte.

Bis zum Mittag hatten Sigismunds Truppen die Moldau überquert. Die schlecht befestigte Burg auf dem Veitsberg und die provisorisch ausgehobenen Gräben, die nicht aus Stein, sondern nur aus Erdreich bestanden, stellten für die große Armee kein ernsthaftes Hindernis dar. Bald schon hatten die Invasoren den Scheitelpunkt des Hügels erreicht, von dem aus sie auf die ganze Stadt herabblicken konnten. Doch bevor Sigismund die Vítkov-Festung ganz in seinen Besitz bringen konnte, geschah etwas Unvorhergesehenes. Žižka hatte seine Taboriten bislang zurückgehalten und ihnen beschieden, sich zunächst in den Weinbergen zu verstecken. Dann gab er ihnen ein Zeichen, sich an den rückwärtigen Teil der Festung anzuschleichen. Plötzlich standen sich Taboriten und Kreuzfahrer Auge in Auge gegenüber. Die Angreifer waren auf dieses abrupte Zusammentreffen mit der wilden Ketzerhorde alles andere als vorbereitet. Voran der Priester mit der Hostie, gefolgt von Bogenschützen, in zweiter Reihe die Bauernsoldaten mit ihren Dreschflegeln und Spießen, jagten die wild schreienden Taboriten den Kreuzfahrern einen solchen Schrecken ein, daß diese panikartig die Flucht ergriffen. Žižka nutzte die entstehende Unordnung und trieb die Angreifer über die steil abfallenden Hänge des Berges zurück. Dort stießen sie mit den nachrückenden Truppen zusammen. Nicht wenige der Invasoren stürzten in dem entstehenden Chaos zu Tode.

Sigismund unternahm keinen zweiten Versuch, Prag zu erobern. Gewiß, der Schock der Niederlage saß tief, und eine gehörige Portion Respekt oder sogar Angst vor den wilden Taboritenhorden war nicht zu leugnen. Außerdem nutzte Žižka die Zeit, um die Befestigungen am Rand des Vítkov, der seit jenem Tage zu Ehren des siegreichen Feldherrn in *Žižkov* umgetauft wurde, zu erneuern und einen steinernen Graben um die Festung herum anzulegen. Andererseits waren nur einige hundert Soldaten des Kreuzfahrerheeres in der Schlacht gefallen, und die Schlagkraft der mächtigen Armee war ungebrochen. Der wahre Grund, daß Prag in der Hand seiner tschechischen Verteidiger blieb, lag woanders. Sigismund verbot seinen deutschen Söldnern, die Stadt vom Hradschin herab zu bombardieren. Als Eroberer in eine zerstörte Hauptstadt einzuziehen, würde ihm wenig nutzen. Er wollte auch den Gegensatz zwischen Deutschen und Tschechen nicht weiter anheizen. Eine weitere Eskalation hätte Prag zu einer unregierbaren Stadt gemacht. So gab sich Sigismund mit der Zusage der tschechischen katholischen Nobilität zufrieden, sie wollte den Konflikt ohne Hilfe von außen im Sinne des Königs entscheiden. In der St. Veitskathedrale ließ sich Sigismund zum böhmischen König krönen. Das Kreuzfahrerheer belagerte noch bis Ende Juli die Stadt. Jeder Tscheche, der in seine Hände geriet, wurde, egal welchen Glaubens, auf der Stelle umgebracht. Die Leichen blieben einfach liegen und verpesteten mit ihrem Gestank die Luft. Bald waren mehr Belagerer an Seuchen zugrunde gegangen als im Kampf gefallen. Schließlich gaben die Kreuzfahrer auf. Um sie zu entlohnen, mußte Sigismund die Kronjuwelen hergeben und den mit vielen Reichtümern ausgestatteten Veitsdom plündern. Der so siegessicher begonnene Kreuzzug war zu einem Fiasko für König und Papst geworden.

In Prag mußte Sigismund noch eine weitere Niederlage einstecken, als der Vysehrad von den Prager Hussiten eroberт und die Mauer zur Neustadt hin geschliffen wurde. Im Laufe der Jahrhunderte verlor die älteste Prager Burg dann immer mehr an Bedeutung. Žižka ging wieder nach Südböhmen zurück und führte seine Fehde gegen die Rosenbergs fort. Nach der Eroberung von Prachatice rüstete er zum Sturm auf Cesky Krumlov. Angesichts der taboritischen Übermacht bat Ulrich von Rosenberg um einen Waffenstillstand. Als Gegenleistung dafür, daß Žižka die Stadt nicht zerstörte, erkannte Rosenberg die vier Prager Artikel an. Dieser psychologisch wichtige Sieg über den engsten Vertrauten des Königs gab den Taboriten weiter Auftrieb. Während der Belagerung von Stribro in Westböhmen gelang es Žižka, mit Bohuslav von Svamberg einen seiner erbittertsten Gegner gefangenzunehmen. Entgegen seiner Gepflogenheiten behandelte Žižka den Gefangenen gut und setzte ihn lediglich unter Hausarrest. Er besuchte ihn regelmäßig und führte lange Gespräche mit ihm. Svamberg erwiderte seine Großzügigkeit, indem er zu den Taboriten konvertierte.

Sigismund sah seine Felle in Böhmen davonschwimmen. Nach einem vergeblichen Versuch, die Stadt Kladruby in der Nähe von Pilsen von den Taboriten zu befreien, gab er im Frühjahr 1421 auf und zog sich nach Kutná Hora zurück. Aber auch in seiner alten Hochburg hielt es ihn nicht lange. Er ging nach Brünn in Mähren und von dort aus zurück in seine ungarische Heimat.

Die Abwesenheit des Königs nutzte der Prager Radikale Jan Zelivsky aus, um mit den Feinden in Kutná Hora abzurechnen. An der Spitze eines Prager Heeres zog er vor die Stadt, legte die Befestigungen mit der Feuerkraft seiner Kanonen in Schutt und Asche und zwang die Bewohner zur Kapitulation. Nach den Grausamkeiten, die sie gegen die Hussiten begangen hatten, erwarteten die Silberstädter ein fürchterliches Strafgericht. Doch Zelivsky griff zu einem genialen Schachzug: Er gewährte allen Einwohnern Abbitte für ihre Sünden und ließ sie die Prager Artikel anerkennen.

Nicht immer verfuhren die Taboriten so gnädig mit ihren Gegnern. Meistens ließen sie nur die Frauen und Kinder ungeschoren; alle Gegner, die sich weigerten, die heilige Kommunion in Form von Hostie und Kelch anzuerkennen, wurden auf der Stelle umgebracht. Einmal fielen den Taboriten bei einem Gefecht in der Nähe von Sezimovo Ustí sechs feindliche Soldaten in die Hände. Sie versprachen nur demjenigen die Freiheit, der zuvor alle anderen enthauptete. Den Überlebenden nahmen sie anschließend in ihre Reihen auf. Nachdem die Königlichen bei der Rückeroberung der ostböhmischen Stadt Chotebor 700 Taboriten vor den Augen ihrer Frauen und Kinder verbrannten, übte Žižka, der zu dieser Zeit im Norden in der Nähe der deutschen Grenze kämpfte, grausame Rache. In der nächsten Stadt, die ihm in die Hände fiel, ließ er für jeden ermordeten Taboriten zwei Bürger umbringen. So starben im nordböhmischen Chomútov in einer Nacht 1 400 Menschen.

Die Position der Königlichen geriet immer mehr ins Wanken. Nur in wenigen Städten konnten sie sich halten, etwa in Pilsen, in Stribro oder im nordböhmischen Most. Auch einige strategisch wichtige Burgen blieben in ihrem Besitz, darunter der Prager Hradschin und die Festungen Rabí und Bor am Rande des Böhmerwalds.

Am 7. Juli 1421 beriefen die Hussiten einen Landtag nach Cáslav ein. Hier, in unmittelbarer Nähe seiner einstigen Hochburg Kutná Hora, wurde der König für abgesetzt erklärt. Als Gründe wurden neben seinem Ketzertum – die religiösen Vorzeichen in Böhmen hatten sich inzwischen verändert – seine deutschfreundliche Politik und sein Haß gegenüber den Tschechen angegeben. Außerdem warfen die Hussiten ihm vor, das tschechische Volk beraubt zu haben, um seine Kreuzfahrer zu entlohnen.

Die Regentschaft übernahm ein 20köpfiger Rat, dem fünf Angehörige des Hochadels, vier Repräsentanten des Prager Bürgertums und elf Hussiten der verschiedensten Strömungen angehörten; Žižka war einer der Vertreter des radikalen Flügels. Gemeinsam einigten sie sich auf die vier Prager Artikel als Regierungsgrundlage, die den Taboriten zwar nicht weit genug gingen, aber mit denen sie leben konnten.

Mit der Einsetzung des Rates war das größte Problem des Landes, die Regierungskrise, keineswegs gelöst. Zwar hatten sich die Tschechen von der deutschen Fremdherrschaft weitgehend befreit, doch fehlten ihnen die Strukturen eines modernen Staates, um Böhmen dauerhaft regieren zu können. In ihrer Not wandten sie sich zunächst an den polnischen König Wladislaw, und als dieser ablehnte, um einen Affront gegen Sigismund zu vermeiden, boten sie die Krone Witold von Litauen an, der sich nicht abgeneigt zeigte.

Unterdessen machte sich Žižka daran, Böhmen von Sigismunds Truppen zu säubern. Bei seinem Feldzug traf er auf einen alten Bekannten, Ulrich von Rosenberg, der wieder die Seiten gewechselt hatte und in Sigismunds Lager zurückgekehrt war. Nach der raschen Eroberung der Festung Bor nahm Žižka sich die Nachbarburg Rabí vor, von der aus die Königlichen die taboritische Stadt Horazd'ovice bedrohten. Bald hatte er sich mit seinen Truppen bis auf Schußweite an die Burg herangearbeitet. Was weiter geschah, schildert der deutsche Chronist Zacharias Theobald:

»Darauff lest er einen Anlauff an das Schloß geschehen früe wie die Sonne aufgieng, den 29. Mart., An. 1421. Er selbsten stellet sich unter einen wilden Birnbaum, auf das er sehen möchte, wie sich sein Volck verhielt, aber es schoß einer aus einer Feldschlangen unversehens vom Schloß in den Holzbirnbaum, das ihm ein Spreisel in das ander gesunde Auge sprang unnd es verderbet, das er hernach blind.«[6]

Soweit die Legende. In Wirklichkeit wurde Žižka wohl von einem Bogenschützen ins Auge getroffen, vermutlich aus großer Entfernung, so daß die Verletzung nicht tödlich war. Er wurde sofort nach Prag gebracht, aber die Ärzte konnten sein Augenlicht nicht mehr retten. Žižka blieb einige Wochen außer Gefecht gesetzt; doch auch als blinder Heerführer feierte Žižka weiter Erfolge, wie der römisch-katholische Prälat Aeneas Sylvius, der spätere Papst Pius II., zähneknirschend eingestehen mußte:

»Seine Verletzung behinderte ihn weder in der Burgeneroberung noch in der Kriegführung. Und das blinde Volk war ganz zufrieden, daß es einem blinden Führer folgen durfte.«[7]

Im Sommer 1421 rief der Papst zu einem zweiten Kreuzzug gegen die Hussiten auf, der genauso erfolglos verlief wie der erste. Sigismund, der wohl die Vergeblichkeit solcher Bemühungen eingesehen hatte, bemühte sich erst gar nicht von Ungarn aus nach Böhmen. Trotzdem stellten der Kölner und der Trierer Erzbischof sowie die Kurfürsten aus der Pfalz und aus Sachsen als Anführer des Kreuzzugs ein noch größeres Heer zusammen als Sigismund ein Jahr zuvor. Die Entscheidung fiel vor der Taboritenhochburg Zatec. Nachdem es den Invasoren nach zahlreichen mißlungenen Versuchen nicht gelungen war, die Stadt zu stürmen, rückte Žižka an der Spitze eines Prager Heeres von Osten kommend auf Zatec vor. Dieses Mal kam es nicht zu einer Entscheidungsschlacht, da die Kreuzfahrer aus Angst vor einer erneuten Niederlage lieber sogleich das Weite suchten. Wieder einmal hatten sich der Papst und seine deutschen Verbündeten, die Kurfürsten, zutiefst blamiert.

Eine viel ernstzunehmendere Gefahr drohte Žižka von Osten. Sigismund hatte weder aus Feigheit noch aus Sympathie mit den Ketzern, wie ihm von deutscher Seite vorgeworfen worden war, auf die Teilnahme am Kreuzzug verzichtet. Im Gegenteil brannte er darauf, die Scharte von

Prag auszuwetzen. Doch wollte er sich erst nach gründlicher Vorbereitung in ein neues Abenteuer stürzen. Sigismund überließ dieses Mal nichts dem Zufall. Als Heerführer wählte er den Italiener Filippo de Scolari aus, der unter dem Namen Pippo Spano seinen Zeitgenossen als hervorragender Stratege ein Begriff war. Er stellte ein Heer von 50 000 überwiegend ungarischen Soldaten auf, von denen ein großer Teil aus Berittenen bestand. Mit dem Einsatz der geballten Kavallerie hoffte er, Žižkas mobile Artillerie auszumanövrieren.

Am 21. Dezember 1421 trafen vor Kutná Hora die Armeen der so unterschiedlichen Heerführer aufeinander:

»Žižka war das Gegenteil eines Condottiere, und auch das hat die Gemüter seiner Feinde beunruhigt und verwirrt. Daß ein Heerführer von so unverkennbarem Format sich nicht bereicherte, schien ihnen wiederum unmenschlich und dämonisch. Daß er keinerlei Posten und Stellung annahm, auch nicht für seine Verwandten – sein Bruder blieb arm wie er –, war ein Rätsel. Daß ein Kriegsherr – die Condottieri waren fast durchweg herzhafte Atheisten (…) – betete, das Sakrament im Gefecht vorantragen ließ, erschien ihnen ein unerhörter Skandal. Pippo Spano ging in langem Seidenmantel, der am Boden schleppte, mit einem Hut, dessen modische Lappen auf die Schultern hingen. Žižka war bekannt durch seine einfache Kleidung und den Fausthammer, mit dem er selbst zuschlug, solange er sehen konnte.«[8]

Am Abend des ersten Kampftages sah Žižka, dessen Artillerie die gegnerische Reiterei immer wieder zurückgeschlagen hatte, bereits wie der sichere Sieger aus. Doch am nächsten Morgen bot sich ihm ein ganz anderes Bild. Was war passiert?

Mit Hilfe von deutschen Wachsoldaten waren Pippo Spanos Truppen in die Stadt eingedrungen. Die Deutschen, den Taboriten seit jeher feindlich gesonnen, waren von den Königlichen bestochen worden und hatten in der Nacht ein

Stadttor geöffnet. Žižkas Armee war jetzt eingekeilt zwischen den Angreifern von vorn und der Stadt im Rücken.

Žižkas Situation schien hoffnungslos, doch wieder machte er mit seinem militärischen Genie das Beste aus seiner Situation. Bislang wurde Artillerie nur für die Belagerung oder die Verteidigung von Städten genutzt. Žižka setzte sie ein, um sich den Weg durch die feindlichen Linien freizuschießen. Damit hatte Pippo Spano nicht gerechnet. Seine Truppen hielten dem Angriff nicht stand und ließen Žižkas Armee ausbrechen, wenn auch unter großen Verlusten.

In den größeren Städten Ostböhmens, in Hradec Králové, Pardubice, Kolín und Mladá Boleslav, lebten viele Anhänger der Orebiten, einer hussitischen Strömung, die in Glaubensfragen weniger radikal als die Taboriten in Erscheinung trat. Dennoch waren die Orebiten fanatische Gegner Sigismunds und daher bereit, auch im bitterkalten böhmischen Winter gegen die Königlichen zu kämpfen. Mit ihnen füllte Žižka seine gelichteten Reihen rasch auf. Er nutzte das Überraschungsmoment und besiegte Sigismunds Truppen Anfang Januar 1422 bei Nebovidy. Žižka verfolgte die Zurückweichenden bis Nemecky Brod, einer überwiegend von Deutschen besiedelten Stadt, die ihnen Zuflucht gewährt hatte. Dieses Vorgehen war ungewöhnlich für die mittelalterliche Kriegsstrategie. Normalerweise war eine militärische Auseinandersetzung nach der Schlacht beendet; die Sieger übernachteten auf dem Feld, die Verlierer schlichen nach Hause. Žižka jedoch wollte den Feind so nachhaltig treffen, daß ihm eine baldige Wiederaufnahme der Kampfhandlungen unmöglich war, und hatte mit dieser Taktik großen Erfolg. Bei der Überquerung des Flusses Sázava brach das Eis unter dem schweren Troß der kopflos fliehenden Ritter ein. Noch Tage danach war man damit beschäftigt, die in ihren Rüstungen steifgefrorenen Leichen aus dem vereisten Fluß zu bergen.

Schließlich gelang es Žižka ohne viel Mühe, auch Nemecky Brod zu erobern. Er ließ die Stadtmauern solange beschießen, bis die verängstigte Besatzung kapitulierte. Sigismund hatte sich bereits rechtzeitig über Mähren nach Ungarn abgesetzt. Mit diesem großen Sieg hatten sich die Radikalen in Böhmen etabliert; nur die Randgebiete zu Bayern und Sachsen waren teilweise noch in deutsch-katholischer Hand. In Prag stand Jan Zelivsky an der Spitze der Bürgerschaft, in der böhmischen Provinz war Jan Žižka der unumschränkte Herrscher. Doch sollte dieser Zustand nicht lange anhalten.

Zelivskys Anhängerschaft rekrutierte sich aus den Bewohnern der Neustadt, von denen die meisten zur Unterschicht zählten. Solange Prag von den Armeen Sigismunds und der Kreuzfahrer bedroht war, hielten auch die konservativen tschechischen Adligen und die Magister der Universität zu dem radikalen Priester. Paradoxerweise war es Žižka selbst, der mit seinem Triumph über die Königlichen das Ende seines Freundes einleitete. Zelivsky hatte sich mit seinem autoritären Gehabe und seiner Machtbesessenheit, mit der er sich oft über Ratsbeschlüsse hinwegsetzte, viele Feinde unter den Prager Honoratioren gemacht. Seine Entmachtung war nach Abwendung der Invasionsgefahr unter den Ratsherren beschlossene Sache.

Am 8. März lud der Rat Zelivsky und elf seiner engsten Vertrauten zu einer Besprechung ins Altstädter Rathaus. Doch zu besprechen gab es wenig. Statt dessen wurden die Radikalen der Häresie angeklagt, in Ketten abgeführt und noch am selben Tag enthauptet. Zunächst versuchten die Ratsherren, die Exekutionen geheimzuhalten. Doch als das Volk davon erfuhr, erhob sich ein Sturm der Entrüstung. Eine fanatisierte Menge zog zum Rathaus, um die Namen der Verantwortlichen in Erfahrung zu bringen. In den nächsten Tagen wurden neun der Schuldigen, darunter auch der Richter, gestellt und kurz darauf getötet. Ein neuer Rat, bestehend aus Anhängern Zelivskys, wurde umgehend eingesetzt. Doch die Prager Radikalen hatten ihren Führer verloren und sollten sich nicht mehr von diesem Schlag erholen. Nach und nach gewann in der Hauptstadt der Adel wieder die Oberhand.

Im Juni 1422 wählte der Regentschaftsrat auf dem zweiten Landtag von Cáslav Sigmund Korybut, den Neffen Witolds von Litauen, zum neuen böhmischen Herrscher. Er sollte als Statthalter den Thron nur für kurze Zeit besetzt halten, bis ihn dann sein Onkel endgültig einnehmen würde. Doch kam dieser Plan nicht zum Tragen. Im Frühjahr 1423 traf sich Sigismund mit Witold und dem Polenkönig Wladyslaw im slowakischen Kezmarok. Das Ergebnis war eine unheilige Allianz der drei, die sich gegen Böhmen richten mußte. Witold kommandierte seinen Neffen aus Prag ab, und Sigismund plante für den Sommer eine katholische Invasion der Polen, Ungarn, Österreicher und Deutschen in das nun völlig isolierte Böhmen.

Zu allem Überfluß kam es auch zu einem Bruch zwischen Taboriten und Prager Hussiten. Die Taboritenführer Bohuslav von Svamberg und Jan Hvezda hatten ohne Žižkas Wissen versucht, in einer Art Staatsstreich die Macht in Prag an sich zu reißen und Korybut zu beseitigen. Das Unternehmen war jedoch kläglich gescheitert; seitdem waren die Beziehungen zwischen Prag und Tábor auf ihrem Nullpunkt angelangt. Beide Parteien rauften sich aber noch einmal zusammen, als es galt, die bevorstehende Invasion zurückzuschlagen. Tatsächlich kam diese erst gar nicht in Bewegung, da nach und nach alle neuen Verbündeten absprangen und Sigismund, wieder auf sich allein gestellt, keinen neuen Einfall in Böhmen wagte.

Auch Žižka lag mit den religiösen Führern in Tábor bald über Kreuz. Er konnte die chiliastische Heilserwartung der religiösen Eiferer nicht teilen, zumal die für das Jahr 1420 vorausgesagte Wiederkehr des Herrn immer noch nicht eingetroffen war. Trotz dieser Überfälligkeit ließen sich die Taboriten nicht von ihrem Glauben abbringen, die irdische Herrschaft habe bald ein Ende und Gott selbst würde das Regiment auf Erden übernehmen.

Žižka fand in Hradec Králové eine neue politische Heimat. Gemeinsam mit den Orebiten, die ihm geholfen hatten, Sigismund endgültig aus Böhmen zu vertreiben, gründete er eine neue Bruderschaft, die in Konkurrenz zu den Hussitenzentren Prag und Tábor trat. Wieder bildeten die vier Prager Artikel die Grundlage des Programms, jedoch fügte er den religiösen Bestimmungen zusätzlich eine Heeresordnung an. Diese sah zwar weiterhin eine strenge Rangordnung vor. Neu war aber, daß jedes Mitglied der Bruderschaft das gleiche Recht für sich in Anspruch nehmen konnte. So bestimmten nicht nur die Offiziere, sondern gleichberechtigt auch die Mannschaften über die Verteilung der Kriegsbeute. Mannschaften waren nicht nur ihren Offizieren Rechenschaft schuldig, sondern auch umgekehrt die höheren den niederen Dienstgraden auskunftpflichtig. Verstöße gegen die Disziplin wurden in gleicher Weise geahndet; es gab keinen Rang- oder Amtsbonus. Auch Mannschaften durften über Offiziere zu Gericht sitzen.

Da fast alle Mitglieder der Bruderschaft gleichzeitig der Armee angehörten, läßt sich Žižkas Programm auch als gesellschaftlicher Entwurf einordnen. Erste Ansätze eines egalitären Gemeinwesens sind erkennbar. Bei dessen Bewertung darf nicht übersehen werden, daß es sich um eine mittelalterliche Gesellschaft handelt. Die feudale Ordnung blieb als solche unangetastet, doch wurde sie durch Žižkas Bruderschaftskonzept an ihren Rändern aufgebrochen. Bis zu einem aufgeklärten neuzeitlichen Staatssystem war noch ein weiter Weg zurückzulegen; aber ein erster Schritt, wenn auch noch ohne die Ideale des Humanismus und der Freiheit, war immerhin gemacht.

Im Frühjahr 1424 stellten in Prag konservative hussitische Adlige und Universitätsangehörige wieder den Stadtrat. In einer Zeit, in der von Sigismund keine akute Gefahr drohte, Zelivsky nicht mehr lebte, die meisten Deutschen vertrieben und ihr Besitz konfisziert worden war und das religiöse Tábor um sich selbst kreiste und an politischer Bedeutung verlor, galt es, den status quo auf möglichst lange Zeit zu sichern. Dazu bedurfte es einer Verständigung mit den katholischen Nachbarn, die aber nicht möglich war, solange Žižka existierte. Um ihn als Machtfaktor auszuschalten, rüstete der Prager Rat ein großes Heer aus und stellte Žižka in Malesov südlich von Kutná Hora. Wieder einmal erwies sich Žižkas Wagenburgtaktik als unschlagbar. Er verfolgte die Unterlegenen zurück bis vor die Tore der Hauptstadt und drohte mit deren Erstürmung.

Erst durch die Vermittlung des inzwischen gegen das Verbot seines Onkels nach Prag zurückgekehrten Korybut kam ein sehr unsicherer Frieden zustande, den Žižka nur widerwillig akzeptierte. Endgültig wiedervereint wurden die Hussiten durch Sigismund, der einen weiteren Kreuzzug gegen Böhmen vorbereitete und bereits in Mähren einmarschiert war. Egal wie groß die Differenzen unter ihnen waren: Gegen äußere Feinde, zumal wenn sie Sigismund hießen, hielten die Anhänger des Kelches stets zusammen.

Als Anführer der gemeinsamen Militäraktion gegen ihren verhaßten Ex-König entschieden sich die Prager, Taboriten und Orebiten wieder für Žižka. Doch es sollte sein letzter Feldzug werden. Bei der Einnahme der Burg Pribyslav in der Nähe von Nemecky Brod, der Stätte seines vielleicht größten Triumphes, starb Žižka am 11. Oktober 1424 an der Pest. Seine sterblichen Überreste wurden nach Hradec Králové gebracht und dort zu Grabe getragen. Von diesem Zeitpunkt an nannten sich seine treuesten Anhänger, die Orebiten, als Zeichen ewiger Trauer nur noch ›Sirotky‹, die Waisen.

Nach Žižkas Tod brachen die alten Rivalitäten zwischen Taboriten und Orebiten wieder hervor. Nach außen hin aber traten sie als Einheit auf und wehrten in den Jahren 1426 und 1431 Invasionen fremder Kreuzfahrerheere ab. Einen Wendepunkt markierte der 30. April 1434, als sich das vereinte Heer der Radikalen in der Schlacht von Lipany unweit von Kutná Hora dem tschechischen Adel und den konservativen Pragern beugen mußte. Danach verloren Taboriten und Orebiten an Einfluß, während die gemäßigten Hussiten ihren Frieden mit dem inzwischen zum deutschen Kaiser gekrönten Sigismund schlossen. Der so lange Verschmähte kehrte, nachdem er das Abendmahl in beiderlei Form zugelassen hatte, sogar für kurze Zeit auf den böhmischen Thron zurück. Doch als Sigismund 1437 starb, brachen neue Unruhen aus. Später wählten die hussitischen Adligen einen der ihren, Georg von Podebrady, zum König von Böhmen.

Der Verdienst, die hussitische Bewegung geeint zu haben, gebührt jedoch Jan Žižka. Fünf Jahrhunderte später, als in der 1848er Revolution die Tschechen gegen die österreichische Fremdherrschaft auf die Barrikaden gingen, erinnerten sie sich ihres ersten Streiters für die nationale Unabhängigkeit. Bedrich Smetanas ›Freiheitslied‹, in eben jenem Jahr komponiert, ortet die Wurzeln des tschechischen Nationalbewußtseins in Žižkas Abwehrkampf. In der letzten Strophe heißt es:

> Die mit Herz und Hand sind Tschechen,
> nicht nur patriotisch sprechen,
> denen Žižka, Hus bei weitem,
> mehr als Heilige bedeuten,
> die beschützt in Tat und Wort,
> Svornost, Eintracht, immerfort.

Michael Gaismair (um 1490–1532)

Der Traum von einer freien Bauernrepublik

Als Räuber und Mörder, Ketzer und Vaterlandsverräter beschimpften ihn die Mächtigen seiner Zeit; als Reformer und Freiheitskämpfer priesen ihn die Liberalen der bürgerlichen Revolution von 1848/49, als Sozialrebell und Frühsozialist verehrten ihn die Jünger Marx' und Engels'. Sogar die Nationalsozialisten und – wenn auch aus völlig verschiedenen Motiven – die Südtiroler Separatisten versuchten seine Person für ihre Propagandazwecke zu vereinnahmen. Wer war der Mann, den der Historiker Günther Franz in seinem Standardwerk als »vielleicht die größte Gestalt des ganzen Bauernkrieges, der einzige wirkliche Revolutionär und Führer«[1] bezeichnete, der aber auch in der Nazi-Ideologie als der »edle Kämpfer für Scholle, Volk und Reich«[2] seinen Platz fand und auf dessen Kopf der Vatikan und die Fugger eine hohe Belohnung auslobten?

Michael Gaismair wurde in eine Zeit hineingeboren, in der die mittelalterliche Welt aus den Fugen zu geraten schien. Zum ersten Mal in der deutschen Geschichte setzten sich die Bauern gegen den feudalen Ständestaat zur Wehr und versuchten die Willkürherrschaft von Adel und Klerus gewaltsam abzuschütteln. Doch während die Aufständischen nördlich der Alpen kaum eine Vorstellung davon besaßen, wie eine gerechtere Gesellschaft aussehen könnte, entwarf der Tiroler Gaismair ein alternatives Staatsmodell, das er der althergebrachten Ordnung gegenüberstellte. Seinen Vorstellungen entsprechend sollte das ständische Feudalregime durch eine auf egalitären Prinzipien beruhende freie Bauernrepublik abgelöst werden.

Michael Gaismair wurde um das Jahr 1490 im Südtiroler Bergdorf Tschöfs in der Nähe von Sterzing geboren. Sein Vater Jakob hatte es vom bescheidenen Bergbauern und Tagewerker zum Teilhaber von 18 Bergwerken und Grundherrn eines Bauernhofes gebracht. Eine solch ungewöhnliche Karriere war nur durch sehr glückliche äußere Umstände möglich geworden. Jakob Gaismair profitierte gleich in mehrfacher Hinsicht vom Aufschwung des Silberbergbaus in Tirol. Als freier Bauer, der keinem Feudalherren dienstpflichtig war, konnte er sich mit Gleichgesinnten zu Kleinstunternehmen zusammenschließen und Grubenrechte erwerben. Nach erfolglosen Jahren mit vielen Fehlschlägen hatte Gaismair endlich Glück und stieß auf eine reiche Silberader. Den Gewinn investierte er in weitere erfolgreiche Förderprojekte. Eine weitere lukrative Einnahmequelle erschloß sich Gaismair, als der Innsbrucker Hof ihn zum kaiserlichen Wegemacher an der Brennerstraße bestellte: Von der Instandhaltung der zentralen Nord-Süd-Achse hing das Überleben der Tiroler Wirtschaft ab, denn alle Silbertransporte aus den Schwazer Gruben zum Hafen von Venedig liefen über den Brennerpass.

Michael Gaismair profitierte seit frühester Jugend vom sozialen Aufstieg seines Vaters. Er durfte, wie sonst nur die Kinder der städtischen Honoratioren, die Lateinschule besuchen. Später studierte er Rechtswissenschaft an der Universität im venezianischen Padua. In die Heimat zurückgekehrt, verdingte er sich als Grubenschreiber im Nordtiroler Bergbauzentrum Schwaz. Das kleine Städtchen nordöstlich von Innsbruck erlebte in jener Zeit einen wahren Silberboom. Überall wurde nach dem kostbaren Metall gegraben; es wimmelte von in der Erde wühlenden Menschen, und die Eingänge ihrer gezimmerten Schächte glichen überdimensionalen Maulwurfshügeln. Allein in Schwaz waren 30 Grubenschreiber tätig. Ihre Aufgabe war es, die Arbeiter einzustellen, sie den jeweiligen Gruben zuzuteilen und eine Übersicht der Schürfmengen zu erstellen. Gleichzeitig dienten sie als Aufseher. Sie wachten darüber, daß die Knappen die Schichtzeiten einhielten und gute Arbeit verrichteten. Obwohl sie eigentlich auf der Unternehmerseite standen, hegten viele Schreiber Sympathien für die Knappen. Auch Gaismair erlebte ihre Nöte aus nächster Nähe mit: die gefährliche Arbeit unter Tage, die Konflikte mit den Bergwerksbetreibern, die mit den Lohnzahlungen chronisch im Rückstand waren, und die Willkür der Bergrichter, die im Konfliktfall immer zugunsten der Betreiber und gegen die Knappen entschieden. Als die Schwazer Knappen ihre Beschwerden in 17 Artikeln zusammenfaßten und eine Eingabe an ihren Landesherrn in Innsbruck adressierten, leistete auch Gaismair seine Unterschrift.

Das Jahr 1518 markierte einen Einschnitt in Gaismairs Leben. Inzwischen hatte er sich als selbständiger Gewerke im Sterzinger Bergbau versucht. Von seinem Vater erhielt er Tips, welche Gruben lukrativ erschienen und wo sich eine Investition lohnen würde. Bald besaß er Anteile an drei Gruben. Jakob Gaismair war seinem Sohn auch bei der Arbeitssuche behilflich. Er verschaffte ihm eine Stelle im Haus des Landeshauptmanns von Südtirol, Leonhard von Völs. Der wohlhabende Gaismair hatte dem auf großem Fuße lebenden Völs verschiedene Male mit Krediten ausgeholfen. Dafür zeigte sich der oberste Beamte Südtirols erkenntlich und stellte den Sprößling als Schreiber ein.

In dieser Position erwarb Michael Gaismair umfassende Kenntnisse über die politischen und wirtschaftlichen Verhältnisse in Tirol. Da sein Arbeitgeber ihm wohlgesonnen war, durfte er ihn auf seine Feldzüge gegen die Venezianer begleiten. Tirol war mit der Lagunenrepublik in permanentem Kriegszustand; Völs nutzte dies aus, um mit den Beutezügen seinen Feldherrnruhm zu mehren und die chronisch leeren Kassen zu füllen. Mit der Zeit eignete sich der gelehrige Schüler Gaismair ein solides militärisches und strategisches Grundwissen an. Dieser Umstand sollte ihm später sehr zugute kommen.

Ein Steckbrief der Innsbrucker Regierung, mit dem später nach Gaismair gefahndet wurde, beschreibt ihn als »ein langer, aufgeschossner, heger, dunner man, in dem alter ungeferlich 34 oder 35 jar, hat ain swarz praunfarben dunnen part, ein schons, clains, zimlichs angesicht, ain beschornen kopf und geht in seinem gang etwas mit dem kopf niderträchtig oder puggelt und ist vast wol beredt.«[3]

In der Vorstellung seiner Zeitgenossen gab Gaismair vermutlich das typische Bild eines Schreibers ab; doch unter dieser ruhigen, unscheinbaren Oberfläche waren Eigenschaften verborgen, die zu zeigen er bald Gelegenheit haben sollte. In den politischen Wirren, die das Land Tirol in den kommenden Jahren überzogen, stellte sich bald heraus, daß Gaismair einen zu allem entschlossenen, an Fanatismus grenzenden Willen besaß. Gepaart mit der bei Völs abgeschauten Fähigkeit, Risiken kühl taktierend abzuwägen und Situationen realistisch einzuschätzen, wuchs Gaismair zu einer Führungspersönlichkeit heran, die den Machthabern in Tirol gefährlich werden sollte.

Die Landkarte Deutschlands zu Beginn des 16. Jahrhunderts sah aus wie ein bunter Flickenteppich. Bistümer,

Grafschaften und Herzogtümer wechselten einander ab, dazwischen tummelten sich die freien Reichsstädte. Sie alle waren auf den Reichstagen vertreten, besaßen das Recht, in der großen Politik mitzumischen, deren Kontrolle dem deutschen Kaiser, dem eigentlichen Souverän, immer mehr aus den Händen glitt. Längst war das Heilige Römische Reich deutscher Nation den Partikularinteressen der Fürstentümer geopfert worden. Während die Reichspolitik vom Gegensatz zwischen Kaiser und Landesfürsten dominiert wurde, rivalisierten in den Territorien die Fürsten, die Landstände, der Klerus und die immer wohlhabender werdenden Städte miteinander.

Das Deutschland des ausgehenden Mittelalters war nicht nur von politischen Krisen geschüttelt. Der großen Pestkatastrophe, die zwischen 1348 und 1350 ganze Landstriche in Mitteleuropa entvölkert hatte, folgten ständig regionale Epidemien nach. Der schwarze Tod hatte eine langanhaltende wirtschaftliche Depression zur Konsequenz. Betroffen von der Agrarkrise waren vor allem die grundbesitzenden Stände, der Adel und der Klerus. Die Zahl der Arbeitskräfte in der Landwirtschaft ging zurück; ebenso die Nachfrage nach Agrarprodukten. Als unmittelbare Folge sanken die Einkünfte der Großgrundbesitzer. Die Nutznießer der neugeschaffenen Situation waren die Städte, deren Einnahmen sich auf die Überlebenden der Pest verteilten. Auch die Bauern zählten anfangs zu den Gewinnern, da sie weniger produzieren und weniger Dienste und Abgaben leisten mußten. Doch setzte allmählich eine Gegenbewegung ein. Um ihre Einkünfte zu steigern, zwangen die Grundbesitzer die Bauern, immer größere Flächen anzubauen und immer höhere Abgaben zu leisten. Ihr Nutzungsrecht an Weideland, Wald, Wild- und Fischbestand wurde stark eingeschränkt. Wer seine Unzufriedenheit äußerte, mußte bald Ruhe geben. Adel und Klerus waren in der besseren Position, da sie auch die Gerichte stellten. Sie konnten es sich sogar erlauben, den Bauern den Wegzug zu verbieten.

Durch solche Maßnahmen verschlechterte sich nicht allein die materielle Lage der Bauern. Noch schlimmer empfanden sie das Ohnmachtsgefühl des Ausgeliefertseins und der Rechtlosigkeit. Zuflucht fanden sie in den Ideen der Reformation, die ein Jahrhundert nach Hus' Ketzertod in Konstanz auch in Deutschland Fuß faßte. Luthers Lehre prangerte die Unterdrückung der Bauern durch Adel und Klerus als unchristlich an. Seine Predigten erreichten im Zeitalter des Buchdrucks selbst die entlegensten Gebiete im Reich. Meist fand sich ein Lese- und Schreibkundiger, der den Bauern die neuen Anschauungen vortrug. Bereits 1518 erschienen 150 Flugschriften in Deutschland, im Jahre 1521 hatte sich ihre Zahl vervierfacht, und drei Jahre später wurden sogar fast tausend Stück gezählt. Die berühmteste und wohl auch am weitesten verbreitete war Martin Luthers Schrift *Von der Freiheit eines Christenmenschen*.

In Süddeutschland war es bereits in vorreformatorischer Zeit zu vereinzelten lokalen Erhebungen der Bauern gekommen. Das meiste Aufsehen erregte der »Arme Konrad« 1514 in Württemberg sowie die »Bundschuh«-Bewegung 1513 im Breisgau und 1517 am Oberrhein. Alle wurden rasch von den jeweiligen Landesherren niedergeschlagen. Dagegen kam es in den Jahren 1524 und 1525 in fast allen Territorien vom Mittelrhein bis zu den Alpen zu großen regionalen Bauernaufständen. Doch stets handelte es sich um Einzelaktionen. Es fehlte ein gemeinsam definiertes Ziel, es gab keine miteinander koordinierten Aktionen, und vor allem mangelte es an einer einheitlichen Führung.

Nur ein Manifest der aufständischen Bauern in Oberschwaben, die *Zwölf Artikel*, erlangte überregionale Bedeutung. Anfang März 1525 in der Reichsstadt Memmingen niedergeschrieben und in Augsburg gedruckt, wurde es bald im gesamten Aufstandsgebiet vom Elsaß bis nach Sachsen, von Hessen bis nach Tirol verbreitet. Die *Zwölf Artikel* listen die Beschwerden der Aufständischen auf und begründen sich auf das Evangelium. In der Einleitung wird der von ständischer Seite erhobene Vorwurf der Empörung und Zusammenrottung widerlegt, in den anschließenden Artikeln die Rechtmäßigkeit der bäuerlichen Forderungen gemäß dem Wort Gottes belegt.

Die gleichen Forderungen wie die Bauern hatten auch Martin Luther und der Züricher Reformator Ulrich Zwingli in ihren Schriften aufgestellt. Doch wandte sich Luther, der in den Erhebungen eine Gefahr für die weltliche Ordnung sah, bald von den Aufständischen ab, die er in seinem Pamphlet *Wider die räuberischen und mörderischen Rotten der Bauern* scharf verurteilte.

In Tirol brach der Bauernaufstand später los als im übrigen Reich. Im Land an Inn und Etsch ging es den Bauern vergleichsweise gut; bis zum Ende des 15. Jahrhunderts hatte sich die Lage der Hörigen und Leibeigenen sogar ständig gebessert. Viele hatten eigenen Grundbesitz erworben, vor allem in unwegsamen Bergregionen, wo sie in einer unwirtlichen Landschaft dem Boden mühevoll die Erträge abrangen, die sie zum Leben brauchten. Dies erfüllte sie mit Stolz und einem unbändigen Freiheitswillen, demzuliebe sie materielle Einbußen in Kauf nahmen.

Um so gravierender wirkten sich die Willkürmaßnahmen aus, mit denen Adel und Klerus in Tirol ihre Pfründe sicherten. Neue Abgaben, vor allem aber weitere unrechtmäßige Einschränkungen von Wald- und Weidenutzungssowie Fischereirechten brachten die Bauern gegen ihre Herrschaft auf. In den Städten beschlich die Bürger nach Gerichtsprozessen gegen Anhänger der Reformation, die mit unter der Folter erpreßten Ketzergeständnissen endeten, ebenfalls ein tiefes Mißtrauen gegen die adlige und geistliche Herrschaft. Da sich auch die Knappen von den

Bergwerksbesitzern weiter ungerecht behandelt fühlten, gärte es bald überall im Land.

Bereits der Tod Kaiser Maximilians im Jahre 1519 hatte Tirol in eine langanhaltende Regierungskrise gestürzt. Sein Nachfolger Karl V. regierte sein Reich aus dem fernen Spanien und setzte seinen jüngeren Bruder Ferdinand als Statthalter in Tirol ein. Der junge Erzherzog, in Spanien erzogen, war zu Beginn seiner Regentschaft weder der Landessprache mächtig noch mit den politischen Verhältnissen in Tirol vertraut. Die Regierungsgeschäfte legte er in die Hände seines Schatzmeisters Gabriel von Salamanca, der wiederum in Innsbruck einen elfköpfigen Hofrat mit Männern seiner Wahl einsetzte. Der Hofrat vertrat in erster Linie Salamancas Partikularinteressen, was zu weiteren Verstimmungen in der Tiroler Bevölkerung führte:

»Dieser überaus geldgierige Spanier, dem Ferdinand lange Zeit blindlings vertraute, wurde zum Inbegriff des verhaßten Ausländers, der die einflußreichsten Posten bekleidet, sich unsäglich bereichert und auf das Verhalten des Fürsten gegenüber seinen Untertanen äußerst nachteilig einwirkt.«[4]

Um seine Schulden bei den Fuggern und anderen Geldgebern zu begleichen, überschrieb Ferdinand alle durch Todesfälle und Einziehung zustande gekommenen Einkünfte der Krone in Tirol an Salamanca. Dafür half ihm sein Schatzmeister aus der einen oder anderen finanziellen Klemme. Binnen weniger Jahre hatte Salamanca unermeßliche Reichtümer angehäuft. Er paktierte mit den Fuggern, etwa indem er ihnen das Hüttenwerk Rattenberg – der Bergbau war königliches Regal – überschrieb und als Gegenleistung für dieses lukrative Geschäft 10 000 Mark Silber (entsprechend 50 000 Gulden; ein Knappe verdiente einen Gulden in der Woche, s. u.) in seine Privatschatulle abzweigte. Bis zum Ausbruch des Bauernkriegs war es Salamanca durch überwiegend dubiose Geschäftspraktiken gelungen, Ferdinands Schulden bei allen Gläubigern – mit Ausnahme der Fugger – um ein Drittel zu reduzieren.

Doch zurück zu Michael Gaismair: In sechs Jahren Dienstzeit bei Völs war er mehrfach befördert worden und hatte es bis zum Hauptmann gebracht. Inzwischen war er für die Anwerbung von Kriegsknechten zuständig, führte ein Fähnlein von 400 Mann an und erhielt zwanzig Gulden Monatssold plus acht Gulden für den Unterhalt jedes seiner drei Pferde (zum Vergleich: Völs erhielt den fünffachen Sold; ein Schwazer Knappe dagegen verdiente einen Gulden, ein Handwerker im Kloster Neustift bei Brixen verdiente einen halben Gulden wöchentlich; ein Tagwerker dort brachte es auf einen Gulden im Monat[5]).

Anfang 1525 wurde Gaismair beschuldigt, 280 Gulden unterschlagen zu haben. Bei den Hauptleuten war es gängige Praxis, bei der Abrechnung eine höhere als die tatsächlich rekrutierte Zahl der Soldaten anzugeben, da sich viele Kriegsknechte mit dem angezahlten halben Monatslohn davonmachten. Gaismair hatte des Guten wohl zuviel getan. Sein aufwendiger Lebensstil, dokumentiert in seinem Habitus – damastene Kleidung, silberner Dolch und goldene Halskette ließen auf einen Angehörigen eines höheren Standes schließen –, war ihm wohl zum Verhängnis geworden. Ein Adliger wie Völs, in allem immer noch Gaismairs großes Vorbild, konnte sich Unregelmäßigkeiten herausnehmen; ein Mann niederer sozialer Herkunft dagegen nicht: Gaismair wurde unehrenhaft entlassen und stürzte in freiem Fall die Karriereleiter hinab.

In der Kanzlei des Fürstbischofs von Brixen, Sebastian Sprenz, fand er eine neue Anstellung als Hilfssekretär des Schreibers. Sein Jahreslohn betrug nur noch sechzig Gulden. Selbst mit diesem Gehalt war er im Hochstift Brixen, wo sich zwei Drittel des Landbesitzes in kirchlicher Hand befanden und die Bauern ein viel schlechteres Dasein als im übrigen Tirol fristeten, einkommensmäßig noch sehr weit von den untersten Schichten entfernt.

Doch sein gesellschaftliches Ansehen war durch den Karriereknick stark ramponiert. Seine neue Aufgabe bestand in der Protokollierung der Gerichtsverhandlungen des Hochstifts, die meist in Brixen stattfanden. Bereits nach wenigen Wochen seiner neuen Tätigkeit kam Gaismair als Schreiber mit einem Fall in Berührung, der den Tiroler Bauernkrieg auslösen sollte.

Peter Päßler, Fischer aus Antholz, stritt seit langem mit den bischöflichen Beamten der Stadt Bruneck über Fangrechte. Der Fall wurde schließlich in Brixen verhandelt und endete in einem Vergleich: Päßler sollte zunächst hundert, später vierzig Gulden Strafe an die Brunecker Beamten entrichten; eine Summe, für die ein Neustifter Tagwerker vierzig Monate lang arbeiten mußte. Päßler weigerte sich zu zahlen und sagte den Bruneckern die Fehde an. Die Berufung auf das Faustrecht war zu jener Zeit ein durchaus üblicher Schritt; wenn eine Partei sich von einem Gericht ungerecht behandelt fühlte, hielt sie sich am Eigentum der Gegenpartei schadlos. Offiziell war die Fehde für das Gebiet des Deutschen Reiches jedoch im Ewigen Landfrieden von 1495 verboten worden. Päßler wurde daraufhin in Brixen angeklagt. Er erschien jedoch nicht, da er argwöhnte, daß ein dem Fürstbischof unterstehendes Gericht niemals gegen dessen Beamte entscheiden würde. Wohl zu Recht, denn die Richter entschieden sich für die Todesstrafe. Dieses Urteil wurde selbst im reaktionären Brixen als zu hart empfunden. Noch im Gerichtssaal entsponnen sich heftige Diskussionen, in denen Gaismair Partei für Päßler ergriff.

Bischof Sprenz setzte 200 Gulden auf Päßlers Kopf aus, und schon bald führte diese Maßnahme zu seiner Ergreifung. Am 9. Mai 1525 sollte der renitente Fischer auf dem Brixener Hofplatz hingerichtet werden. Gaismair selbst faßte für den Bischof den Bericht über die turbulenten Ereignisse ab, die der Urteilsverkündung folgten:

»Als aber der panrichter mit den gerichts dienern heer-
ein ins slos zu uns komen und uns angezaigt, ain urtl sei
beslosen und den gefangenen Päßler hinaus zur eröfnung
des urtlszu bringen begert: in dem ist ain grosse anzal frawen von der stat und andern orten mit sambt des Päslers
weib und procurator zu uns komen und für den Päsler ine
des lebens zu begnaden umb gotes willen gepeten. […]
Und damit Päsler ester weniger beschwernus ob der ge-
genwurtigkeit oder ansprachen seiner hausfrauen und
frewnden empfach, so haben wir ine in der weil, als wir
mit den frawen, wie obstet, sprach gehalten, wir uns kai-
nes argen von niemant besorgt, den panrichter und ge-
richtsdiener hinaus zu erofnung der urtls fuern lassen. Als
sie aber mit dem selben Päsler auf den pallasthof komen,
da ist ein großer hauff pauern E. F. G. [Euer Fürstlich
Gnaden = Bischof Sprenz] underthanen und ander von
den pergen und orten ganz aufruerig mit zognen weren
und straichen eingefallen und den gefangnen Päsler mit
gwalt aus handen des panrichters und gerichts diener, die
entlauffen muessen, genomen und hinweg unbelaidigt ge-
fuert und wie wol wir zu der gegenwer weren genaigt, so
sind si dermassen gefast gewesen, das wir nicht hetten
ausrichte mügen und nur zu grosser emperung und erge-
rem hetten ursach geben. Also haben wirs miessen geschehen lassen.«[6]
   Eine Frage läßt der Bericht offen: Konnten Gaismair und
die anderen bischöflichen Angestellten nichts gegen die
Befreiung Päßlers unternehmen, oder wollten sie es nicht?
Die Tatsache, daß just in dem Moment, als Päßler in Ketten
zum Richtblock geführt wurde, die Frauen auftauchten und
die Wachen ablenkten, spricht für einen sorgfältig durch-
dachten Plan. Es wurden keinerlei Anstalten zur Verfolgung
der Flüchtigen unternommen; dies lag wohl auch daran,
daß Päßler einige Sympathien bei der Brixener Bevölkerung genoß. Die Befreier schafften Päßler über die Brücke
des Flüßchens Rienz auf die Millander Au, wo sie ihm die

Ketten mit einem Hammer abschlugen. Anschließend versteckten sie ihn im Hause eines befreundeten Bauern.

Am Tag nach der Befreiung Päßlers beriefen seine Anhänger eine Versammlung in die Millander Au ein, zu der viele Brixener Bürger, unter ihnen auch Gaismair, erschienen. Die gelungene Befreiungsaktion und die lasche Haltung der Wachsoldaten hatten den Unzufriedenen so viel Auftrieb gegeben, daß sie beschlossen, ihre Beschwerden über die fürstbischöfliche Herrschaft in einer Eingabe an den Landesherrn zu formulieren. Während die Bauern radikale Forderungen stellten, bemühten sich die Bürger darum, den Aufruhr in gemäßigtere Bahnen zu lenken. Die Menge berief einen Viererausschuß, der die Belange der unzufriedenen Bauern und Bürger vertreten und artikulieren sollte. In diesen Ausschuß wurde auch Gaismair gewählt, der als gelernter Schreiber für eine solche Aufgabe prädestiniert schien.

Inzwischen war der Haufen der Unzufriedenen auf 5000 Mann angewachsen. Die fanatisierte Menge ließ sich durch nichts mehr zurückhalten und marschierte in die Stadt. Dort drangen die Aufrührer in Sprenz' Amtssitz ein und verjagten die bischöflichen Beamten aus der Hofburg. Auch die Wohnhäuser einiger besonders verhaßter Adliger und Geistlicher wurden geplündert. Abends kehrten alle wieder auf die Millander Au zurück.

Für den nächsten Tag wurde beschlossen, dem in der Nähe Brixens gelegenen Kloster Neustift eine Entschädigung von 5000 Gulden für die in der Vergangenheit erhobenen erhöhten Abgaben und verschärften Frondienste abzupressen. Im Falle einer Weigerung sollte das Kloster geplündert werden. Nachdem eine Gesandtschaft ergebnislos zurückgekehrt war, machte sich gegen Abend ein Trupp unter Gaismairs Führung auf den Weg nach Neustift.

Die Plünderung des prunkvollen Klosters wurde von Gaismair generalstabsmäßig organisiert, wie der Neustifter Dekan Franz Premenstainer berichtet:

»Als die Räuber in der Abendstunde zwischen fünf und sechs Uhr angekommen waren und auf einer großen Wiese vor den Toren unseres Klosters ihr Lager aufgeschlagen hatten, kehrten sie das unterste zu oberst: die einen eilten zur Kirche und brachen die Türen zum Sacrarium mit Gewalt auf, diese bemächtigten sich des Getreide- und Weinlagers, jene besetzten die Wohnräume des Abtes und der Mönche, die Werkstätten der Handwerker und die Räume der Dienstboten, die restlichen brachen Riegel, Balken, Wälle mit Äxten und Beilen auf und stürzten zu den Kisten und Truhen, wo gewisse Wertsachen versteckt waren. Alles, was ihnen unter die Hände und Augen kam, plünderten sie aus, unter Aufsicht gewisser Leute, die auf der Wiese zur Einhaltung der Plünderungsstrategie bestimmt worden waren. [...] Um elf Uhr in derselben Nacht ergriff auch der Dekan – erschreckt durch die tobenden und aufständischen Soldaten, die von Wein trieften und von Haß, Mißgunst und unerträglicher Wut erfüllt waren – die Flucht und rettete sich mit Hilfe von fünf Dienstboten über den Garten auf das neustiftische Gelände, wo er die Nacht am Herd seiner Schwester, der Frau des Bauern Johann Troger, schlaflos verbrachte.«[7]

Am nächsten Morgen ließ Gaismair alle in Neustift aufbewahrten Abgaben- und Schuldnerverzeichnisse verbrennen. Die Bewegung der Unzufriedenen hatte sich – dessen waren sich alle Beteiligten bewußt – zu einem richtigen Aufstand ausgeweitet. Ein Heer wurde zusammengestellt, das von einem aus je zehn Bürgern und Bauern gebildeten Ausschuß angeführt wurde. An seiner Spitze stand als Feldhauptmann Michael Gaismair.

Die Gründe Gaismairs, sich an dem Aufstand zu beteiligen, waren vielfältiger Natur: Als Brixener Bürger war ihm daran gelegen, die weltliche Herrschaft des Klerus abzuschütteln. Als Grubenanteilseigner wollte er seine wirtschaftlichen Interessen gegenüber den großen Bergwerksgesellschaften durchsetzen. Schließlich wollte er seinen persönlichen sozialen Abstieg nach der Entlassung aus Völs' Diensten wieder wettmachen, indem er als gewählter Hauptmann die Verhandlungen der Aufständischen mit Ferdinand führte. Sollten diese zu einem Ergebnis gelangen, würde er anschließend auch seinen Offiziersrang behalten.

Innerhalb weniger Tage breitete sich der Aufstand, von Brixen ausgehend, auf ganz Südtirol aus. Die Burg Rodeneck wurde belagert, die Niederlassung der Fugger und der Sitz des Deutschen Ordens in Bozen wurden geplündert, und auch im Hochstift Trient fielen Kloster und Burgen in die Hände aufsässiger Bürger und Bauern.

Am 14. Mai 1525, einem Sonntag, trafen in Brixen Unterhändler des Landesherrn Ferdinand in Neustift ein. Beide Parteien vereinbarten, dieses Treffen als Teillandtag zu deklarieren. Ein Waffenstillstand wurde geschlossen, und man kam überein, auf einem Landtag in der Hauptstadt Innsbruck alle Beschwerden ausführlich zu behandeln.

Gaismair nutzte die Gelegenheit und präsentierte allen Versammelten seine von ihm verfaßte *Tiroler Landesordnung*. Mit diesem Dokument hob er sich von allen anderen Bauernführern seiner Zeit ab, deren Ziel lediglich die kurzfristige Abstellung ihrer Beschwerden war. Günther Franz bezeichnet in seinem grundlegenden Werk über den deutschen Bauernkrieg Gaismairs Landesordnung als »der ernsthafteste, aber auch der utopischste Versuch, eine christliche Satzung, die in allen Dingen auf dem heiligen Wort Gottes begründet ist, aufzurichten«.[8] Gaismair beschränkte sich in der Tat nicht nur darauf, die lokalen Beschwerden – wie etwa in den *Zwölf Artikeln* geschehen – zu sammeln und zu ordnen. Vielmehr entwarf er ein durchaus realisierbar erscheinendes Alternativmodell zur bestehenden Gesellschaftsordnung.

Gaismairs Hauptforderung war die völlige Ausschaltung des Klerus, des seiner Meinung nach größten Feindes der Bauern, als weltlicher Machtfaktor. Alle Klöster sollten säkularisiert, kirchlicher Grundbesitz an Bedürftige verteilt oder in Gemeineigentum (Allmende) überführt werden. Alle bisher zu leistenden Abgaben der Bauern an den Feudalherren sowie Steuern und Kriegsdienste wollte er abschaffen. Adlige sollten nur soviel von ihrem Land behalten dürfen, wie sie in Eigenarbeit bebauen konnten. Letzteres galt auch für die Bauern: Grund und Boden sollten nach Bedarf verteilt und jeglicher Großgrundbesitz zerschlagen werden. Armenfürsorge, Kirchenbau und das Recht auf Ein- und Absetzung der Pfarrer wollte Gaismair vom Klerus auf die Gemeinde übertragen. Jedes Dorf sollte seinen Pfarrer in Zukunft selbst wählen.

Nur die Stellung des Landesfürsten blieb in Gaismairs Modell unangetastet. Ihm sollte sogar die gesamte klerikale Verwaltung und Rechtsprechung übertragen werden. Allerdings wollte Gaismair seine Einkünfte beschneiden, die in Zukunft nur noch aus dem Bergbau, aus städtischen Abgaben und aus Wild- und Fischereirechten, nicht jedoch aus Kriegssteuern bestehen sollten.

In Gaismairs Landesordnung war die politische Macht nur noch auf zwei Säulen verteilt: die Dorfgemeinden und Städte auf der einen, der Landesfürst und seine Regierung auf der anderen Seite. Der Klerus war ausgeschaltet, und auch der Adel spielte als gutsbesitzender Stand politisch keine Rolle mehr.

Jetzt war Ferdinand gefordert. Der junge Herrscher hatte inzwischen die Landessprache gelernt und im Volk an Popularität gewonnen. Vor allem war es ihm gelungen, die Kompetenzen Salamancas zumindest dem äußeren Anschein nach zu beschneiden. Tatsächlich war er weiterhin von den Geldzuweisungen des Spaniers und seiner Freunde, der Fugger, abhängig. Es mußte in seinem Interesse liegen, den Adel und den Klerus als Machtfaktoren auszuschalten und eine direktere Herrschaft über sein

Volk auszuüben. Andererseits war von Gaismair und seinen Anhängern bald weiterer Ärger zu erwarten. Würde der Landesherr einmal nachgeben, würde er es auch ein zweites Mal tun.

Trotz seiner Jugend erwies sich Ferdinand als geschickter Stratege. Er beschloß, auf Zeit zu spielen. Durch seine Unterhändler schlug er dem von Gaismair angeführten Bürger- und Bauern-Ausschuß vor, für den 12. Juni 1525 einen Landtag in der Hauptstadt Innsbruck einzuberufen. Die Aufständischen willigten ein.

Ferdinand, zu diesem Zeitpunkt ohne Geld und ohne Armee, setzte darauf, daß sich die politischen Verhältnisse im Reich beruhigen würden. Wenn es dem Heer des Schwäbischen Bundes, zu dem sich die herrschenden Stände in Süddeutschland zusammengeschlossen hatten, gelang, weitere regionale Erhebungen niederzuschlagen, konnte auch Ferdinand in Tirol auf dessen militärische Stärke zurückgreifen. Bis dahin mußte er jedoch verhindern, daß Gaismair und seine Anhänger weitere Burgen und Klöster in Tirol in ihre Gewalt brachten. So verzichtete Gaismair als Zeichen seines guten Willens und seiner Verhandlungsbereitschaft darauf, die strategisch wichtige Burg Rodeneck zu besetzen. Ferdinands Befehl, bis zum Beginn des Landtags das Kloster Neustift zurückzugeben, kam er jedoch nicht nach, da er das Stift als Lebensgrundlage für die Aufständischen benötigte. Ihre Anzahl schrumpfte allerdings zusehends, da viele Bauern inzwischen wieder auf ihre Höfe zurückgekehrt waren, um ihre Felder zu bestellen. Um nicht gänzlich ohne Machtbasis dazustehen, mußte Gaismair Söldner anwerben. Das Geld dazu erhielt er durch den Verkauf der aus dem Kloster geraubten Wertsachen.

Auf Teillandtagen in Meran und Innsbruck sicherten sich Gaismair und Ferdinand die Unterstützung ihrer Anhängerschaft, bevor in der Tiroler Hauptstadt die endgültige Entscheidung über die Zukunft des Landes fallen würde. Die 64 Meraner Artikel, verabschiedet von den Südtiroler Bauern, stellten ein viel radikaleres Programm dar als das Innsbrucker Pendant, hinter dem die reicheren Nordtiroler Bauern und Bürger standen.

Der Innsbrucker Landtag dauerte vom 12. bis zum 21. Juni 1525. Von der Teilnahme ausgeschlossen waren Teile des Tiroler Adels sowie der hohe Klerus. Dafür nahmen mehr als zweihundert Bauerndelegierte aus dem ganzen Land teil. In den drei Wochen, die seit der Schließung des Waffenstillstands vergangen waren, hatte sich im Reich die Situation zwischen den Kriegsparteien grundlegend gewandelt. Der militärische Arm der Landesfürsten, der Schwäbische Bund, feierte gegen die Aufständischen Siege im Elsaß, in Franken, in Thüringen und vor allem im benachbarten Allgäu. Binnen kürzester Zeit waren vier Bauernheere vernichtend geschlagen worden. Einzig in Tirol war der Aufstand noch nicht unterdrückt.

Aus diesem Grund kam dem Innsbrucker Landtag eine ungewöhnlich große Bedeutung zu. Alle deutschen Reichsfürsten waren auf den Ausgang gespannt. Würden sich die Aufständischen mit ihren Forderungen durchsetzen können? Oder konnte es sich Ferdinand leisten, im Vertrauen auf die Finanzkraft der Fugger, die eine Reihe von Bergwerken in Tirol besaßen, und die militärische Stärke des Schwäbischen Bundes die Beschwerden der Bauern abzuschmettern? Wollte er dies überhaupt? Und was würde mit Gaismair geschehen, der es immerhin gewagt hatte, die jahrhundertelang bestehende, scheinbar gottgewollte Herrschaftsordnung in Frage zu stellen?

Aus vielen Teilen des Landes, aber auch aus dem Ausland trafen Delegierte und Beobachter am 12. Juni in Innsbruck ein. Der Schwäbische Bund schickte – wie auch die Herzöge von Bayern und Mailand – seine Emissäre, die Republik Venedig war ebenso in der Tiroler Hauptstadt vertreten wie der Schweizer Kanton Graubünden.

Die Verhandlungen in Innsbruck wurden von den militanten Südtirolern geprägt. Auf der Grundlage von Gaismairs Landesordnung und der Meraner Artikel arbeiteten sie einen Katalog von 96 Forderungen aus, denen Ferdinand zustimmen sollte. Mit einem geschickten Schachzug redete sich der Landesherr heraus:

»In seiner Eröffnungsansprache am 12. Juni griff er auf die Lüge zurück, er regiere in Tirol nur als Statthalter seines Bruders Karls V. und besitze daher nur sehr eingeschränkte Kompetenzen, auf die Forderungen der Bauern einzugehen. Obwohl die Radikalen, unter ihnen vor allem ein gewisser Leonhard Püchler, Ferdinand ganz offen der Lüge bezichtigten, vertrauten doch die meisten Delegierten auf den guten Willen ihres Souveräns. Somit war Ferdinand in der Lage, diese Lüge zu seinem Vorteil auszuspielen.«[9]

Ferdinand gelang es mit seiner Taktik, die Partei der Aufständischen zu spalten. Vor allem die städtischen Vertreter waren einem Ausgleich mit ihrem Landesherrn nicht abgeneigt. Ihm allein trauten sie zu, Ruhe und Ordnung in Tirol wiederherzustellen. Ihnen wurde auch klar, daß sie gegen den mächtigen Schwäbischen Bund und die steinreichen Fugger, die fest hinter Ferdinand standen, auf lange Sicht wenig würden ausrichten können. So ließ sich die Mehrheit der Aufständischen auf Ferdinands Hinhaltetaktik ein. Sie waren wohl auch froh darüber, daß ihnen ihr Landesherr eine Amnestie zugesagt hatte, und ließen sich mit einigen praktisch bedeutungslosen Konzessionen abspeisen. Ferdinand sagte dem Bürger- und Bauern-Ausschuß zwar eine wohlwollende Prüfung ihrer Beschwerden generell zu, machte aber keinerlei konkrete Zusagen, einmal abgesehen von der Ausweisung Salamancas ins Allgäu, wo der bestgehaßte Mann Tirols bei den Fuggern Unterschlupf fand.

Das Ergebnis des Landtags fiel für Gaismair und die meisten seiner Südtiroler Anhänger enttäuschend aus.

Weder die Bauern noch die Städte hatten das von ihnen erhoffte politische Mitspracherecht erhalten. Es war nur eine Frage der Zeit, bis die vom Landtag noch ausgeschlossenen Vertreter des hohen Adels und des Klerus wieder auf ihre angestammten Positionen zurückkehren konnten. Damit war die Erhebung der Tiroler Bauern und Städter eigentlich schon zu Ende.

Einzig die Burg und die Stadt Brixen blieben unter der Kontrolle der Aufständischen. Aber Gaismair und seine Getreuen waren jetzt isoliert. Die Brixener Bürger waren bereit, das Kloster Neustift an Ferdinand zu übergeben. Am 21. Juli übernahm der Erzherzog selbst offiziell die Verwaltung des Stiftes, die er de facto wieder in die Hände des alten Hausherrn legte.

Gaismair war es nicht gelungen, die Bauern und Bürger auf Dauer hinter sich zu bringen. Wahrscheinlich hatten die meisten von ihnen Angst davor, das gleiche Schicksal zu erleiden wie ihre Leidensgenossen in Süddeutschland. Dort ließ der Schwäbische Bund der militärischen Niederlage der Bauern ein furchtbares Strafgericht folgen. Die gefangenen Aufständischen wurden gefoltert, geviertteilt und verbrannt; die brutale Vorgehensweise sollte eventuellen Nachahmern zur Mahnung gereichen.

Nur 18 Städte und Gemeinden in Südtirol verweigerten die Annahme der Landtagsbeschlüsse. Ebenso lehnten sie es ab, dem Erzherzog den Huldigungseid zu leisten. Gaismair übergab die Brixener Hofburg erst im August, viel später als vereinbart. Wegen seines renitenten Verhaltens wurde er für den 17. August zur Berichterstattung vor den Innsbrucker Hofrat zitiert. Zähneknirschend, aber sich keines Vergehens bewußt erschien Gaismair zum angegebenen Zeitpunkt in der Tiroler Hauptstadt. Dort erwartete ihn eine unangenehme Überraschung, als ihm die Hinterziehung geistlichen Vermögens zur Last gelegt wurde. Tatsächlich hatte sich Gaismair, um seine Söldner zu entlohnen, des Silberschatzes des Klosters

Neustift bedient. Dennoch sah er keine Gefahr für seine Person, da ihm der Hofrat vor seiner Reise nach Innsbruck freies Geleit zugesichert hatte. Doch als er nach seiner Anhörung die Stadt wieder verlassen wollte, wurde er plötzlich verhaftet.

Obwohl das Tiroler Landrecht eine formale Anklageerhebung innerhalb von zwei Wochen vorsah, saß Gaismair Anfang Oktober immer noch in Haft, ohne daß ein entsprechender Schritt vorlag. Bei den Bauern gewann er die verlorenen Sympathien zurück. Sie sahen in ihm eine Art Märtyrer ihres Kampfes für mehr soziale Gerechtigkeit. Von der Politik ihres Landesherrn, der die in Innsbruck gemachten Zusagen nicht eingehalten hatte, waren sie bitter enttäuscht. In den Orten, die den Landtagsabschied nicht angenommen hatten, waren die Bauern sogar Zielscheibe grausamer Vergeltungsaktionen der Innsbrucker Regierungstruppen. Ihnen wurden »theils Nasen und Ohren abgeschnitten, Andere geviertheilt, Etliche gespießt, Etliche lebendig verbrannt. Etlichen wurde lebend das Herz herausgeschnitten, ihnen um das maul geschlagen, und dann ihr Leib zerstückt. Gar Vielen hat man blos ihr Vermögen eingezogen, sie mit Ruthen ausgestrichen und aus dem Lande vertrieben. Keiner wurde entlassen ohne das Brandzeichen, das ihm an die Stirne gebrannt wurde«.[10]

Am 7. Oktober ergriff Gaismair eine günstige Gelegenheit zur Flucht und versteckte sich in den Bergen seiner Sterzinger Heimat. Nachdem die Galionsfigur des Widerstandes entwischt war, antwortete die Tiroler Obrigkeit mit Repressalien gegen seine Familie. Auf Gaismair selbst setzte der Hofrat ein hohes Kopfgeld aus. Gaismairs Bruder Hans, bis zu seiner Entlassung Ende August Zollbeamter in Klausen, wurde nach der geglückten Flucht Michaels per Haftbefehl gesucht. Zunächst gelang ihm die Flucht; doch Anfang April 1526 erfolgte seine Verhaftung in Sterzing. Anschließend wurde er nach Innsbruck gebracht, dort mehrere Tage lang gefoltert und schließlich als Landesverräter geviertelt. Das gesamte Eigentum der Familie Gaismair war zuvor bereits konfisziert, die meisten Angehörigen verhaftet worden. Auch die den Behörden bekannten Anhänger Gaismairs wurden gnadenlos verfolgt. Die Konfiszierung ihrer Güter war noch die geringste Strafe. Viele wurden verhaftet, gefoltert und anschließend in den Kerker der Burg Rodeneck geworfen. Nicht wenige Aufständische endeten auf dem Brixener Richtblock.

Gaismair hatte mehr Glück. Es gelang ihm, sich durch den Vintschgau ins Engadin durchzuschlagen. Hier war er vor Verfolgung sicher. Im Schweizer Exil setzte er seinen Kampf gegen Ferdinand fort. Er knüpfte Kontakte zu Zwingli in Zürich und sammelte in Graubünden rund fünfzig Getreue, um mit ihnen in den Ort Glurns im Obervintschgau einzufallen. Unmittelbar vor Beginn der Aktion wurde sein Plan verraten. Doch wieder hatte Gaismair Glück: Er erfuhr von der Vereitelung seines Vorhabens und blies den Angriff rechtzeitig ab.

Im Graubündener Exil verfaßte Gaismair seine *Zweite Tiroler Landesordnung*. Sie war, bedingt auch durch seine schlechten Erfahrungen seit dem Tiroler Landtag, viel radikaler als der erste Entwurf. Gaismair wollte seine Heimat Südtirol (ohne den konservativen Norden) in eine freie Bauernrepublik umwandeln. In dieser Gesellschaft war weder Platz für den Klerus – mit Ausnahme der Dorfpfarrer und der Lehrer der Theologischen Hochschule – noch für den Adel; sogar das Bürgertum sollte gänzlich eliminiert werden. Die Abschaffung der Monarchie war für Gaismairs Bauernrepublik ebenso eine Voraussetzung wie die Vertreibung der Habsburger aus Südtirol.

In Gaismairs utopischem Staatsentwurf wird die Regierung unmittelbar vom Volk gewählt. Der Grundbesitz bleibt in den Händen der Bauern, die wiederum nur soviel besitzen dürfen, wie sie in Eigenarbeit bebauen können;

das restliche Land wird in Gemeineigentum überführt. Handel und Bergbau werden verstaatlicht. Vom Bergbau einmal abgesehen, soll Südtirol wieder den Status eines reinen Agrarlandes einnehmen. Stadtmauern und Schlösser sollen geschliffen, Städte wieder in Dörfer zurückverwandelt werden. Als einzige soziale Schicht bleiben die Bauern und Bergleute übrig, obwohl Gaismair einsah, daß er auf Handwerker und Soldaten unmöglich verzichten konnte. Sämtliche Handwerker sollen an einem Ort, in Trient, wohnen und arbeiten, und ihre Produkte zum Selbstkostenpreis in staatlichen Geschäften vertrieben werden. Dafür erhalten die vom Staat bezahlten Handwerker eine Art Beamtenstatus. Höchster militärischer Befehlshaber ist ein Obersthauptmann, der der Regierung untergeordnet ist und dem vier Hauptleute zur Seite stehen.

Gaismairs Modell einer egalitären, agrarkommunistischen Gesellschaft hat allerdings sehr wenig mit Demokratie zu tun. Es ist eine autoritäre Regierungsform, in der der Staat das Herrschaftsmonopol besitzt. Für eine Opposition ist in diesem System kein Platz; die Wirtschaft wird zentralistisch gelenkt. Ihr oberstes Prinzip, dessen Einhaltung streng überwacht wird, heißt Autarkie; die staatliche Selbstversorgung kann nur bei strikter Abschottung nach außen funktionieren. Geld und Güter bleiben im Lande; die Ein- und die Ausfuhr von Produkten sind daher – wie auch jeglicher private Handel – verboten. Die Bauern sollen sich selbst (und durch Zahlung des Zehnten die Dorfpfarrer und die Bedürftigen in der Gemeinde) versorgen, der Staat bezieht seine Einnahmen aus den Bergwerken. Einzig die Unabhängigkeit der Gerichte soll in Gaismairs Gesellschaftsordnung gewährleistet sein. Die für die gesamte Verwaltung und Rechtsprechung zuständigen Richter sowie die ihnen zur Seite stehenden acht Geschworenen werden von den Gemeinden jedes Jahr aufs neue gewählt.

Gaismairs Regierungsmodell hatte natürlich keine Chance, verwirklicht zu werden. Als er seine *Zweite Tiroler Landesordnung* schrieb, war die Lage im Deutschen Reich nicht mehr günstig für neue politische Ideen. Alle Bauernrevolten waren nacheinander besiegt und ihre Führer hingerichtet worden. Auf sich allein gestellt, verfügte Gaismair weder über die finanziellen noch über die militärischen Mittel, seine freie Bauernrepublik auch nur im Ansatz zu realisieren.

Dennoch gab Gaismair nicht auf. Vom sicheren Exil in der Schweiz aus knüpfte er Verbindungen nach Tirol, immer auf der Suche nach Unruheherden, in die er seine revolutionären Aktivitäten verlagern konnte. Mit seinen Flugschriften erreichte er die Bauern, die in ihm teilweise immer noch ihren Führer sahen und darauf warteten, daß er wieder einen Fuß auf Tiroler Gebiet setzte.

Tatsächlich kam es noch einmal zu einem Aufstand der Bauern und Knappen nördlich der Alpen; jedoch nicht in Tirol, sondern in Salzburg. Es war dies bereits der zweite Aufstand im Erzstift. Der erste hatte im Mai 1525 mit der Erhebung der Pinzgauer und Pongauer Bauern begonnen. Einen Monat später marschierten die von Bergarbeitern und rebellischen Städtern unterstützten Aufständischen in Salzburg ein. Der Erzbischof Matthäus Lang mußte auf die Festung Hohensalzburg fliehen. Am 3. Juli wurde der ihm zu Hilfe eilende Landeshauptmann der Steiermark, Sigmund von Dietrichstein, vom Heer der Bauern und Knappen bei Schladming vernichtend geschlagen. Auch das anschließend zu Hilfe gerufene Heer des Schwäbischen Bundes konnte die Aufständischen nicht entscheidend schlagen.

Nachdem der Erzbischof den Bauern die Erledigung ihrer Beschwerden zugesagt hatte, einigten sich beide Parteien auf einen Waffenstillstand. Ähnlich wie Ferdinand in Tirol, hoffte Lang im Salzburger Land auf ein Abbröckeln der Widerstandsfront. Folglich ließ er sich mit der Bearbeitung der Beschwerden viel Zeit. Seine Rechnung ging anfangs auch auf, denn die Mehrheit der Aufständischen glaubte, auf dem Verhandlungsweg ihre Ziele am ehesten erreichen zu können. Doch noch während die Besprechungen ihrer Unterhändler mit dem Erzbischof andauerten – inzwischen war fast ein Jahr vergangen –, erhoben sich sowohl im Pinzgau als auch im Pongau die radikalen Bauern und Knappen Anfang Mai 1526 ein zweites Mal.

Sobald Gaismair von dem neuen Aufstand erfuhr, schleuste er auf Schleichwegen ein gutes Hundert Widerstandskämpfer durch Tirol ins Erzbistum Salzburg ein. Sein guter Ruf war ihm vorausgeeilt, denn kaum traf er Ende Mai im Salzburger Land ein, wurde er bereits von den Aufständischen zum Feldhauptmann gewählt. Auf die bloße Nachricht hin, daß Gaismair einen Feldzug gegen den Salzburger Erzbischof und damit auch gegen Ferdinand plane, machten sich viele seiner früheren Tiroler Anhänger, unter ihnen auch Peter Päßler, auf den Weg nach Norden.

Bald hatten die Aufständischen eine Reihe von Gebirgsdörfern unter ihre Kontrolle gebracht. Dabei besiegten sie – dank des militärischen Genies ihres Anführers – sowohl ein bayerisches als auch ein erzbischöflich-salzburgisches Heer. Sogar den gefürchteten Truppen des Schwäbischen Bundes gelang es nicht, Gaismair zu vertreiben:

»Von Salzburg her zog das Kriegsvolk des schwäbischen Bundes, acht Fähnlein besten Volkes. Bei Kuchel an der Salzach stieß Gaißmayer auf sie, machte einen verstellten Rückzug nach der Abtenau, griff sie dann an und schlug sie, während von den Bergen herab große Steine auf sie fielen, daß sie mit Verlust von mehreren Hunderten zurückflohen, und er sie bis gegen Salzburg verfolgte (14. Juni). Gleich großen Verlust erlitten sie bei einem Sturm auf den Paß Lueg am 17. Juni.«[11]

Einen großen Fehler beging Gaismair, als er anschließend zur Belagerung der Tauernfestung Radstadt überging, die von Soldaten des Schwäbischen Bundes gehalten wurde. Trotz aller Bemühungen konnten seine Truppen die Festung nicht in ihre Gewalt bringen, auch weil es Gaismair nicht gelang, die Radstädter Bürger auf seine Seite zu ziehen. Zur gleichen Zeit rückten aus allen Richtungen feindliche Soldaten, die der Schwäbische Bund in Süddeutschland mobilisiert hatte, gegen Gaismair und seine Mitstreiter vor. Schließlich mußte er angesichts der vielfachen Übermacht die Belagerung aufgeben.

Am Ende blieb Gaismair nur die Flucht übrig, um wenigstens noch seine Haut zu retten. Mit dem Rest seiner Mannschaft zog er sich über die Hohen Tauern zunächst nach Lienz in Osttirol, anschließend ins Pustertal zurück. In der Nähe von Bruneck wurde er auf dem Weg nach Bozen von einem erzbischöflichen Heer gestellt und unterlag im Kampf. Wieder konnte Gaismair entkommen. Dieses Mal schlug er sich nach Italien durch.

Gaismair trat in den Dienst Venedigs ein, einer der erbittertsten Gegner Ferdinands. Im Dienste der Dogenrepublik war er 1527 an der Erstürmung Roms beteiligt. Krankheitsbedingt nahm er anschließend seinen Abschied und ließ sich auf einem Bauernhof vor den Toren Paduas nieder. Die Venezianer zeigten sich noch einmal erkenntlich und gewährten dem alten Kämpfer eine großzügige Rente, die ihn aller materieller Sorgen entledigte. Gaismair setzte sich aber noch nicht zur Ruhe, sondern schmiedete weitere Angriffspläne gegen Ferdinand. So plante er, im Mai 1530 von Graubünden aus mit 18 000 Mann gegen Tirol zu ziehen, doch machte ihm die Aussöhnung Habsburgs mit dessen Gegnern kurz zuvor auf dem Augsburger Reichstag einen Strich durch die Rechnung.

Unterdessen war die Prämie, die der Tiroler Hofrat auf seinen Kopf ausgesetzt hatte, immer weiter gestiegen. Sogar in Padua wurde in öffentlichen Bekanntmachungen darauf hingewiesen, daß auf Gaismairs Mörder eine Belohnung von 1 000 Gulden und eine Leibrente von jährlich 400 Gulden wartete. Für die weit geringere Summe von 200 Gulden hatte im Sommer 1527 ein Mitstreiter aus den eigenen Reihen Peter Päßler verraten. Im friaulischen Peuscheldorf schoß Lucas Wieser dem seit langem Gesuchten eine Ladung Blei ins Herz, trennte den Kopf des toten Päßler vom Rumpf und lieferte das Beweisstück seines Meuchelmords beim Innsbrucker Hofrat ab. Tatsächlich wurde ihm das Kopfgeld ausgezahlt. Natürlich fehlte es auch nicht an Versuchen, sich die auf Gaismair ausgesetzte Summe zu verdienen; aber alle Mordanschläge scheiterten. Sieben Jahre nach dem Innsbrucker Landtag schließlich sollte Ferdinands Erzfeind sein Schicksal doch noch ereilen:

»Am frühen Morgen des 15. April 1532 wird Gaismair durch ein heftiges Pochen aus dem Schlaf gerissen. Er steht von seinem Lager auf und tritt – nur mit einem Hemd bekleidet – aus dem Zimmer. […] Auf der Treppe begegnet ihm der Pferdehändler Jacometo Cavacaltore, mit dem er seit längerer Zeit in freundschaftlichem Kontakt steht. Was er zu so früher Zeit begehre, will Gaismair wissen. Cavalcatore antwortet, es sei ihm gelungen, neues Zaumzeug aufzutreiben, das er den Pferden nun anprobieren wolle. Nichtsahnend geht der Bauernhauptmann mit ihm in den Stall, zwei Männer, von Cavalcatore als ihm bekannte Kaufleute vorgestellt, begleiten ihn. Die gut vorbereitete Falle schnappt zu. Im Stall ist ein Knecht mit dem Ausmisten beschäftigt. Cavalcatore befiehlt ihm, Salz zu holen. Als der Knecht mit dem Gewünschten allzuschnell zurückkehrt, schickt Cavalcatore ihn wieder weg, diesmal mit dem Auftrag, das Salz zu zerkleinern. Kaum hat der Knecht sich entfernt, stürzen sich die drei Verräter auf Gaismair und werfen ihn zu Boden. Während die beiden Kaufleute ihn festhalten, versetzt ihm Cavalcatore mit seinem Dolch die tödlichen

Stiche. Zweiundvierzigmal sticht er zu, um sicherzugehen, daß sein Opfer auch wirklich tot ist.«[12]

Auf so unrühmliche Weise endete einer der größten innenpolitischen Gegner Habsburgs. Aber auch sein Mörder konnte sich nicht lange über seine Tat freuen. Der Innsbrucker Hofrat weigerte sich, das versprochene Kopfgeld auszuzahlen, weil er hinter der Tat niedrige Beweggründe statt edler Motive vermutete: Der Mord sei aus Geldgier geschehen.

Gerrard Winstanley (1609–1676)

Die Erde als gemeinsame Schatzkammer für alle

Die britische Monarchie ist eine der ältesten und traditionsreichsten in Europa. Ihr Ansehen ist im letzten Jahrzehnt durch zahlreiche Skandale ramponiert worden. Trotzdem gilt sie als krisensicher. Auch wenn die Untertanen teilweise heftigste Vorwürfe an einzelne Mitglieder der königlichen Familie richten – eine Forderung kommt selbst eingefleischten Kritikern so gut wie nie über die Lippen: die Monarchie auf der Insel abzuschaffen.

Ein einziges Mal in der langen Geschichte des Königreichs war dies anders: im turbulenten 17. Jahrhundert, als die *Royals* nicht nur als Institution in Frage gestellt wurden, sondern sogar eine Zeitlang den Thron räumen mußten. In der Folge eines siebenjährigen Bürgerkriegs wurde England 1649 Republik und blieb es mehr als ein Jahrzehnt lang. Der bis dahin letzte britische Monarch, König Karl I., wurde am 30. Januar 1649 enthauptet.

Offiziell führte der neue Staat die Bezeichnung *Commonwealth*. Im Unterschied zum königlichen Untertanenstaat sollte der Commonwealth eine Vereinigung freier und gleicher Bürger sein, in der das Allgemeinwohl im Vordergrund stand und die Ideale des religiösen Puritanismus gelebt wurden. Während im kontinentalen Europa absolutistische Herrscher die Macht an sich rissen, wetteiferten im neuen Britannien progressive Bewegungen um die Regierung.

Allerdings war diese demokratische Phase nur von kurzer Dauer. Die englische Aristokratie, kräftig unterstützt von den reichen Kaufleuten der Londoner City, hatte die Zügel der Macht während des gesamten Bürgerkriegs und auch in der Zeit danach nie aus den Händen gegeben. Ihr hervorragendster Vertreter war Oliver Cromwell, der sich nach der Hinrichtung des Königs immer mehr zum Alleinherrscher auf der britischen Insel aufschwang. Aber noch war die radikale Opposition, die Cromwell im Bürgerkrieg stets unterstützt hatte, nicht verstummt.

Am 16. April 1649 erhielt John Bradshaw, einer der mächtigsten Politiker auf der Insel, einen Brief. Bradshaw stand in dem Ruf, ein harter Hund zu sein, der eine einmal begonnene Sache gnadenlos zu Ende focht. In dem berüchtigten Prozeß gegen den Monarchen hatte Bradshaw unerbittlich die Anklage vertreten und Karl zum Weg aufs Schafott verholfen. Zur Belohnung seiner Mithilfe am gewünschten Prozeßausgang hatte ihm Oliver Cromwell, der neue starke Mann im Staate, zu einem führenden Posten im Staatsrat, dem obersten Organ der Exekutive, verholfen. Der Brief hatte den folgenden Inhalt:

»Am Sonntag letzter Woche tauchte ein gewisser William Everard, der einst in der Armee diente, später jedoch entlassen wurde, und der sich jetzt als Prophet bezeichnet, zusammen mit vier anderen Männern auf dem St George's Hill auf und begann dort zu graben und Rüben, Karotten und Bohnen zu säen. Am nächsten Tag waren die Leute schon wieder da, dieses Mal in noch größerer Zahl. Am Freitag kamen schon ihrer zwanzig bis dreißig und verbrachten den ganzen Tag damit, den Boden umzugraben. Sie drohen uns damit, alle Begrenzungspfähle unseres Parks auszureißen und auch dieses Land zu bepflanzen. Sie sagen, daß ihrer in den nächsten zehn Tagen vier- oder fünftausend sein werden, und sie haben angekündigt, daß sie alle in der Nachbarschaft Wohnenden zwingen werden, mit ihnen auf die Hügel zu gehen und dort zu arbeiten.«[1]

Die besorgten Bürger, die das Beschwerdeschreiben mit der Bitte um Strafverfolgung der Übeltäter verfaßt hatten, waren *Landlords*, reiche Gutsbesitzer aus der Ortschaft Walton-on-Thames, knapp dreißig Kilometer südwestlich von London in der Grafschaft Surrey. Sie fürchteten um ihren Besitz, seit am ersten April ein paar verwegene Gestalten in ihrem Dorf eingetroffen waren, die sich aufgrund ihrer besonderen Passion *Diggers* nannten. Was aber brachte im England des republikanischen Commonwealth eine Gruppe Unentwegter dazu, das Brachland umzugraben und zu bebauen?

Als im Jahre 1603 Königin Elisabeth I. nach fünfundvierzigjähriger Regierungszeit starb, ging auf der Insel die Ära der Tudors zu Ende. Elisabeth vermachte ihrem Nachfolger Jakob I. aus dem schottischen Hause Stuart ein Reich, das im Begriff war, zur Weltmacht aufzusteigen. Im Innern jedoch rumorte es kräftig; denn Elisabeth hatte auch annähernd eine halbe Million Pfund Sterling an Schulden hinterlassen. Die Gläubiger gehörten dem aufstrebenden Bürgertum der großen Städte und der

Schicht der reichen Landbesitzer an. Sie waren durch das *House of Commons,* das Parlamentsunterhaus, repräsentiert und forderten vehement ein stärkeres politisches Mitspracherecht. Doch Jakob und sein Sohn Karl, der ihm 1625 auf den Thron folgte, regierten jeweils ein volles Jahrzehnt lang, ohne das Parlament auch nur ein einziges Mal einzuberufen. Erst als Karl in immer größere finanzielle Schwierigkeiten geriet und dringend Geld für einen Krieg gegen die aufsässigen Schotten benötigte, wandte er sich wieder an das Parlament.

Nach der Niederlage gegen die Schotten war Karls Vormachtstellung gegenüber dem House of Commons stark erschüttert. Die radikalen Parlamentarier, die *Roundheads* (so genannt wegen ihres charakteristischen Kurzhaarschnitts) forderten die Kontrolle über Armee und Kirche. Den gemäßigten *Cavaliers* (die zwar keine Ritter im eigentlichen Sinn waren, aber trotz aller Vorbehalte treu zum König standen) ging dieses Vorgehen zu weit; sie beschlossen, ihrem Monarchen gegen die Radikalen beizustehen. In den folgenden Jahren tobte in England ein Bürgerkrieg, dessen entscheidende Schlachten die Armeen der Roundheads gewannen, die letzte 1648 bei Preston.

Der Sieger von Preston, Oliver Cromwell, wollte unter allen Umständen den längst entmachteten König beseitigen. Um seine Verurteilung durchzusetzen, veranlaßte Cromwell die Säuberung des Unterhauses von allen gemäßigten Abgeordneten. Übrig blieb ein radikales Rumpfparlament, das sich für die Einberufung eines Hohen Gerichtshofes aussprach. Dort wurde Karl wegen Hochverrats der Prozeß gemacht.

Die Siegerpartei des englischen Bürgerkriegs war alles andere als ein harmonisches Gebilde. Ihre beiden Flügel waren untereinander völlig zerstritten. Die *Independents* gaben sich mit dem Sturz des Königs und der Abschaffung der Monarchie zufrieden. Sie wollten weder eine Umgestaltung der Besitzverhältnisse noch eine Änderung des Wahlrechts. Der linke Minderheitenflügel die *Levellers* – so genannt, weil sie nach Meinung der Konservativen in gleichmacherischer Absicht die Enteignung allen Besitzes anstrebten – traten für die Umwandlung von abhängigem Lehnsbesitz in freies Eigentum ein. Eine Enteignung von Privatbesitz lehnten sie jedoch kategorisch ab. Dafür forderten sie das Wahlrecht für alle freien Engländer, im Gegensatz zu den Independents, die ausschließlich den Gutsbesitzern und den reichen Kaufleuten der Städte das Wahlrecht vorbehalten wollten.

Eine Ausweitung des Wahlrechts im Sinne der Levellers hätte die Zahl der Wahlberechtigten von 200 000 auf 400 000 verdoppelt. In dieser Zeit lebten aber sechs Millionen Menschen in England. Hätte nur jeder männliche Einwohner im Alter über 21 Jahren wählen dürfen, so hätte das Ergebnis die bestehende gesellschaftliche Ordnung über den Haufen geworfen. Ein solcher Schritt wäre selbst den Levellers zu weit gegangen.

Von den Levellers spaltete sich eine radikale Gruppe sogenannter *True Levellers* ab. Die Levellers glaubten, *nur* das persönliche Eigentum mache den Menschen frei und glücklich und ermögliche es ihm, sich selbst zu verwirklichen. Dagegen waren die True Levellers, die sich später Diggers nannten, davon überzeugt, daß der private Besitz als *Ursache* allen Übels schuld an der ungerechten Herrschaft einiger weniger Reicher über die große Mehrheit des Volkes sei. Dem individualistischen Ansatz der Levellers stellten sie ihr kommunistisches Prinzip gegenüber, das die Abschaffung sämtlichen Privatbesitzes vorsah.

In der ersten Hälfte des 17. Jahrhunderts hatte die Umverteilung des Bodens ganz andere Formen angenommen, als es sich Levellers und True Levellers vorgestellt hatten. Zum einen hatten die reichen Kaufleute der Londoner City fast das gesamte Umland der Metropole aufgekauft und dort ihre luxuriösen Landsitze eingerichtet;

zum anderen war das den Dorfgemeinden gehörende Land, die Allmende, durch willkürliche Beschlagnahmung und Einzäunung seitens der Gutsbesitzer immer stärker geschrumpft. Die True Levellers forderten, die Umzäunungen einzureißen und die Allmende wieder der Dorfgemeinde zur kollektiven Bebauung zurückzugeben. Da aber die Regierung des begüterten Landedelmanns Oliver Cromwell überhaupt keine Anstalten machte, der Forderung der True Levellers nachzukommen, griff eine Gruppe besonders Verwegener zur Selbsthilfe, besetzte einfach das brachliegende Land und begann, die Erde umzugraben.

Die Diggers, die kurz nach der Hinrichtung Karls I. auf dem St George's Hill auftauchten, wären womöglich in Vergessenheit geraten, hätte nicht einer ihrer Anführer, Gerrard Winstanley, in der Zeit zwischen 1648 und 1652 eine Vielzahl von Schriften veröffentlicht. Sie sollten der Nachwelt die Überzeugungen und Ziele der Diggers für immer im Gedächtnis halten. So schreibt der britische Historiker Henry Noel Brailsford über den frühsozialistischen Visionär: »Zwei Jahrhunderte vor Marx hat es Winstanley gewagt, in einfachstem Englisch zu behaupten, daß ›die Religion das Opium des Volkes‹ sei; und er hat es nicht bloß geschrieben, sondern sogar Cromwell unter die Nase gehalten.«[2]

Der Leser der gesammelten Werke Winstanleys fragt sich unwillkürlich, wie ein scheinbar politisch unbedarfter Mann, ein aus dem einfachen Volke kommender Tuchhändler, eine komplexe politische Theorie entwickeln konnte. Es ist nicht einmal sicher, daß Winstanley eine Schule besucht hat, geschweige denn – wie Michael Gaismair – eine Universität. Doch just bei jenem könnte er einen Teil seiner Ideen abgeschaut haben. Allerdings ist es mehr als unwahrscheinlich, daß sich eine Kopie von Gaismairs Zweiter Landesordnung auf die britische Insel verirrt hat. Bei Winstanley verhält es sich wohl wie bei Gaismair:

Seine Ideen entstammen sämtlich seinem eigenen Kopf. So wurde der ungebildete Querdenker Winstanley zum Vordenker – für Sozialisten und Marxisten, die sich als intellektuelle Diggers betätigten und seit dem Ende des 19. Jahrhunderts seine Ideen reihenweise wieder hervorgruben.

Gerrard Winstanley wurde 1609 in der Grafschaft Lancashire im Nordwesten Englands geboren. Das genaue Datum ist nicht bekannt, aber sein Taufschein ist auf den 10. Oktober desselben Jahres ausgestellt. Sein Vater Edward war Tuchhändler in der Kleinstadt Wigan, dreißig Kilometer von Liverpool entfernt. Die nächste Erwähnung seines Namens erfolgte erst wieder im Jahre 1630, als er eine Lehre bei einem Londoner Textilhändler begann. Winstanley verließ das Geschäft sieben Jahre später und machte sich selbständig. Als Mitglied der Londoner Tuchmachergilde wurde er gleichzeitig Bürger der Stadt. Er besaß wohl noch gute Kontakte in die alte Heimat, denn mit Lancashire knüpfte er seine wichtigsten Geschäftsbeziehungen. Im September 1640 heiratete er Susan King, die Tochter eines wohlhabenden Londoner Arztes.

Der Ausbruch des Bürgerkrieges zwei Jahre später ruinierte sein Geschäft, weil die Verbindungen zwischen London und Nordengland unterbrochen wurden. Nach seinem Bankrott 1643 zog Winstanley nach Cobham in der Grafschaft Surrey, 30 Kilometer südwestlich von London, wo die Familie seiner Frau einen Bauernhof besaß. Dort hütete er das Vieh und langweilte sich, begann sich aber auch für die politischen und religiösen Ideen, die im England der Bürgerkriegs- und Revolutionszeit kursierten, zu interessieren.

Ein Jahr vor dem Auftauchen der Diggers auf dem St. George's Hill verfaßte Winstanley ein Pamphlet mit dem Titel *Die Wahrheit erhebt ihr Haupt über Skandale*, in dem er seine religiösen Anschauungen darlegte. Später einmal sollte es ihm eine Anklage wegen Blasphemie einbringen.

In seinem mystischen Pantheismus erkannte er die Vernunft als oberstes Prinzip an und setzte sie mit Gott gleich. Gott war für ihn überall, in allen Kreaturen, weil auch die Vernunft allen Menschen innewohnte. Sie ermöglichte es der gesamten Menschheit, in Frieden miteinander zu leben. Ihren jetzigen schlechten Zustand verdankte die Welt Adam, der als erster Mensch gegen das göttliche Prinzip, die Vernunft, verstieß. Adam und seine Nachkommen hatten die Welt gegen Gott regiert. Erst Jesus Christus hatte gezeigt, wie eine Welt, die im Einklang mit Gott und mit der Vernunft regiert wird, aussehen könnte.

In seiner Anfang 1649 veröffentlichten Schrift *Das neue Gesetz der Rechtschaffenheit* setzte Winstanley seine religiösen Vorstellungen in politische Forderungen um. Eine Welt, die von Vernunft regiert wird, würde allenthalben da zu einer neuen Rechtschaffenheit führen, wo bislang das Böse herrschte und die Menschen dazu trieb, sich persönlich auf Kosten der Allgemeinheit zu bereichern:

»Sobald dieses allgemeine Gesetz der Gerechtigkeit jeden Mann und jede Frau ergreift, wird niemand mehr an irgendein Geschöpf Ansprüche stellen und sagen: Dies ist mein und das dein, dies ist mein Werk und das deins [...] . Es wird weder Kaufen noch Verkaufen und auch keine Handelsplätze oder Märkte geben, sondern die Erde wird allen Menschen zur gemeinsamen Schatzkammer dienen, denn sie ist des Herrn Eigentum.«[3]

Der paradiesische Urzustand war nach Winstanleys Überzeugung durch die kontinuierliche Umwandlung von allgemeinem in privates Eigentum aufgehoben worden. Das Ergebnis dieser negativen Entwicklung stellten die zeitgenössischen ungerechten Herrschafts- und Besitzverhältnisse dar. Um die Menschen wieder glücklich und frei zu machen, bedurfte es laut Winstanley der Wiederumwandlung des Privateigentums in das ursprüngliche Gemeineigentum. Alle Menschen, die selbst kein Land besaßen, sollten deshalb aufhören, für ihren Dienstherrn zu

arbeiten, und damit beginnen, das Gemeindeland zu bebauen.

Diese Forderung Winstanleys nahmen sich die Diggers
zu Herzen und zogen auf den St. George`s Hill. Infolge der
Einzäunungen der Gutsbesitzer war das Gemeindeland
stark geschrumpft, doch betrug es Mitte des 16. Jahrhunderts immerhin noch etwa ein Drittel der gesamten Boden-
fläche Englands. Warum – so fragten sie sich – sollten sie
also nicht darangehen, das Brachland, das offensichtlich
niemandem gehörte, umzupflügen und einzusäen, um im
darauffolgenden Herbst die Erträge zu ernten?

John Bradshaw, als Staatsanwalt Angehöriger der Oberschicht und eher den Gutsbesitzern als den Bauern verpflichtet, dachte natürlich anders über die Sache. Er gab
den Brief, den er aus Walton-on-Thames erhalten hatte,
sofort weiter an Thomas Fairfax, den Oberbefehlshaber
der Armee, mit der Bitte, doch einen Trupp Soldaten in
die Ortschaft zu entsenden, der die Diggers davonjagen
und dem Spuk ein Ende bereiten sollte.

Als die Soldaten in Walton eintrafen, fanden sie die Diggers bei ihrer Arbeit vor. Es gelang ihnen nicht, sie am
weitergraben zu hindern. Statt dessen ließen sie sich auf
eine Diskussion mit den Besetzern ein und nahmen den
beiden Anführern das Versprechen ab, persönlich bei Fairfax vorzusprechen und die Sache mit ihm zu bereinigen.

Am folgenden Tag erschienen Winstanley und Everard in
Fairfax' Londoner Hauptquartier. Ohne den Hut vor ihm
zu ziehen – die Diggers erkannten Autoritäten prinzipiell
nicht an – legten sie dem General die Beweggründe für ihr
Verhalten dar. Fairfax überzeugte sich davon, daß die
Landbesetzer nichts Böses im Schilde führten. Nach einer
Inspektion vor Ort und der Versicherung der Diggers, kein
fremdes Eigentum zu verletzen und auch keine Waffen
mitzuführen, verzichtete er auf weitere Aktionen gegen sie.

Kurz darauf veröffentlichten Winstanley, Everard und
ein Dutzend weiterer Digger in London ein Pamphlet mit

dem Titel *Wofür das Banner der wahren Leveller weht*. Bereits der Untertitel läßt den politischen Anspruch der Diggers erkennen:

»Eine Erklärung derer, die unterzeichnet haben und Tausender weiterer, die ihre Zustimmung dazu geben, an die Mächtigen Englands und an alle Mächte der Welt zur Darlegung des Grundes, weshalb das gemeine Volk von England damit begonnen hat, auf dem George-Hill in Surrey zu graben, zu düngen und Korn anzubauen.«[4]

Die Tatsache, daß Winstanley vorgab, im Namen Tausender Gleichgesinnter zu sprechen und das englische Volk zu repräsentieren, stellte eine offene Herausforderung Cromwells dar. Immer wieder führt Winstanley seine Hauptthese von der Erde als gemeinsamer Schatzkammer an, aus der sich jeder seinen Bedürfnissen entsprechend bedienen soll. Als Rechtfertigung seiner Forderung beruft er sich auf die Bibel.

Cromwell und der Regierung der Independents hält er vor, entgegen den im Bürgerkrieg gemachten Versprechungen das Volk weiter zu unterdrücken und diejenigen, die ihre zugestandenen Rechte wahrnehmen wollen, zu verfolgen und ins Gefängnis zu werfen. Die Diggers erwarteten, daß weder Fairfax noch Cromwell sie an ihrer Arbeit hinderten und daß »der Hohe Staatsrat und die Armee des Landes erkennen mögen, daß wir nicht an Aufruhr oder Kampf denken, sondern allein daran, Brot zum Essen zu bekommen, indem wir gemeinsam im Schweiße unseres Angesichts redlich dafür arbeiten und die Früchte der Erde in Frieden verzehren wollen. Und für den Fall, daß ihr Großen der Erde, die ihr umgeben von Rücksichten aufgewachsen seid und nicht zu arbeiten versteht, euer Teil in diese gemeinsame Schatzkammer einbringen und so zu dem Werk der Gerechtigkeit beitragen wollt, werden wir für euch mitarbeiten, und ihr sollt ein Gleiches empfangen wie auch wir«.[5]

Auch wenn hinter den Aktionen der Diggers pazifistische Absichten steckten und Winstanley Cromwell versicherte, es gehe ihm nicht darum, das Volk gegen ihn aufzuwiegeln, tat er genau dieses. Jeder Leser seiner Schriften, der nicht zu den grundbesitzenden Schichten gehörte, mußte sich eingeladen fühlen, sich aus der ›Schatzkammer‹ zu bedienen. Der Regierung dagegen, der er als Motiv reinen Selbstzweck zuschrieb, sprach er in verklausulierter Form jede Existenzberechtigung ab, da sie nur vom Volk profitiere, ohne ihm etwas zu geben. Eben aus diesem Grunde hatte man den Bürgerkrieg gegen den König geführt!

Cromwell mußte etwas gegen die Diggers unternehmen. In öffentlichen Appellen beschimpfte er sie als »verachtenswerte und verabscheuungswürdige Personen, die sich kaum von Tieren unterscheiden«.[6] Doch halfen ihm solche demagogischen Äußerungen kaum weiter. Die wirtschaftliche Lage in England zu Beginn des Commonwealth war desolat. Nicht genug, daß der Bürgerkrieg ganze Landstriche verwüstet hatte, verschlimmerte 1648 eine Mißernte, gefolgt von einem harten Winter, die Lage des Großteils der Bevölkerung. Auf der Suche nach Arbeit strömte ein Heer verarmter Landarbeiter und arbeitslos gewordener Soldaten nach London. Alle waren empfänglich für die Botschaften der Diggers, und es stand zu befürchten, daß viele von ihnen ins benachbarte Surrey ziehen würden, um sich den Landnehmern anzuschließen.

Die Landlords kamen Cromwell zuvor. Da sie von der Armee vorerst keinerlei Unterstützung erwarten konnten, suchten sie Zuflucht bei der Justiz. Die Gutsbesitzer Thomas Wenman, Ralph Verney und Richard Winwood, alle drei Abgeordnete des letzten, von Cromwell aufgelösten Parlaments, klagten die Diggers beim Gericht der nächstgelegenen Stadt Kingston wegen Eigentumsverletzung an. Der Richter handelte ganz im Sinne der Landlords und verurteilte Winstanley und zwei seiner

Mitstreiter zu einer hohen Geldstrafe, weil sie widerrechtlich auf dem Grundstück des Waltoner Gutsherrn und Parlamentsabgeordneten Francis Drake gegraben hätten. Als Winstanley sich weigerte, dem Zahlungsbefehl nachzukommen, ließen die Landlords heimlich seine Kühe entführen. Es gelang ihm und seinen Freunden jedoch, sich diese wieder zurückzuholen.

Um den Zorn der Gutsherrn nicht noch mehr auf sich zu ziehen, beschlossen die Diggers im Herbst 1649, vom St. George's Hill weg in die Nachbargemeinde Cobham zu ziehen. Doch auch hier trafen sie auf Widerstand. Der Pfarrer der Ortschaft, John Platt, beließ es nicht nur bei Predigten von der Kanzel, sondern ging auch gerichtlich gegen die ungebetenen Gäste vor. Winstanley beschwerte sich in einem Brief an Fairfax:

»Mylord! Dem Vernehmen nach hat der Herr Pfarrer Platt gemeinsam mit ein paar anderen Herren bei Euch und dem Staatsrat Anzeige des Inhalts erstattet, daß wir Digger, wie man uns nennt, aufrührerische Gesellen sind, daß wir uns den Richtern widersetzen, daß wir jemandem gewaltsam den Zutritt zu seinem Hause verwehren und darin vier Gewehre zu unserem Schutze in Bereitschaft halten und daß wir Trunkenbolde sind und Kavaliere, die nur auf die Gelegenheit warten, um den Prinz [den Sohn Karls I., der Ansprüche auf den Thron geltend machte und später als Karl II. denselben besteigen sollte] an die Macht bringen zu helfen, und dergleichen mehr.«[7]

Die Landlords heuerten Schlägerhorden an, die mit Hilfe von in Cobham stationierten Soldaten die Hütten der Diggers zerstörten, das Vieh entführten und die Ernte niedertrampelten. Trotz dieser Schikanen hielten die Diggers den ganzen Winter über in Cobham aus; wovon sie in dieser Zeit lebten, ist nicht bekannt.

Winstanley veröffentlichte im März 1650 seinen *Aufruf an alle Engländer*, mit dem er seine Landsleute erneut zu bewegen versuchte, es den Diggers gleichzutun und das

Brachland in ihrer Gemeinde zu besetzen. Zu diesem Zeitpunkt hatte Winstanleys Propagandaarbeit bereits Früchte getragen. Im kentischen Cox Hill und in Wellingborough in der Grafschaft Northamptonshire waren neue Digger-Kommunen entstanden. Letztere hatten auch ein Pamphlet herausgegeben, in dem die Landbesetzer erklärten, daß sie begonnen hätten, »auf dem Brachland von Bareshank zu graben, zu düngen und Korn auszusäen«.[8] Bald wurden weitere Kommunen gegründet: Iver in Buckinghamshire, Barnet in Hertfordshire, Enfield in Middlesex, Dunstable in Bedfordshire, Bosworth in Leicestershire und Slimbridge in Gloucestershire; auch in Kent und Nottinghamshire ließen sich Diggers an nicht näher bekannten Orten nieder.

Somit war der ganze Südosten Englands mit Gemeinden der Diggers durchsetzt. Auf Dauer konnten Winstanley und seine Mitstreiter aber nur erfolgreich sein, wenn es ihnen gelingen würde, ein funktionierendes Netzwerk aufzubauen. Zwar standen die Gemeinden untereinander in Kontakt, aber sie waren zu weit voneinander entfernt, als daß sie gemeinsame Aktionen durchführen konnten. Außerdem war es Winstanley bislang nicht gelungen, das Heer der Arbeits- und Besitzlosen in der Hauptstadt London auf seine Seite zu ziehen.

Erst im Frühjahr 1650 meldete sich Winstanley wieder zu Wort. Diesmal waren es keine flammenden Appelle an das englische Volk, sondern eine bescheidene Bitte an die Geistlichen der Universitäten Oxford und Cambridge, so der Titel seines Schreibens, von denen er sich theologischen und politischen Rückhalt erhoffte. Was war geschehen?

Die Digger-Gemeinde in Cobham hatte einen schweren Rückschlag erlitten. Winstanley mußte sogar die übrigen Kolonien um Hilfe bitten, damit sie seiner eigenen Kommune, die offenbar kurz vor dem Zusammenbruch stand, aus der Klemme halfen. Die Details stehen in dem Brief an die Universitäten:

»In der Woche vor Ostern kamen der Pfarrer Platt, seines Zeichens Geistlicher von Horsley und Gutsherr von Cobham, wo die Digger bei der Arbeit waren, und Thomas Sutton, dem die Pfründe Cobham gehört, höchstselbst in Begleitung mehrerer Männer herbei, die sie gekauft hatten, um das Haus eines armen Mannes abzureißen, das dieser sich auf dem Gemeindeland gebaut hatte, und sie bearbeiteten dessen Weib dergestalt mit Hieben und Schlägen, daß sie eine Fehlgeburt erlitt und als Folge der Züchtigungen und Mißhandlungen eine ganze Woche lang das Bett hüten mußte.«[9]

Winstanley hatte daraufhin den Pfarrer zur Rede gestellt. Platt versprach, die Diggers nicht mehr zu behelligen, falls diese Beweise aus der Heiligen Schrift erbrächten, die die Rechtmäßigkeit ihres Tuns untermauerten. Daraufhin übergab ihm Winstanley eine Schrift, auf der er seine Beweggründe darlegte und mit Bibelzitaten unterlegte; eine Kopie sandte er an die beiden Universitäten.

Seine Bemühungen waren vergebens, denn »am Freitag der Osterwoche kam er [Platt] dann und brachte die Antwort, die folgendermaßen aussah: In seiner Begleitung befanden sich ungefähr fünfzig Männer, darunter vier oder fünf, die er eigens dazu angeheuert hatte, die Häuser in Brand zu stecken. Zwar meinten einige der Umstehenden, man solle sie nicht abbrennen, weil es schade um das Holz wäre, doch er entgegnete: Nichts da, legt sie in Schutt und Asche, damit diese gottlosen Heiden sie nicht wieder aufbauen können, denn das werden sie tun, wenn das Holz liegenbleibt. Und dann legten sie auf Pfarrer Platts Geheiß an sechs Häuser Feuer und brannten sie nieder«.[10]

Die Digger-Siedlung in Cobham wurde nicht wieder aufgebaut. Nach dem Jahr 1651 ist auch über die anderen Digger-Kommunen in England nichts mehr bekannt geworden. Offenbar fielen sie alle der Zerstörungswut mißgünstiger Lords zum Opfer. Damit war die Digger-Bewegung an ihrem Ende angelangt. Auch die gemäßigten Levellers verschwanden bald in der Bedeutungslosigkeit. Wie hoffnungslos die Situation für die Opposition geworden war, drückt die Veröffentlichung einer Huldigungsschrift des ehemals radikalen Dichters John Milton aus, in der er den Diktator Cromwell und sein autoritäres Regime verherrlichte.

Auch die außenpolitische Situation hatte sich zugunsten Cromwells nach seinen Siegen über die Iren und die Schotten stabilisiert. Auf seine starke Armee gestützt, konnte Cromwell seine Machtbasis auf beiden britischen Inseln weiter ausbauen. Im Jahr 1653 wurde eigens für ihn die Stelle des *Lord Protector*, des obersten Beschützers, eingerichtet. Dieser Titel machte Cromwell endgültig zum Alleinherrscher in England. Gegenüber den Zeiten vor dem Bürgerkrieg hatte sich damit nicht allzuviel verändert; nur daß an Stelle eines Königs ein Diktator das Land regierte.

Nach Cromwells Tod übernahm dessen unfähiger Sohn Richard die Macht. Bald hatten die Briten genug vom Commonwealth, und ein neuer Bürgerkrieg setzte ein. An dessen Ende zog der neue König Karl II. als Nachfolger seines unglücklichen Vaters unter dem Jubel einer riesigen Volksmenge wieder in Westminster ein.

Gerrard Winstanleys tauchte noch einmal aus der politischen Versenkung auf. Im Herbst 1651 verfaßte er sein letztes und wohl auch bedeutendstes Werk, *Das Gesetz der Freiheit als Entwurf*, das als politisches Testament betrachtet werden kann. Winstanley widmete es Oliver Cromwell höchstpersönlich, obwohl er wußte, daß er mit seiner Veröffentlichung nichts mehr bewegen konnte. Das Werk erschien im Frühjahr 1652 in London.

Es erscheint verwunderlich, daß Winstanley sein *Gesetz der Freiheit* ausgerechnet an den Mann schickte, der ihn einmal auf die gleiche Stufe mit einem Tier gestellt hatte.

Aber welche Alternativen blieben Winstanley? Die Bewegungen der Diggers und der Levellers waren zerschlagen, das Parlament entmachtet, die Armee von radikalen Elementen gesäubert. Cromwell war der einzige politisch Überlebende derer, die einst so hoffnungsvoll den Bürgerkrieg gegen den verhaßten König eröffnet hatten.

Trotzdem hoffte Winstanley noch, daß Cromwell das einmal begonnene Werk der englischen Revolution fortsetzen würde:

»Gott hat Euch mit der höchsten Ehre bedacht, die je einem Manne seit Moses Zeiten zuteil ward, nämlich an der Spitze eines Volkes zu stehen, das sich eines unterdrückerischen Pharao entledigt hat. [...] Was Eurerseits noch zu tun bleibt, ist, darauf achtzuhaben, daß mit der Person des Unterdrückers auch dessen Macht ausgetilgt und die freie Verfügung über das Land und die Freiheiten in die Hand des unterjochten Volkes von England gelegt werde.«[11]

Auch in seinem Hauptwerk *Gesetz der Freiheit* geht Winstanley wieder von der Grundthese aus, daß die Erde eine gemeinsame Schatzkammer für alle ist. Erst wenn diese materielle Voraussetzung erfüllt ist, hat der Mensch die Möglichkeit, seine ihm ursprünglich von Gott gegebene Freiheit wiederzuerlangen. Diese Freiheit wurde vom Menschen selbst eingeschränkt, als Einzelne damit begannen, persönliches Eigentum auf Kosten der Gemeinschaft an sich zu raffen. Um die Menschheit vom Übel des Privatbesitzes und der daraus resultierenden Unfreiheit zu befreien, muß das individuelle wieder in allgemeines Eigentum zurückgeführt werden.

Zur Wiederherstellung der Freiheit bedarf es nicht nur der Auflösung des Privateigentums, sondern auch der Abschaffung der Lohnarbeit. Beide Mißstände haben zur Herrschaft eines Menschen über andere geführt und Abhängigkeitsverhältnisse entstehen lassen. Die Privilegierten verlernten es, mit eigener Hände Arbeit für ihren Unterhalt zu sorgen. Statt dessen führten sie das Geldwesen ein, das sich mit der Zeit verselbständigt hat und den Umgang der Menschen miteinander bestimmt. Folglich sprach sich Winstanley auch für die Abschaffung der Geldwirtschaft aus:

»Denn wo alle Macht beim Gelde liegt, findet jene goldene Regel keinen Widerhall: *Handle so, wie du selbst behandelt sein willst.* Das Recht ist käuflich, ja sogar das Unrecht wird manchmal gegen Geld gekauft und verkauft, und daraus entspringen alle Kriege und Bedrückungen. Und gewiß hat der über der ganzen Schöpfung waltende Geist der Gerechtigkeit nie ein Gesetz erlassen, daß schwache und törichte Menschen sich von England nach Ostindien aufzumachen und von dort eigenhändig Gold und Silber für ihre Brüder herbeizuschaffen hätten, um ihnen damit jene Liebenswürdigkeit zu vergelten, daß sie die Erde bestellen und darauf ihr Leben fristen dürfen.«[12]

Winstanley wollte die Geldwirtschaft durch die Tauschwirtschaft ersetzen. Arbeit darf nicht durch die Zahlung von Löhnen entgolten werden. Statt dessen sollen die Produkte der gemeinschaftlichen Arbeit an einer zentralen Stelle abgeliefert und in Warenhäusern gelagert werden. Jedes Mitglied der Gemeinschaft hat Zugang zu diesen Warenhäusern, um sich nach seinem Bedarf mit allen lebensnotwendigen Gütern einzudecken.

Das einzige Eigentumsrecht, das Winstanley unangetastet läßt, ist dasjenige auf eine eigene Wohnung. Winstanley gesteht jedem Menschen das Recht auf individuelle Freiheit zu. Voraussetzung dafür ist die Anerkennung der Privatsphäre. Die Wohnung ist ein Refugium und kann ohne dessen ausdrückliche Zustimmung nicht als Gemeingut behandelt werden.

Die Verwaltung des Landes, in der Korruption, Vetternwirtschaft und Begünstigung im Amt an der Tagesordnung waren, wollte Winstanley durch die Kontrolle aller Beamten auf lokaler, regionaler und staatlicher Ebene sanieren. Alle Beamten sollen jährlich neu gewählt werden. Wahlberechtigt sind alle Männer ab zwanzig Jahren. Vom Wahlrecht ausgenommen sind nur Anhänger des Königs und ehemalige Gutsbesitzer, die sich an der Allmende bereichert haben. Das passive Wahlrecht soll nur an Männer ab dem 40. Lebensjahr, die sich um das Gemeinwesen verdient gemacht haben, verliehen werden.

In Winstanleys letztem Werk fehlt es nicht an rigiden Bestimmungen, die das Leben der Menschen untereinander stengen Gesetzmäßigkeiten unterwerfen. Aller Besitz von Krone und Kirche wird beschlagnahmt und in Gemeineigentum überführt; sämtlicher Gutsbesitz wird zerschlagen, damit jeder nur noch von der eigenen Arbeit lebt. Der gesamte Außenhandel wird in die Hände des Staates gelegt; Kauf und Verkauf von Gütern ist den Bürgern ebenso untersagt wie der Erwerb von Land. Müßiggang ist allen Mitgliedern der Gemeinschaft strikt verboten; nur wer krank oder älter als vierzig Jahre ist, braucht nicht mehr zu arbeiten und wird von seiner Familie oder der Gemeinschaft versorgt.

Auch die Religion, »diese phantastische geistliche Lehre«, ist bei Winstanley nicht mehr das, was sie einmal war, nämlich »ein Lug und Trug, denn solange die Menschen zum Himmel emporstarren und sich nach dem Tode entweder Glückseligkeit oder eine furchtbare Hölle verheißen, sind sie mit Blindheit geschlagen, so daß sie nicht sehen können, welches ihr angeborenes Recht ist und was sie zu ihren Lebzeiten hier unten auf Erden zu tun haben. Das sind die Träume unsauberer Geister, und sie sind wie Wolken ohne Regen. Und natürlich wissen diese verschlagenen Pfaffen sehr wohl, daß es ihnen ein leichtes sein wird, sich die Erde anzueignen und die betrogenen Menschen zu ihren Knechten zu machen, wenn sie sie mit dieser ihrer phantastischen Lehre behexen können, auf Reichtum, himmlische Seligkeit und Herrlichkeit bis nach dem Tode warten«.[13]

Um die Menschen weniger empfänglich für demagogische Versprechungen politischer und geistlicher Führer zu machen, mit denen in Winstanleys Augen auch die ursprünglich guten Absichten und Ziele der englischen Revolution verwässert wurden, sollen Bildung und Erziehung des gemeinen Volkes verbessert werden. Allen Kindern wird der Schulbesuch zur Pflicht gemacht; allerdings soll in den Schulen die praktische Erziehung und das Erlernen von Sprachen Vorrang vor der Bildung im klassischen Sinne erhalten. Statt Gottesdiensten werden sonntags öffentliche Veranstaltungen abgehalten, die sich mit Problemen des Rechts, der Politik, der Medizin und der Naturwissenschaften befassen. Die Kirche soll sich aus allen weltlichen Fragen heraushalten und wird als öffentliche Institution abgeschafft. Die Priester dürfen ihr Amt behalten, werden aber wie alle Beamten jährlich von der Gemeinde neu gewählt. Ihre Aufgabe beschränkt sich nur noch auf religiöse Fragen. So dürfen sie keine Ehen mehr schließen; statt dessen wird die Zivilehe eingeführt.

Winstanleys Entwurf einer sozialen Ordnung, die nicht mehr auf der Religion – die im Bürgerkrieg die Triebfeder der puritanischen Revolution war –, sondern allein auf der Vernunft basiert, sollte im Commonwealth Oliver Cromwells und erst Recht im England der auf den Thron zurückgekehrten Stuarts keine Bedeutung mehr spielen. Ebenso wie sein Verfasser geriet auch das *Gesetz der Freiheit* in Vergessenheit. Erst im 19. Jahrhundert wurde Winstanley wiederentdeckt, als viele Marxisten und Anarchisten in ihm einen Vorläufer ihrer Bewegung erkannten.

Von Winstanley finden sich nach der Veröffentlichung seiner letzten Schrift nur noch wenige Spuren. Zunächst arbeitete er noch gemeinsam mit einigen seiner Digger-Freunde auf dem Hof von Lady Eleanor Davies in Pirton. Die adlige Gutsbesitzerin aus Hertfordshire war Winstanleys Ideen gegenüber sehr aufgeschlossen, aber offensichtlich doch nicht bereit, das Kommuneprinzip gemeinsam mit den letzten Diggers konsequent zu Ende zu führen.

Bald verschlug es Winstanley wieder nach London. Mit der Hilfe seines Schwiegervaters gelang ihm der Wiedereinstieg in sein ursprüngliches Geschäft, den Tuchhandel. Nach dem Tode seiner Frau Susan heiratete Winstanley 1665 erneut. Aus seiner Ehe mit Elizabeth Stanley gingen eine Tochter und zwei Söhne hervor, die noch im jugendlichen Alter starben. Bis zu seinem Tod, vermutlich am 10. Oktober 1676, arbeitete Winstanley als Tuch- und später als Getreidehändler in London. Politisch ist er zu Lebzeiten nicht mehr in Erscheinung getreten.

Mitte der 60er Jahre des letzten Jahrhunderts erlebten die Diggers an einem anderen Ort eine Renaissance: Eine Hippiekolonie in San Franciscos berühmter Haight-Ashbury, die sich ›Diggers‹ nannte, berief sich ausdrücklich auf ihre Vorbilder aus dem revolutionären England. Einige Mitglieder gründeten Landkommunen in Kalifornien; ihre Produkte verteilten sie kostenlos an Bedürftige. Die kalifornischen Diggers wollten eine geldlose Gegenkultur als Alternative zur kapitalistischen Geldwirtschaft etablieren. Weitere Kommunegründungen mit Geschäften, in denen die Kunden nicht bezahlen mußten, folgten in Los Angeles, Boston, New York und Toronto. In Amsterdam gründeten die Diggers den ersten europäischen Gratis-Laden, dem in Londons Covent Garden ein freier Buchladen und eine kostenlose medizinische Beratungsstelle folgten. In Zeitungen wie *Digger News* versuchten sie ihre Ideen einer breiteren Öffentlichkeit zu vermitteln. Mit dem Niedergang der Achtundsechziger-Bewegung kamen auch die Aktivitäten der neuen Diggers zum Erliegen.

Zwanzig Jahre später, als die Proteste gegen die amerikanischen Mittelstreckenraketen in Europa ihren Höhepunkt erreichten, demonstrierten die Friedensmarschierer in einem »Diggers-Marsch«:

»Der zum Cruise Missiles-Stationierungsort und US-Luftwaffenstützpunkt Molesworth in Cambridgeshire führende Diggers-Walk begann am St. George's Hill, dem Geburtsort der Digger-Bewegung. Die historischen Reminiszenzen gingen weit darüber hinaus: Zum Auftakt wurden Texte Winstanleys verlesen und das Lied der Diggers gesungen, die Orte Barnet, Dunstable und Wellingborough, bei denen es im 17. Jahrhundert Digger-Kommunen gegeben hatte, waren Stationen des Friedensmarsches, und einige Teilnehmer trugen ans 17. Jahrhundert erinnernde, historische Kostüme. In Molesworth gelang es am Ostermontag kurzfristig, das zur Basis gehörendes Gelände nach Digger-Vorbild zu besetzen und zu bepflanzen, womit die Forderung unterstrichen wurde, das Gelände zur Ernährung hungernder Menschen statt für militärische Zwecke zu nutzen.«[14]

José Gabriel Condorcanqui (Túpac Amaru)
(1743–1781)

Mythos eines immer wiederkehrenden Aufstandes

Vier Monate lang hielten peruanische Rebellen die japanische Botschaft in Lima besetzt, um inhaftierte Gesinnungsgenossen freizupressen. Zeitweise befanden sich fünfhundert Personen in der Gewalt der Geiselnehmer. Am 22. April 1997, beim Sturm der Sicherheitskräfte auf das Gebäude, starben siebzehn Menschen; darunter alle Botschaftsbesetzer. Sie wurden von den Soldaten auf der Stelle exekutiert, auch wenn sie vorher bereits ihre Waffen weggeworfen und sich ergeben hatten.

Die Geiselnehmer gehörten der Widerstandsorganisation *Movimiento Revolucionario Túpac Amaru* an. Wie schon die Guerillabewegung der *Tupamaros*, die in den 60er und 70er Jahren des 20. Jahrhunderts durch Terrorakte in Uruguay auf sich aufmerksam machte, beriefen sich die peruanischen Rebellen auf einen Befreiungskämpfer gegen die spanische Kolonialherrschaft:

»Den Namen ... verdanken sie dem Indianer José Gabriel Condorcanqui Noguera alias Túpac Amaru, dem Häuptling von Pampamarca in Peru. Vom Samstag, den 4. November 1780, an dem Túpac Amarus Partisanen Arriaga, den tyrannischen und blutrünstigen Vertreter der spanischen Macht, entführten, bis zum Freitag, den 18. Mai 1781, an dem der Befreier auf dem Platz in Cuzco schmählich hingerichtet wurde, war es Túpac Amaru gelungen, einen der größten Aufstände zu organisieren, die die spanischen Kolonisatoren bisher unterdrücken mußten. Seine Bewegung ging über einen einfachen Aufruhr weit hinaus, dank der Ausarbeitung eines echten politischen Programms, in dem soziale Gerechtigkeit, Freiheit und die Koexistenz der Rassen gefordert wurden, so daß sich nicht nur die Indianer und Mestizen, sondern auch die liberalen Spanier und sogar die Schwarzen um seine Fahne scharten. Diese Revolte läutete das Ende der Kolonialmacht ein.«[1]

Im 18. Jahrhundert erlebte das koloniale Peru eine schwere Wirtschaftskrise. Die Silberproduktion in Potosí, Mitte des 17. Jahrhunderts mit 160 000 Einwohnern etwa so groß wie London und damit noch vor Madrid und Sevilla die größte Stadt des spanischen Weltreichs, war gegenüber der Blütezeit um die Hälfte zurückgegangen. Spanien hing von den Silberlieferungen aus der Neuen Welt ab, um seine Schulden bei den europäischen Bankiers in Amsterdam, Augsburg und Genua begleichen zu können.

Damit wieder Geld aus den Kolonien ins Mutterland floß, bedurfte es einer konsequenten Neuorganisation des überseeischen Besitzes. Der Bourbonenkönig Karl III. (1759–1788) setzte in seinem Herrschaftsbereich eine Verwaltungsreform durch, die in erster Linie der Verbesserung der Steuereinnahmen dienen sollte. Er entsandte *Visitadores* in die entferntesten Ecken des spanischen Weltreichs. Die königlichen Finanzinspektoren waren mit weitreichenden Vollmachten ausgestattet, um die Steuereintreiber vor Ort bei ihrer Arbeit zu unterstützen. Mit ihrer Hilfe gelang es der Krone, immer mehr Abgaben und Tribute aus der indianischen Bevölkerung herauszupressen.

In den ersten beiden Jahrhunderten nach der spanischen Eroberung mußten die Einheimischen zwei Arten von Abgaben entrichten: den *tributo* und die *mita*. Der *tributo* war eine Kopfsteuer, die auf jeden erwachsenen männlichen Indianer erhoben und von den Dorfhäuptlingen, den Kaziken, eingesammelt wurde. Besonders verhaßt war die *mita*, die Zwangsarbeit in den Silberminen von Potosí und Huancavelica. Ein Siebtel der männlichen Bevölkerung im Alter zwischen achtzehn und fünfzig Jahren war von diesem Frondienst betroffen. Die Indianer mußten manchmal sechs, häufiger zwölf Monate unentgeltlich in den Bergwerken arbeiten, dann durften sie wieder in ihre Heimatdörfer zurückkehren. Nach einer dreijährigen Erholungszeit konnten sie erneut zur *mita* herangezogen werden.

Die Visitadores fanden bald eine neue Einnahmequelle: den *reparto*. Die Indianer wurden gezwungen, aus Spanien importierte oder von den Kolonialherren im Land produzierte Ware zu weit höheren als den marktüblichen Preisen zu kaufen. Die Bezahlung erfolgte in Form von Diensten in der Feldarbeit, in der Wollfabrikation oder bei der Gewinnung von Coca oder Aguardiente (›Feuerwasser‹)-Schnaps. Der *reparto* verschaffte den Spaniern nicht nur eine langfristige Einnahmequelle, da die Indianer oft Jahre benötigten, um ihre Schulden abzuarbeiten. Gleichzeitig sicherte er den Kolonialherren einen festen einheimischen Absatzmarkt und kurbelte darüber hinaus die Exportwirtschaft des Mutterlandes an.

Eine weitere Verschärfung der Steuerpolitik bedeutete die Erhebung der *alcabala*, einer Verkaufssteuer auf alle einheimischen und importierten Produkte. Sie betrug zunächst zwei Prozent, wurde 1772 verdoppelt und 1776 auf sechs Prozent erhöht. Um die Eintreibung zu gewährleisten, wurden in den größeren Orten Zollhäuser errichtet, die sich bald zu bevorzugten Haßobjekten der einheimischen Bevölkerung entwickelten.

Nach dem Rückgang der Silberproduktion drohten Kolonien wie Peru zu einem Zuschußgeschäft für die spanische Krone zu werden. Durch die Tätigkeit der Visitadores flossen wieder Gewinne ins Mutterland. So verbuchte der seit 1776 amtierende Visitador von Peru, José Antonio de Areche, bereits drei Jahre nach Übernahme seiner Tätigkeit Einnahmen von 5,8 Millionen Pesos, denen Ausgaben von nur 4,1 Millionen Pesos gegenüberstanden.

Die einheimische Bevölkerung widersetzte sich der neuen Steuerpolitik mit allen Mitteln, häufig auch mit Gewalt. Allein in den ersten beiden Jahren seit Einführung der Steuerhäuser kam es in Peru zu siebenunddreißig lokalen Revolten. Eine davon hatte ihren Ursprung im Herbst 1780 in dem kleinen Städtchen Tinta, auf halbem Weg zwischen Cuzco und dem Titicacasee. In kurzer Zeit weitete sie sich zum größten Indianeraufstand gegen die spanische Kolonialmacht im 18. Jahrhundert aus.

Initiator der Revolte war der Mestize José Gabriel Condorcanqui. Die Linie seiner Vorfahren reichte sowohl zu den ersten spanischen Eroberern zurück als auch zum letzten Sproß der im 16. Jahrhundert ausgestorbenen Inka-Dynastie. Condorcanqui war in doppelter Hinsicht von der verschärften Steuereintreibungspolitik der Spanier berührt. Als Kazike von Tinta hatte er dafür zu sorgen, daß die von der *mita* Betroffenen ihren Dienst in den Bergwerken von Potosí antraten; als Inhaber eines Maultiertransportunternehmens erlitt er finanzielle Einbußen durch die Erhebung der *alcabala* und die Errichtung der Zollhäuser.

Condorcanqui hatte sich in der Vergangenheit wiederholt für seine Untergebenen eingesetzt. Einmal begab er sich sogar persönlich nach Lima, um für seine Dorfbewohner die Befreiung von der *mita* zu erwirken. Diese Bitte wurde ihm allerdings nicht gewährt. Auch in der Zollfrage konnte er sich gegenüber den Kolonialherren nicht durchsetzen. Die Errichtung der Zollhäuser bedeutete für die Transportunternehmer, daß sie die *alcabala* doppelt entrichten mußten, nämlich einmal an der Kontrollstelle und ein weiteres Mal am Verkaufsort. Zusätzlicher Unmut unter den Angehörigen seines Gewerbes entstand durch die Erhöhung der Steuern auf Coca und Aguardiente auf 12,5 Prozent.

Im Frühjahr 1780 kam es zu ersten örtlich begrenzten Revolten. Ziel der Ausschreitungen waren die Zollhäuser im peruanischen Cuzco und in La Paz, der Hauptstadt von Hochperu, dem heutigen Bolivien. Beide Orte dienten als Stationen auf Condorcanquis Haupthandelsroute. Er selbst nahm an keiner dieser Erhebungen teil, wohl aber sein Cousin Andrés, der die Revolte gegen den Steuereintreiber Don Bernardo Gallo in La Paz anführte. In Schmähschriften wurde zur Jagd auf den verhaßten Spanier aufgerufen:

»Dieses ist die dritte und letzte Ankündigung, und wir weinen vor Trauer, denn viele unschuldige Menschen werden sterben müssen; und das alles nur wegen zwei oder drei nichtswürdiger Banditen. Und am 13. März wird viel Blut fließen in den Straßen und auf dem großen Platz; es wird fließen wie Wasser, wenn den Spaniern niemand zu Hilfe kommt. Und dieser diebische alte Hahn [›*Gallo*‹ *ist das spanische Wort für* ›*Hahn*‹] wird lebendig gehäutet, in Stücke geschnitten und in den Fluß geworfen werden.«[2]

Gallo wendete sich sofort mit einem Hilferuf an die Herrscher der Vizekönigreiche Peru und Rio de la Plata. Bevor diese reagieren konnten, war der Aufstand bereits ausgebrochen. Doch sollte das Schicksal nicht Gallo ereilen, sondern seinen Kollegen Juan de Arriaga. Am 9. November 1780 ritt José Gabriel Condorcanqui auf den Marktplatz seines Heimatstädtchens und forderte den Steuereintreiber von Tinta öffentlich auf, den *reparto* abzuschaffen und zukünftig auch auf die *alcabala* zu verzichten. Als Arriaga auf diese Forderung nicht einging, zerrte eine johlende Menge den Spanier aus seinem Haus. Fünf Tage später wurde ihm der Prozeß gemacht und Arriaga auf dem Marktplatz im benachbarten Tungasuca, dem Geburtsort Condorcanquis, öffentlich gehängt.

Condorcanqui war sich der Tatsache bewußt, daß die Ermordung Arriagas und die eigenmächtig verfügte Abschaffung des Zwangsverkaufs und der Verkaufssteuer in den Augen der Kolonialmacht einer Kriegserklärung gleichkam. Den Augenblick der Erhebung hätte er günstiger nicht wählen können. Überall im Land flackerten nach Jahren bitterer Unterdrückung lokale Revolten gegen die Spanier auf. Nicht nur die unterprivilegierten Bevölkerungsgruppen der Indianer und der aus Afrika importierten Negersklaven, auch ein großer Teil der aus Mestizen bestehenden Mittelschicht, zusammen mehr als eine Million Menschen, lehnten sich gegen die herrschende Kaste im Vizekönigreich Peru auf, die aus einer zahlenmäßig kleinen Elite unter den etwa 140 000 Spaniern und im Lande geborenen spanischstämmigen Kreolen bestand. Bislang mangelte es allerdings an einer einheitlichen Vorgehensweise, um die zahlreichen lokalen Rebellionen in eine zentral geleitete Aufstandsbewegung münden zu lassen.

In der Absicht, einen möglichst großen Teil der Bevölkerung Perus und Oberperus hinter sich zu bringen, betrieb Condorcanqui historische Imagepflege. Er behauptete, in direkter Linie vom letzten Inka, dem 1572 in Cuzco hingerichteten Túpac Amaru, abzustammen. Zugute kam ihm dabei der Glaube der Indianer an die Wiederkehr ihres Herrschers, der die Jahrhunderte unbeschadet überdauert hatte, wie die Schilderung eines Chronisten der letzten Stunden Túpac Amarus bereits erahnen läßt:

»An dem Tag der Hinrichtung fanden sich auf dem Hauptplatz der Stadt, wo das Schafott aufgebaut war, über 100 000 Indios und Indias ein und begannen laut zu weinen und zu trauern über ihren König und Herrn [...]. Er war am Ende seiner Kraft und kaum noch der Sprache mächtig. [...]. *Der Inka faßt sich noch einmal und spricht mit laut vernehmbarer Stimme zu der Menge und bringt sie zur Ruhe*: Augenblicklich hörte das Schreien und Jammern auf und es herrschte eine absolute Stille, als atme auf dem Platze kein lebender Mensch. Eine solche geistige Macht übte noch das incaische Königtum auf seine Untertanen aus [...]. Nach der Exekution wurde das Haupt Túpac Amarus allen Umstehenden gezeigt [...]. Da begann das Weinen und Klagen aufs Neue und schwoll zu einer Stärke an, wie sie niemand sich vorstellen kann, der es nicht selbst gehört hat. Man stellte den Kopf auf dem Pfeiler aus; dort blieb er aber nur bis zum nächsten Abend; dann ließ ihn der Vizekönig herunternehmen; denn eine beängstigende Anzahl von Indios verharrte auf dem Platz in Anbetung des verehrten Hauptes, ohne zu essen, und wollte sich nicht von ihm trennen.«[3]

Trotz der Bereitwilligkeit im einfachen Volk, sich in einer Art Heilserwartung einem mehr oder weniger selbsternannten Führer – ob die Rückverfolgung des Stammbaums auf den letzten Inka einer sorgfältigen Überprüfung standgehalten hätte, darf bezweifelt werden – zur Verfügung zu stellen, gelang es Condorcanqui nicht, alle Schranken zu beseitigen, die ihn von seinen Anhängern trennten. Bald sollte es sich als Nachteil herausstellen, daß er die Pflege seiner indianischen Wurzeln vernachlässigt hatte. Als Angehöriger der einheimischen gebildeten Oberschicht war er zwar des Lateinischen und Spanischen, nicht aber der Landessprache Quechua mächtig. Sein nicht restlos überzeugender Versuch, durch die Wiederbelebung des tief in der Bevölkerung verwurzelten Inka-Mythos' den Schulterschluß zum unterprivilegierten

indianischen Mehrheitsvolk herzustellen, darf gleichwohl als legitimes politisches Mittel angesehen werden.
Condorcanquis Schachzug dient heute noch einigen
Staatsmännern in Lateinamerika als Vorbild, deren Popu-
lismus auf einer Melange aus politischem Programm und
historisierender Folklore beruht.

Die Nachricht von der Rebellion des neuen Túpac Amaru verbreitete sich rasch. Noch sahen die Spanier der Angelegenheit gelassen entgegen. Rasch wurde ein Miliz-
trupp von 600 Mann zusammengewürfelt. Das kleine Heer
erwies sich jedoch als zu schwach, den zahlenmäßig um
ein Vielfaches überlegenen Rebellen im Gefecht standzu-
halten, und wurde völlig aufgerieben. Dieser erste Sieg in
einer militärischen Auseinandersetzung, von den Spaniern
als Schmach empfunden und von den Einheimischen begeistert gefeiert, beflügelte Túpac Amaru und seine Anhänger. Nach weiteren erfolgreichen Gefechten kontrollierten die Aufständischen die gesamte Region nordwestlich
des Titicacasees und bedrohten sogar die Städte Arequipa
im Süden Perus und Arica im Norden Chiles.

Die Túpac Amaru-Rebellion wurde hauptsächlich von
der Mittelschicht getragen. Ihre Führer waren Transport-
unternehmer, Handwerker, kleine Kaufleute und freie
Bauern. Ihre Aggression richtete sich anfänglich nur ge-
gen die Zollhäuser und die Verkaufssteuer sowie gegen
den Zwangsverkauf in den spanischen Monopolläden.
Eine Abschaffung der *mita* hatten sie ursprünglich nicht
in Erwägung gezogen; Condorcanquis Fürsprache für die
Zwangsarbeiter von Potosí war eher einer menschlichen
Regung als einer politischen Überzeugung entsprungen.
Erst mit der Ausweitung des Aufstandes kamen weitere
Programmpunkte hinzu. Die geforderte Befreiung aller
Negersklaven sicherte den Rebellen die Unterstützung
des schwarzen Bevölkerungsteils. Für die Indianer war
die Abschaffung der *mita* von Potosí die wichtigste For-
derung im Kampf gegen die Spanier. Daher zögerte

Túpac Amaru nicht, diesen Punkt in sein Programm aufzunehmen; allerdings erst dann, als er dazu aufgefordert wurde. Schließlich bemühte sich Túpac Amaru, auch die Sympathie zumindest eines Teils der Kreolen zu gewinnen. Diese argwöhnten zu Recht, daß auch sie durch die Steuerreform des Bourbonenkönigs Karl zur Kasse gebeten würden, sobald sich aus den Indianern und Mestizen nichts mehr herauspressen ließe.

Die Rebellion richtete sich zunächst weniger gegen die Herrschaft der spanischen Krone als gegen die Politik der Steuereintreiber, namentlich gegen den Visitador Areche, der die Abgaben oft nach Gutdünken erhöhte. Allerdings darf die Tatsache nicht übersehen werden, daß Areche im Auftrag des Bourbonenkönigs handelte. Wenn Túpac Amaru zunächst seine Loyalität gegenüber Karl III. betonte, so tat er dies, um die Kreolen auf seine Seite zu ziehen. Als er einen Tag vor Heiligabend in dem oberhalb des Titicacasees gelegenen Städtchen Lampa einrückte, veröffentlichte er ein Edikt, das seine eigentlichen Absichten erkennen läßt:

»Den in der Provinz Chichas und Umgebung lebenden kreolischen Landsleuten gebe ich hiermit kund, in Erwägung des uns durch Tribute und die Tyrannei der Amtsinhaber unterdrückenden großen Jochs und ganz zu schweigen von unseren Nöten, die uns gnadenlos in tiefster Verzweiflung halten, daß ich beschlossen habe, dieses unerträgliche Joch abzuschütteln und der schlechten Regierung, welche wir erfahren, Einhalt zu gebieten […] , aus welchem Grunde auf öffentlichem Schafott der Corregidor der Provinz Tinta starb, zu dessen Verteidigung aus der Stadt Cuzco eine Schar von Spaniern auszog, wobei sie meine geliebten Kreolen mit sich rissen und ihren Wagemut und ihre Kühnheit mit dem Leben bezahlten. Es schmerzt mich der Gedanke an die kreolischen Landsleute, von denen jeglicher Schaden abzuwenden stets mein Bestreben war, so wie es mein Wunsch war, daß wir als Brüder vereint seien in einem Volkskörper und die Europäer vernichten würden. Nach reiflicher Überlegung und der Gewißheit, daß sich diese Absicht nicht im geringsten wider unsere geheiligte katholische Religion wendet, sondern nur auf Aufhebung der Unordnung zielt, und nachdem ich hier jene Maßnahmen ergriffen habe zum Schutz und zum Erhalt der kreolischen Spanier, der Mestizen, *[aus einer Mischehe von Schwarzen und Indios hervorgegangene]* Zambos und Indios, die auf gleichem Boden geboren und von selber Herkunft wie die Ureinwohner Landsleute sind, zumal alle gleichermaßen die Unterdrückung und Tyrannei durch die Europäer erlitten haben, habe ich es also für angebracht gehalten, besagten Kreolen kundzutun, daß, wenn sie diesen Beschluß annehmen, sie keinerlei Schaden weder am Leib noch an Hab und Gut erfahren sollen; daß sie aber, so sie meinen Aufruf mißachtend in gegenteiligem Sinne handeln sollten, meine Sanftmut in Wut verwandeln und zugrunde gehen werden, da ich diese Provinz in Schutt und Asche legen werde.«[4]

Gegen Ende des Jahres 1780 hatten sich die Rebellen im Süden und Südosten Perus etabliert. Der Aufstand griff auf Hochperu und seine Hauptstadt La Paz über, die von dem Indianerführer Julián Apasa belagert wurde. Túpac Amaru stand jetzt vor der Entscheidung, Arequipa und den Südosten vollständig in seine Gewalt zu bringen und die Verbindung zu den Rebellen in Hochperu herzustellen, oder sich der nach Lima zweitwichtigsten Stadt des Landes, Cuzco, zuzuwenden und die Entscheidungsschlacht mit dem dort aufziehenden spanischen Heer zu suchen. Die Bewegung hatte, solange sie von der Anfangseuphorie getragen wurde, die meisten Aussichten auf Erfolg. Allerdings wurde die berechtigte Aggression der Unterprivilegierten gegen ihre Kolonialherren teilweise in falsche Bahnen gelenkt und drohte in nutzlosen Grausamkeiten zu versiegen:

»Furchtbar war die Rache der siegreichen Indianer. Was jahrhundertelang in ihnen geschlummert hatte, brach jetzt heraus, der Haß gegen die Weißen, die Wut über die Unterdrückungen, die sie schweigend hatten hinnehmen müssen, der Blutdurst und die Zerstörungswut gegen eine Kultur, die ihnen innerlich fremd geblieben war. Im Orte Pedro de Bellavista in Peru schlachteten die Aufständischen tausend wehrlose Menschen ab, Männer und Frauen, Kinder und Greise. In Caracota wateten die Wahnsinnigen bis an die Knöchel in Blut, in Tapacari sollten die weißen Frauen, nachdem die Männer ermordet waren, lebendig begraben werden, in Calca wurden nicht nur die Weißen, sondern auch alle Mischlinge umgebracht, und schon brach auch die Wut gegen das Christentum durch, in Oruro wurde das wundertätige Bild Christi geschändet.«[5]

Vor allem die Schändungen der Gotteshäuser sollten sich für die Túpac Amaru-Bewegung als Bumerang erweisen. Ihr Anführer hatte den Einfluß unterschätzt, den die katholische Kirche auf die einheimische Bevölkerung ausübte. Als die Pfarrer dazu übergingen, jedem Indianer, der Partei für die Aufständischen ergriff, mit dem Verlust seines Seelenheils zu drohen, lichteten sich die Reihen der Anhänger Túpac Amarus beträchtlich.

In seiner Unentschlossenheit über sein weiteres Vorgehen wandte sich Túpac Amaru an seine Ehefrau Micaela Batidas, die sich aktiv an der Rebellion beteiligte. Sie sah vieles klarer als ihr Mann. Mit jedem Tag, an dem er die Belagerung Cuzcos weiter hinauszögerte, würden die Chancen der Spanier, die Stadt gegen die Rebellen zu verteidigen, steigen. Im Falle einer Eroberung von Cuzco dagegen würden auch die Städte Arequipa und Arica früher oder später in seine Hände fallen. Die Moral der Verteidiger war schlecht; die Lebensmittelrationen reichten nur noch wenige Tage. Ein Sieg über das spanische Entsatzheer würde alle Hoffnungen der Stadt auf eine rasche Befreiung zunichte machen. Ihre Einschätzung wurde vom Bischof von Cuzco, Juan Manuel Moscoso, geteilt, der in einem Brief an seinen Amtsbruder in La Paz schreibt:

»Öffentliche Mittel waren nicht mehr vorhanden, da alles Geld aus der königlichen Schatzmeisterei kurze Zeit vorher nach Lima gebracht worden war. Die Einwohner waren verarmt und jene, die noch Vermögen hatten, fanden alle erdenklichen Entschuldigungen, um nicht zum täglichen Unterhalt der Truppen beizutragen. Es gab weder Schießpulver noch irgendeine andere Munition in den Lagern, da sich niemand je eine solche Katastrophe hatte vorstellen können. […] Der Feind war uns überlegen, denn unsere Truppen waren schwach und die Mitglieder des sogenannten Kriegsrates verbrachten ihre Zeit damit, einander zu bekämpfen, indem sie über alles stritten und nichts entschieden. Kamen sie zufällig doch in einer Sache, die hilfreich gewesen wäre, überein, so wurde sie nie ausgeführt. Und so wurde ich, nichts unversucht lassend, um unserem Land zu helfen und den Aufstand niederzuschlagen, selbst Soldat, ohne deshalb aufzuhören, Bischof zu sein, und als es für uns bedrohlich aussah, bewaffnete ich die Ordensgeistlichen und die Weltgeistlichen und ernannte als letzte Rettung den Vorsteher meines Domkapitels, Don Manuel de Mendieta, zum Anführer dieser kirchlichen Truppen, errichtete Baracken, verteilte die Priester und Schüler der zwei Seminare auf vier Kompanien mit den entsprechenden Offizieren und Waffen und Munition, die ich stellte. Und sie begannen mit ihrer militärischen Ausbildung und dem militärischen Drill unter dem Befehl eines Armeeoffiziers.«[6]

Túpac Amaru hörte auf den Rat seiner Frau. Mit einem Heer von 40 000 Mann zog er gegen Cuzco. Die Indianer und befreiten Sklaven waren schlecht ausgerüstet. Dieser Mangel wurde nur teilweise aufgehoben durch die Integration gefangener Spanier, die die erbeuteten Kanonen bedienen mußten.

Weit schwerwiegender war die Tatsache, daß es Túpac Amaru nicht gelungen war, die Kirche für seine Sache zu gewinnen, obwohl er stets betonte, im katholischen Glauben zu handeln. Der Bischof von Cuzco war dem Anliegen der Indianer ursprünglich mit einer gewissen Sympathie begegnet. Immerhin hatte er die Machenschaften Arriagas als unchristlich verurteilt und den Visitador kurz vor Ausbruch der Rebellion sogar exkommuniziert. Zu einer Unterstützung des Aufstandes mochte sich Moscoso letzten Endes doch nicht durchringen, wohl auch wegen der oben beschriebenen Grausamkeiten und Kirchenschändungen der Rebellen. Statt dessen rief Moscoso zum Widerstand gegen Túpac Amaru, an dem er selbst sogar aktiv teilnahm, auf und exkommunizierte schließlich den Rebellenführer. Das nachdrückliche Auftreten der Kirche zugunsten der Kolonialmacht brachte viele abtrünnige Kaziken wieder auf die Seite der Spanier zurück. Moscoso machte angesichts der großen Gefahr für die Krone weitere Konzessionen und sagte allen, die am Aufstand teilgenommen hatten, Straffreiheit zu, falls sie der Túpac Amaru-Bewegung abschwörten. Diese Ankündigung spaltete die Aufstandsbewegung endgültig.

Als Túpac Amaru Anfang Januar mit seinem Heer vor Cuzco auftauchte, konnte er sich der Unterstützung der Einheimischen nicht mehr gewiß sein. Doch es war zu spät, den einmal begonnenen Angriff wieder abzublasen. Die Verteidiger, 15 000 an der Zahl, hatten inzwischen Nachschub aus Lima erhalten und waren jetzt besser mit Munition für ihre Musketen und Kanonen ausgerüstet. Ihrer überlegenen Feuerkraft hatten die Angreifer wenig entgegenzusetzen. So sah sich Túpac Amaru nach einer schweren Niederlage auf dem Schlachtfeld gezwungen, die Belagerung von Cuzco wieder abzubrechen. Den Rebellen blieb nichts anderes übrig, als sich in ihre Heimat zurückzuziehen.

Eine Zeitlang konnte sich Túpac Amaru noch gegen die Spanier behaupten. In einigen kleineren Gefechten behielt er die Oberhand und fügte dem Gegner empfindliche Niederlagen zu. Dennoch wurde er von den Spaniern immer weiter zurückgedrängt. In der Nähe seines Geburtsortes Tungasuca kam es zu einer letzten entscheidenden Auseinandersetzung, die der Oberbefehlshaber der Spanier, Feldmarschall José de Valle, schildert:

»Einige der unsrigen, etwa drei- bis vierhundert Mann, die dem Feind am nächsten standen, griffen ihn so heftig an, daß sie sie mit einem solchen Blutbad gänzlich vernichteten, das Túpac Amaru mit Entsetzen erfüllte. Seine Bestürzung wuchs, als er sah, daß sie seine Kanonen, seinen Vorrat, seine Munition und seine Ausrüstung und die gesamte Kriegsbeute, die er gestohlen hatte, erbeuteten. Es gelang ihm wegen des guten Pferdes, das er ritt, zu entkommen, ohne gefangengenommen zu werden, und als er sah, daß alles verloren war, ließ er seiner Frau und den Kindern die Botschaft übermitteln, so schnell wie möglich zu fliehen, und sprang in einen reißenden Fluß und es gelang ihm, ihn schwimmend zu durchqueren. Aber als er auf der anderen Seite ankam, nahm ihn der Mann, den er zum Leutnant von Langin gemacht hatte, in der Hoffnung gefangen, seine eigene Haut zu retten, und übergab ihn unseren Leuten. Nicht anders erging es seiner Frau, den Kindern und anderen Verbündeten.«[7]

Túpac Amaru und seine Familie wurden nach Cuzco gebracht, wo ihnen der Prozeß gemacht wurde. Dort soll ihn der Visitador in seiner Zelle besucht und von ihm verlangt haben, die Namen sämtlicher Mitverschworenen preiszugeben:

»Túpac Amaru antwortete ihm mit Verachtung: ›Hier gibt es keine Mitschuldigen außer dir und mir. Du als Unterdrücker und ich als Befreier verdienen den Tod.‹ Túpac wurde zusammen mit seiner Ehefrau, seinen Söhnen und seinen hauptsächlichen Parteigängern auf dem Platze von

Wacaypata in Cuzco gefoltert. Man schnitt ihm die Zunge ab. Seine Arme und Beine wurden an vier Pferde gebunden, die ihn in vier Stücke reißen sollten, aber sein Körper teilte sich nicht. Er wurde am Fuße des Galgens geköpft. Sein Kopf wurde nach Tinta gebracht. Einer seiner Arme kam nach Tungasuca und der andere nach Carabaya. Man brachte ein Bein nach Santa Rosa und das andere nach Livitaca. Sein Rumpf wurde verbrannt und die Asche in den Fluß Watanay gestreut. Man empfahl die Ausrottung seiner gesamten Nachkommenschaft bis zum vierten Grade.«[8]

Micaela Batidas sollte es nicht besser ergehen als ihrem Ehemann. Areche verurteilte sie wegen Komplizenschaft mit dem »niederträchtigen Verräter« Túpac Amaru »zur Todesstrafe; und die gerechte Strafe, die ich an ihr auszuführen befehle, ist, daß sie aus der Kaserne, in der sie gefangengehalten wird, herausgeführt wird, und, an Händen und Füßen gebunden, mit einem Strick um den Hals zum Hinrichtungsort geschleift wird, wobei ein Ausrufer ihr Verbrechen verkünden soll, daß sie unter Berücksichtigung ihres Geschlechts und unter Wahrung des Anstands, auf ein Gestell gesetzt, ihr die Garotte angelegt und daselbst die Zunge herausgeschnitten wird, wobei sie unmittelbar mit besagter Verrichtung zu Tode gebracht werden soll; nach Feststellung des Todes wird sie aufgehängt werden, ohne daß, bevor andersweitiger Befehl ergeht, sie vom Platz genommen wird. Sodann wird man ihren Körper vierteilen, den Kopf zum Hügel von Piccho bringen, wo er auf einen Pfahl gesteckt wird mit dem Schild, auf dem man ihr Verbrechen lesen kann; ein Arm wird nach Tungasuca gebracht, ein anderer nach Arequipa und eines der Beine nach Carabaya, der Rest des Körpers zu eben jenem Hügel von Piccho, wo er mit dem ihres Ehegatten in einem Kohlebecken, das sich dort befinden wird, verbrannt werden wird.«[9]

So geschah es auch. Doch auch nach dem Tod von Túpac Amaru und seiner Frau ging der Aufstand weiter;

das Zentrum der Rebellion verlagerte sich nur nach Hochperu. Die Blockade von La Paz dauerte bis zum 1. Juli 1781, als es den Verteidigern gelang, den Belagerungsring um die Stadt zu sprengen. Doch war dieser Erfolg der Spanier nur von kurzer Dauer. Bereits einen Monat später rückte Túpac Amarus Cousin Andrés mit einem neuen Heer an und setzte die Belagerung gemeinsam mit Julián Apasa fort. Erst Anfang November gaben die Rebellen auf. Andrés hatte sich bereits vorher zu Friedensverhandlungen nach Peru abgesetzt. Julián Apasa wurde am 13. November 1781 gefangengenommen, gefoltert und gevierteilt.

Damit war die Aufstandsbewegung des Túpac Amaru zu Ende. Nach weiteren Kriegen ein halbes Jahrhundert später wurde Peru 1821 und Bolivien 1825 unabhängig. Noch heute bedienen sich viele Widerstands- und Guerillagruppen in Lateinamerika des Namens Túpac Amaru, um an die Tradition eines großen Indianeraufstands in der spanischen Kolonialgeschichte anzuknüpfen.

François-Noël Babeuf (1760–1797)

Der letzte Held der Französischen Revolution

Eine Gefängniszelle im nordfranzösischen Vendôme. Ein Mann wartet auf seine Hinrichtung. Zum letzten Mal greift der Todgeweihte zur Feder. Es wird der Abschiedsbrief an seine Frau und seine drei Kinder. Ohne Selbstmitleid, in dem für ihn charakteristischen sachlichen Stil schreibt er:

»Glaubt nicht, daß ich Bedauern empfinde, mich der herrlichsten Sache geopfert zu haben. Auch wenn meine Anstrengungen für sie unnütz wären, habe ich meine Aufgabe erfüllt.«[1]

Er legt die Feder beiseite und zieht das Messer, das er sich in den langen Monaten der Haft heimlich gebastelt hat, aus dem Versteck hervor, krempelt den linken Hemdsärmel hoch und säbelt sich die Pulsadern auf. Doch diese letzte, verzweifelte Tat, ausgelöst durch die Genugtuung, wenigstens durch eigene Hand zu sterben, mißlingt – wie so vieles zuvor im Leben dieses Unglücklichen. Er wird gefunden, bevor er verblutet; er wird ins Leben zurückgerufen, nur um zwölf Stunden später dem Tod erneut ins Auge zu sehen.

Der Unglückliche heißt François-Noël Babeuf. Sein Name ist verbunden mit der Französischen Revolution und steht vor allem für die Ideale Freiheit, Gleichheit und Brüderlichkeit, die er noch zu verwirklichen suchte, als der Traum von einer besseren, gerechteren und glücklicheren Gesellschaft längst von der tristen Realität eingeholt worden war.

Der Sturm auf die Bastille am 14. Juli 1789 hatte in Europa ein neues Zeitalter eingeläutet. In Frankreich wurde das *ancien régime* hinweggefegt. Das Volk, bis dahin gleichzusetzen mit dem Dritten Stand, übernahm die Macht, das feudale Herrschaftssystem wurde durch eine demokratische Republik ersetzt. In der neugeschaffenen Nationalversammlung erfolgte die feierliche Erklärung der Menschen- und Bürgerrechte. Der König mußte einen Eid auf die neue Verfassung schwören. Schließlich wurde die Monarchie offiziell abgeschafft. Am 22. September 1792 begann das »Jahr I« der Französischen Republik. Ein paar Monate später rollte das Haupt des Bürgers Louis Capet, vormals König Ludwig XVI., in den Sand unter der Guillotine.

Babeuf war von Beginn an Zeuge der revolutionären Ereignisse, die das traditionelle Frankreich auf den Kopf stellten. Unmittelbar nach dem Fall der Bastille war er in Paris eingetroffen. In einem Brief an seine Frau Marie beschreibt Babeuf die Anfangsphase der Revolution:

»Die Wut des Volkes ist längst nicht gestillt durch den Tod des Gouverneurs der Bastille und die Zerstörung dieses berüchtigten Gefängnisses; [...] das Volk braucht eine ganz andere Sühne. Man will, sagt man, noch einige dreißig schuldige Köpfe fallen sehen. Foulon, der [den populären, liberal gesinnten Finanzminister] Necker ersetzen sollte und der sich seit vier Tagen für tot erklären und einen Holzklotz statt seiner beerdigen ließ, wurde gestern verhaftet, aufs Rathaus geführt und im gleichen Augenblick, als er herauskam, gehängt. Sein Körper wurde durch die Straßen von Paris geschleift, dann in Stücke gerissen, sein Kopf auf einer Pike herumgetragen und zum Faubourg Saint-Martin gebracht, um dort seinen Schwiegersohn, Bertier de Sauvigny, den Intendanten von Paris, zu erwarten, den man von Compiègne, wo er verhaftet wurde, heranführte und dem das gleiche Los wie seinem Schwiegervater zugedacht ist. Ich habe gesehen, wie man den Kopf des Schwiegervaters dem Schwiegersohn vorantrug, der unter Bewachung von mehr als tausend Bewaffneten anlangte. So blieb er, allen Blicken ausgesetzt, während des ganzen langen Weges durch den Faubourg und die rue Saint-Martin, inmitten von zweihunderttausend Zuschauern, die ihn verwünschten und sich mit der Eskorte, die mit Trommelschlag daherzog, in Freudenausbrüchen ergingen. Wie mir diese Freude zu Herzen ging! Ich war zu gleicher Zeit zufrieden und unzufrieden, ich sagte bald um so besser, bald um so schlimmer. Ich verstehe, warum das Volk zur Selbstjustiz greift, ich billige diese Justiz, der durch die Vernichtung der Schuldigen Genüge geschieht; wie sollte sie heute nicht grausam sein? Die Hinrichtungen aller Art, das Vierteilen, die Folter, das Rad, der Scheiterhaufen, das Auspeitschen, der Galgen, die zahlreichen Henker überall, haben uns verdorben. Die Herrschenden haben, statt uns zu erziehen, Barbaren aus uns gemacht, weil sie es selbst sind.«[2]

Babeuf war hin- und hergerisssen von den unglaublichen Szenen, die sich fast täglich auf den Straßen von Paris abspielten. Die revolutionäre Begeisterung ergriff den idealistischen Schwärmer, ihre Exzesse schreckten den sensiblen Beobachter ab. Er sah die Revolution erst an ihrem Anfang, und er fürchtete sich bereits vor dem Ende. Er war zu diesem Zeitpunkt 28 Jahre alt und am Tiefpunkt seiner beruflichen Karriere angelangt; denn soeben hatte er seine Arbeit verloren. Sein Beruf, das Vermessen des ausgedehnten Grundbesitzes begüterter Adliger, hatte mit dem Wegfall des Feudalsystems aufgehört zu existieren. Jetzt besaß er kein Geld, aber plötzlich viel Zeit; diese wollte er nutzen, um in der Hauptstadt eine neue Beschäftigung zu finden, mit der er sich und seine Familie ernähren konnte.

Babeuf wurde am 23. November 1760 in Saint-Quentin in der nordfranzösischen Picardie geboren. Der Sohn eines Gelegenheitsarbeiters und einer Dienstmagd wuchs in bitterer Armut auf, durfte aber dennoch eine Schule besuchen. Mit 14 Jahren ging er bei einem Landvermesser in die Lehre. Nach deren Abschluß arbeitete er in mehreren Berufen, unter anderem als Hausdiener auf Schloß Damery. Dort besaß er viele Freiheiten, durfte die Bibliothek benutzen und machte auf diese Art Bekanntschaft mit den Werken Rousseaus, Mablys, Morellys und Voltaires. Auf Schloß Damery lernte Babeuf auch seine spätere Ehefrau, die vier Jahre ältere Kammerzofe Marie Langlet, kennen.

Im Sommer 1783 zog er mit seiner Frau und der vor einem dreiviertel Jahr geborenen Tochter Catherine in die picardische Kleinstadt Roye, um fortan als selbständiger Landvermesser und Sachverständiger in Feudalrechtsfragen zu arbeiten. Mit seinen Geschäften ging es mal bergauf, mal bergab. Sein größtes Problem war die schlechte Zahlungsmoral der Grundbesitzer, die, sobald ein Auftrag erledigt war, von diesem oft nichts mehr wissen wollten und die Entlohnung verweigerten. Immerhin wuchs Babeufs kleines Unternehmen kontinuierlich, so daß er vor Ausbruch der Revolution bereits acht Angestellte beschäftigte.

Obwohl Babeuf in seinem Beruf die Interessen adliger und klerikaler Grundbesitzer vertreten mußte, war er mit seinem Herzen und seinem Verstand auf Seiten der kleinen Bauern. In seinen politischen Anschauungen machte sich der Einfluß Morellys bemerkbar. Der lange Zeit in Vergessenheit geratene französische Philosoph vertrat einen utopischen Kommunismus, dessen Theorie er in seinem 1754 anonym erschienenen *Code de la nature* entwickelte. In seinem – ursprünglich Diderot zugeschriebenen – Hauptwerk entwarf er eine egalitäre Gesellschaftsordnung, die das *bonheur commun*, das größte gemeinsame Glück aller garantieren sollte. Seine Grundthese gleicht der Winstanleys; wie dieser ging auch Morelly davon aus, daß der Mensch von Natur aus gut sei und erst durch die Entstehung des privaten Eigentums zur Habgier verleitet wurde. Deshalb forderte Morelly die Verstaatlichung allen Besitzes und die gerechte Verteilung der Güter an alle Mitglieder der Gesellschaft.

Um den Widerspruch zwischen seiner beruflichen Tätigkeit und seinen politischen Ansichten zu verarbeiten, schrieb Babeuf in seiner Freizeit an einem Buch. Er gab seinem Werk den Titel *Cadastre perpétuel* (ewiger Kataster). Im *ancien régime* war der Landbesitz in sehr grob gefaßte Qualitätskategorien eingestuft worden; die Steuer wurde aufgrund einer Schätzung erhoben. Babeuf forderte, die Beurteilung der Grundstücke am aktuellen Marktwert zu orientieren und nach ihren Erträgen zu besteuern. Sein Vorschlag hätte die Einführung einer Steuer bedeutet, die die wirklichen Einkommensverhältnisse berücksichtigte und auf einer einheitlichen Grundlage erhoben wurde. Das allgemeine Steueraufkommen wäre gestiegen, die bisherigen Privilegien für Klerus und Adel aufgehoben. Die Steuerreform war für Babeuf jedoch nur Mittel zum Zweck. Mit den Mehreinnahmen wollte er soziale Verbesserungen finanzieren, etwa eine freie medizinische Versorgung, kostenlose Schulerziehung, gebührenfreie Rechtspflege und den Wegfall von Gebühren für kirchliche Dienste wie Taufen und Beerdigungen.

Babeuf spielte mit dem Gedanken, seinen *Cadastre perpétuel* zu veröffentlichen. In Paris wäre dies vielleicht möglich gewesen, in der picardischen Provinz hätte ein solcher Schritt ihn unweigerlich in den wirtschaftlichen Ruin geführt.

Aus einem ganz anderen Grund stand Babeufs kleines Unternehmen in den ersten Monaten des Revolutionsjahres 1789 dann wirklich vor dem Bankrott. Sein Hauptauftraggeber, ein Marquis de Soyecourt, weigerte sich beharrlich, seine Rechnungen zu begleichen. Wegen akuten Geldmangels konnte Babeuf seine Angestellten nicht mehr entlohnen und war gezwungen, fast alle Mitarbeiter zu entlassen. Die vage Hoffnung, den Marquis aufzustöbern und ihn zur Herausgabe des Geldes bewegen zu können, war für Babeuf schließlich mit ein Grund, sein Geschäft aufzugeben und nach Paris zu gehen.

Ein weiterer Anlaß für Babeufs Reise war die Hoffnung, doch noch einen Verleger für sein Werk zu finden.

Er brauchte lange dafür, doch im September 1789 ging der *Cadastre perpétuel* in Druck. Zu jenem Zeitpunkt befand sich Babeuf in allergrößten finanziellen Schwierigkeiten. Dieses Los teilte er, wie er bald erkennen mußte, mit der ständig wachsenden Zahl der Besitzlosen in Paris, für die die Revolution kein Allheilmittel hervorgebracht hatte. Im Gegenteil, durch das tägliche Chaos waren die sozialen Mißstände nur noch größer geworden, wie Babeuf im einführenden Teil seines *Cadastre perpétuel* feststellte:

»Die Zahl der Arbeiter ist außerordentlich angestiegen. Daraus folgt, daß nicht nur die Löhne ständig absinken, sondern auch, daß eine sehr große Zahl von Bürgern außerstande ist, Arbeit zu finden, selbst für den geringen

Lohn, den das Kapital … bereit ist zu zahlen, und den der Arbeiter wohl oder übel annehmen muß. Und was wiederholen diese Leute, die selbst im Überfluß schwimmen, unaufhörlich dem Zudringlichen, der sie – von den dringendsten Bedürfnissen des Lebens getrieben – um die kleinste Hilfe anspricht? An die Arbeit mit ihm! Ja, wo gibt es denn Arbeit?«[3]

Tatsächlich fand Babeuf keine Arbeit in Paris und mußte unverrichteter Dinge in die Heimat zurückkehren. Die Picardie war lange Zeit vom revolutionären Chaos verschont geblieben. Doch allmählich hielt der Fortschrittsgedanke auch Einzug in die Provinz. So weigerten sich die Schankwirte, ihre Getränkesteuern zu entrichten. Sie wiesen auf einen entsprechenden Beschluß der Nationalversammlung hin, demzufolge die Abgaben gleichmäßig – je nach Einkommen – auf alle Bürger zu verteilen waren. Als die Steuern dennoch eingetrieben wurden, kam es überall in der Picardie zu lokalen Revolten.

Das entschiedene Aufbegehren der bislang unpolitischen Bevölkerung gegen überkommene Strukturen war ganz im Sinne Babeufs, der nur zu gern in die Rolle des Anwalts der kleinen Leute schlüpfte:

»Es ist das natürliche Recht der Menschen und ihre Bestimmung, frei und glücklich zu sein. Die Gesellschaft besteht, um jedem ihrer Mitglieder das natürliche Recht auf diese Bestimmung zu sichern. Wird diese Verpflichtung nicht allen gegenüber erfüllt, ist der Gesellschaftsvertrag gebrochen. Um eine Verletzung des Gesellschaftsvertrags zu verhindern, bedarf es einer Garantie. Diese Garantie kann nur in dem Recht eines jeden Bürgers bestehen, über Verstöße zu wachen, sie allen Mitbürgern anzuzeigen, als erster der Unterdrückung zu widerstehen und die anderen zum Widerstand aufzurufen.«[4]

Babeufs Popularität bei den Schankwirten wuchs rasch. Im Frühjahr 1790 wählten sie ihn zu ihrem Sprecher. In einer an die Nationalversammlung adressierten Petition forderte Babeuf im Namen von 800 Städten und Gemeinden der Picardie die Abschaffung aller Steuern des *ancien régime*. Daraufhin protestierten die Stadtväter von Roye bei der Nationalversammlung wegen der ausgebrochenen Unruhen, die Babeuf zu verantworten hätte. Die Angelegenheit nahm für Babeuf eine denkbar schlechte Wendung. Am 21. Mai traf aus Paris ein Haftbefehl in Roye ein, und Babeuf wurde in die Conciergerie auf der Île de la Cité überführt.

Anfang Juli saß Babeuf immer noch in Haft. Er schrieb einen Brief an Jean-Paul Marat und ersuchte den einflußreichen Herausgeber der revolutionären Zeitung *Ami du peuple* um Unterstützung für seine Sache. Marat, obwohl selbst politisch in Bedrängnis geraten, zögerte nicht, Babeuf zu helfen. In seinem Plädoyer im *Ami du peuple* faßte Marat den Inhalt der Petition gegen die Steuern zusammen, schloß sich der Argumentation Babeufs in dieser Frage an und verurteilte dessen Verhaftung. Als auch das nichts half, forderte Marat das Volk von Paris auf, Babeuf notfalls mit Gewalt zu befreien. Diese Warnung stieß bei den Behörden endlich auf offene Ohren, wie Babeuf in einem Brief an einen Freund schreibt:

»Es gingen bereits Gerüchte um, daß einige tausend mutiger Männer bereit standen, um die Türen der Conciergerie für mich zu öffnen. Die Blutsauger des Fiskus nahmen diese Anzeichen wohl sehr ernst, denn sie wagten nicht, so lange zu warten, bis sie sich bewahrheiteten.«[5]

Zurück in Roye, zog Babeuf weiter gegen die Steuerungerechtigkeit zu Felde, denn die Feudalabgaben mußten ungeachtet des anderslautenden Nationalversammlungsbeschlusses immer noch entrichtet werden. Als neue Plattform seines Kampfes wählte Babeuf die von ihm gegründete Zeitung *Le Correspondant Picard*. In den nächsten beiden Jahren erscheinen immerhin vierzig Ausgaben; neben Nachrichten aus der Politik fanden auch Petitionen an die Behörden sowie Leserbriefe darin Eingang.

Babeuf verstand es geschickt, durch seine engagierten Artikel die Bevölkerung für sich zu vereinnahmen. Er wurde sogar in den Gemeinderat von Roye gewählt. Felix Longuecamp, der Bürgermeister, focht diese Wahl jedoch an, da der Rat nur unbescholtenen Bürgern offenstehe – und Babeuf hatte bereits im Gefängnis gesessen! So sah es auch das Gericht in der Departementhauptstadt Amiens und machte die Berufung Babeufs in die Gemeindevertretung wieder rückgängig.

Seiner Popularität in der Region tat dies keinen Abbruch. Immer wieder wandten sich Angehörige des ehemaligen Dritten Standes an den verhinderten Ratsherrn, um ihre Beschwerden zu Papier zu bringen. Im Februar 1791 weigerten sich die Bauern des Dorfes Méry-sur-Oise, ihre noch aus der Feudalzeit stammenden Abgaben weiter zu entrichten. Babeuf schrieb einen Artikel in seiner Zeitung und schickte eine Petition an die Nationalversammlung. Diese entsandte als Antwort Soldaten nach Méry, um die Bauern zur Zahlung der Abgaben zu zwingen. Die Situation eskalierte, als die Bauern zur Selbsthilfe griffen. Im Schutz der Nacht drangen sie in den Weiler Davenescourt ein und zwangen die dort ansässige Gutsherrin, Comtesse Joséphine de la Myre, eine Verzichterklärung auf ihre Feudalabgaben zu unterschreiben. Die Comtesse beschwerte sich daraufhin beim Pariser Justizministerium. Die Antwort ließ nicht lange auf sich warten. In einer großangelegten Polizeiaktion wurden siebzehn am nächtlichen Aufruhr beteiligte Bauern verhaftet und ins Distriktgefängnis von Montdidier gesperrt. Babeuf wollte den Fall vor die Nationalversammlung bringen, stieß mit seinem Vorhaben bei den Abgeordneten jedoch auf taube Ohren. Niemand wagte es, eine solch heikle Angelegenheit auf die Tagesordnung zu setzen. Im anhängigen Gerichtsverfahren forderte der Staatsanwalt in Montdidier die Todesstrafe für die picardischen Bauern. Babeuf setzte sich im Verlauf des Prozesses unermüdlich für die von der Hinrichtung Bedrohten ein. Bürgerversammlungen wurden einberufen, Petitionen verfaßt, Demonstrationen veranstaltet. Schließlich gaben die Richter Volkes Stimme nach und entschlossen sich zu einer milderen Bestrafung der Schuldigen.

Für Babeuf bedeutete das Urteil von Montdidier einen politischen Triumph, der seine Gegner nicht ruhen ließ. Auf Betreiben seines alten Widersachers Longuecamp wurde er wegen Anstiftung zum Aufruhr ins Gefängnis geworfen, nach einer Woche aber unter dem Jubel der Bevölkerung wieder entlassen. Finanziell ging es Babeuf mittlerweile so schlecht, daß er den *Correspondant Picard* einstellen mußte.

Babeufs Leben war ein ständiges Auf und Ab. Nie schien er zur Ruhe zu kommen. Die wenigen Erfolgsmomente wurden durch seine wirtschaftliche Situation getrübt; oder es gelang seinen politischen Feinden, ihm wieder einen entscheidenden Schlag zu versetzen. So war es auch, als Babeuf in die Distriktregierung von Montdidier gewählt wurde. Babeuf machte sich bei der alten picardischen Oberschicht unbeliebt, als er per Dekret den Besitz adliger Emigranten beschlagnahmen ließ. Die politische Großwetterlage begünstigte inzwischen selbst in der Provinz die Anhänger der Jakobiner, zu denen sich auch Babeuf zählte. In Paris wurde am 21. Januar 1793 König Ludwig XVI. hingerichtet, was Babeuf zu einigen hämischen Kommentaren veranlaßte.

In der Picardie blieb es eine Zeitlang verdächtig ruhig. Selbst Longuecamp rührte sich nicht. Allerdings wartete der Bürgermeister von Roye, der ebenfalls Mitglied der Distriktregierung war, nur auf einen günstigen Moment, seinem unliebsamen Konkurrenten und seit neuestem auch Kollegen ein Bein zu stellen. Eine solche Gelegenheit sollte sich bald ergeben. Babeuf hatte wieder einmal in einen Rechtsstreit eingegriffen. Es ging um die Beschlagnahmung eines Gutes, das an einen neuen Eigentümer überschrieben werden sollte. Babeuf verschaffte sich auf Betreiben einiger Freunde die Urkunde und ersetzte den Namen eines Adligen durch den eines Bauern. Ob aus Unwissenheit oder falsch verstandenem Gerechtigkeitssinn – Babeuf hatte sich einer Urkundenfälschung schuldig gemacht. Dies konnte ihm auch nachgewiesen werden. Am 4. Februar 1793 wurde Babeuf seines Amtes enthoben. Einer drohenden Verhaftung entzog er sich durch Flucht. Wenig später wurde er vom Departementgericht in Amiens in Abwesenheit zu einer zwanzigjährigen Haftstrafe verurteilt.

Babeufs politische Karriere war vorerst zu Ende. In der Picardie durfte er sich nicht mehr blicken lassen. Als Ausgangspunkt für einen neuen Lebensabschnitt und gleichzeitigen Zufluchtsort vor der Justiz wählte er Paris. In der vom jakobinischen Terror heimgesuchten Hauptstadt, so sein Kalkül, würde sich niemand für seinen Fall interessieren. Babeuf fand eine Anstellung bei der Lebensmittelverwaltung, mit dessen Leiter, Etienne-François Garin, er sich bald anfreundete. Er durfte in Garins Haus einziehen und sogar seine Frau und seine drei Kinder nachkommen lassen.

Im Frühjahr 1793 verschlechterte sich die Versorgungslage in Paris rapide. Die Hauptstadt war völlig auf Lebensmittelzufuhr aus der Provinz angewiesen; die Preise kletterten immer höher. Rindfleisch verteuerte sich im Mai im Vergleich zum selben Monat 1790 um 136 Prozent. Ein Stück Seife kostete statt früher zwölf jetzt vierzig Sous; für Zucker wurde sogar das Zwanzigfache bezahlt. Nur der Brotpreis blieb dank der staatlichen Subventionen stabil bei drei Sous. Am 4. Mai verfügte der Konvent die Festsetzung eines Höchstpreises für Getreide, das sogenannte ›Kleine Maximum‹. Als Folge blieben die Getreidelieferungen aus der Provinz aus. Vor den Bäckerläden bildeten sich lange Schlangen ungeduldiger Käufer. Es kam zu Tumulten und Plünderungen. Garin, der den Innenminister Garat beschuldigte, durch seine verfehlte Politik die Hauptschuld an der verfahrenen Situation zu tragen, wurde entlassen; aber auch Garat mußte kurz darauf seinen Hut nehmen. Babeuf hatte mehr Glück als sein Vorgesetzter und durfte seinen Arbeitsplatz behalten. Am 29. September verfügte der Konvent dann das ›Große Maximum‹, das für ganz Frankreich Höchstpreise für einunddreißig Güter des täglichen Bedarfs festlegte.

Babeufs Verbleiben im Amt stellte sich kurze Zeit später als Nachteil heraus. Aus Amiens traf ein Haftbefehl in Paris ein, der sofort vollstreckt wurde, da der Gesuchte ohne Schwierigkeiten ausfindig gemacht werden konnte. Ein dreiviertel Jahr verbrachte Babeuf in verschiedenen Gefängnissen, bis der Pariser Kassationshof dem Gericht in Amiens den Fall entzog und ihn an die übergeordnete Behörde übergab. Die Richter in Laon setzten Babeuf gegen Zahlung einer Kaution, gestellt von einem privaten Gönner, vorläufig auf freien Fuß.

Einen Tag nach dem Sturz Robespierres am neunten Thermidor des zweiten Revolutionsjahres (27. Juli 1794) war Babeuf wieder in Paris. Er machte sich sogleich an die Herausgabe einer neuen Zeitung, *Journal de la Liberté de la Presse*, deren Name Programm war. In ihr trat Babeuf entschieden für die Einhaltung der Menschen- und Bürgerrechte ein, forderte eine Garantie der freien Meinungsäußerung und die Abhaltung freier Wahlen; allesamt Errungenschaften einer Revolution, die unter der Terrorherrschaft Robespierres verlorengegangen und auch nach dessen Tod nicht wiederhergestellt worden waren. Bald änderte Babeuf den Namen seiner Zeitung in *Tribun du peuple*; eine Anlehnung an den von ihm verehrten Marat, den die Revolutionsgegnerin Charlotte Corday ein Jahr zuvor in seiner Badewanne erstochen hatte. Babeuf legte seinen Vornamen François-Noël ab und nannte sich fortan Gracchus, nach den beiden römischen Volkstribunen Gaius und Tiberius. Wie die antiken Gracchen war auch Babeuf bereit, sein Leben für die Interessen des Volkes zu opfern:

»Ich nenne mich im voraus glücklich, sollte ich wie sie als Märtyrer meiner Überzeugung sterben.«[6]

In seiner Zeitung ging Babeuf, der das Vorgehen der oppositionellen Thermidorianer gegen Robespierre anfangs noch begrüßt hatte, immer schärfer mit der neuen Regierung ins Gericht. Er beschuldigte den Konvent, alle Errungenschaften der Revolution wieder rückgängig gemacht zu haben. Seine scharfe Kritik brachte Babeuf erneut hinter Gitter, dieses Mal wegen Beleidigung des Konvents. Nach einer Woche kam er zwar schon wieder frei, doch mußte er für zwei Monate die Herausgabe seiner Zeitung einstellen. Die nächste Ausgabe des *Tribun du peuple*, die Nummer 27, erschien erst wieder Mitte Dezember 1794.

Zu diesem Zeitpunkt war Babeuf längst untergetaucht, um einer erneuten Verhaftung zu entgehen; denn er weigerte sich, gegenüber dem Konvent gemäßigtere Töne anzuschlagen. Im folgenden Jahr gelang es ihm, fünf weitere Nummern des *Tribun du peuple* herauszubringen. Die ganze Zeit über lebte er in einem Versteck, in ständiger Angst, entdeckt zu werden. Die Nummer 33 war soeben fertiggestellt, als die Polizei in der Druckerei erschien und die Auslieferung verhinderte. Wenig später spürte sie Babeuf in seinem Versteck auf. Wieder einmal mußte der Querdenker die Bekanntschaft einer dunklen Gefängniszelle machen.

Babeuf wurde am 7. Februar 1795 festgenommen und blieb bis zum 5. Oktober in Haft. In dieser Zeit erhoben sich die Pariser Arbeiter, die Sansculotten (eine *culotte* war eine Kniebundhose, ein typisches Kleidungsstück der alten Aristokratie; die Arbeiter dagegen trugen lange Hosen), gleich zweimal: Am 1. April und am 20. Mai. Die

Ursache des Germinalaufstandes – so genannt, weil er im vierten Monat des Revolutionskalenders stattfand – war die große Hungersnot in Paris, der auch Babeufs siebenjährige Tochter Sophie zum Opfer fiel. Die Sansculotten besetzten den Konvent, forderten die Wiedereinführung der Verfassung von 1793, die inzwischen durch eine wesentlich gemäßigtere ersetzt worden war, sowie umgehend einzuleitende Maßnahmen gegen die Hungersnot. Als jedoch Truppen der Nationalgarde anrückten, ergriffen die Aufständischen die Flucht. Die zweite Erhebung, der sogenannte Prairialaufstand, im sechsten Monat des Revolutionskalenders, dauerte vier Tage. Diesmal standen die Sansculotten dicht vor einem Sieg. Sie ließen sich jedoch von den durchaus eingeschüchterten Konventsabgeordneten so lange hinhalten, bis reguläre Armee-Einheiten aus der Provinz einrückten und der Sache ein Ende bereiteten. Waren diese Revolten noch spontaner Natur und völlig desorganisiert, stellte der Aufstand der Royalisten am 5. Oktober 1795 eine ernsthafte Gefahr für die Regierung der Thermidorianer dar. Einem jungen General namens Napoleon Bonaparte blieb es vorbehalten, die Republik vor ihrem Untergang zu retten. Sein entschlossener Artillerieeinsatz verhinderte die Erstürmung des Konvents durch die Königstreuen. Aber nicht nur der Armee, auch den vermeintlichen Staatsfeinden, den Sansculotten und Jakobinern, war es zu verdanken, daß der royalistische Ansturm noch einmal abgewendet werden konnte. In der Stunde der Gefahr hatten sich die Linken, auch wenn sie sehr unter der Säuberungswelle der Thermidorianer nach dem fehlgeschlagenen Prairialaufstand zu leiden hatten, als treue Anhänger der Republik bewiesen und die Regierung als geringeres im Gegensatz zum vermeintlich größeren Übel einer wiederhergestellten Monarchie unterstützt.

Die Thermidorianer zeigten sich für die unerwartet geleistete Hilfe erkenntlich und öffneten die Gefängnistore für die inhaftierten Oppositionellen. Im Zuge dieser Amnestie erlangte auch Babeuf seine Freiheit wieder. Endlich, am 6. November 1795, erschien nach einjähriger Pause eine legale Ausgabe des *Tribun du peuple*. Sie sorgte für einigen Wirbel, denn Babeuf schaffte es, eine breite Front, die von der Rechten bis zur gemäßigten Linken reichte, gegen sich aufzubringen.

Die Uneinigkeit der Regierungsgegner hielt jedoch nicht lange an. Was weder die Führer der Montagnards (die Linke wurde in der Nationalversammlung ›Bergpartei‹ genannt, weil ihre Abgeordneten auf den höher gelegenen Bänken saßen) noch die Anhänger Babeufs geschafft hatten, nämlich eine einheitliche Opposition zu formieren, gelang der reaktionären Politik der Thermidorianer. Nach dem Hungerwinter, der blutigen Unterdrückung der Aufstände des Germinal und Prairial, dem Verbot der Marseillaise, der Abschaffung des ›Großen Maximums‹ und der Schließung des oppositionellen Jakobinerklubs war die Regierung beim einfachen Volk immer unbeliebter geworden. Genau diese Stimmung hatte Babeuf in seinem Ende November im *Tribun du peuple* veröffentlichten »Manifest der Plebejer« getroffen. Seine Forderung, »daß nicht nur die Symptome, die Begleiterscheinungen des Elends, sondern die Wirklichkeit, das Elend selbst, ausgerottet werden«[7] müsse, kam einer offenen Kriegserklärung an die Thermidorianer gleich. Babeufs Ziel war eine Gemeinschaft von Gleichberechtigten, in der »alles, was diejenigen besitzen, die mehr haben als ihren gebührenden Anteil am Reichtum der Gesellschaft, Diebstahl und Usurpation«[8] bedeutete, und er ließ durchblicken, daß er auch zur Gewaltanwendung bereit war, um dieses Ziel zu erreichen.

Daraufhin versuchten die regierenden Thermidorianer erneut, Babeuf zu verhaften. Da sie seiner jedoch nicht habhaft werden konnten, nahmen sie Babeufs Frau Marie fest, um von ihr den Aufenthaltsort des Gesuchten zu erpressen. Diese Aktion brachte die zerstrittene Linke geschlossen hinter Babeuf. Die Montagnards und die Pantheongesellschaft, die ihren Namen dem nahegelegenen Nationaltempel der Franzosen entlehnt hatte, forderten die sofortige Freilassung Marie Babeufs. Augustin Darthé verlas im Pantheonklub die komplette Nummer 40 des Tribun, in der die Mitglieder des Direktoriums als Tyrannen gebrandmarkt wurden. Die daraufhin ausbrechenden Beifallskundgebungen reichten der Regierung aus, um den bewährten General Bonaparte mit der Schließung des Klubs zu beauftragen. Das Direktorium hatte gezeigt, daß es bereit war, sogar mit Hilfe der Armee gegen die Opposition vorzugehen und somit in den Augen Babeufs und seiner Anhänger endgültig ihre Legitimation verloren:

»Ich sah in dieser Ordnung die Souveränität des Volkes verkannt: das Recht, zu wählen und gewählt zu werden, ist ausschließlich gewissen Kasten vorbehalten. Ich sah die Privilegien wiederaufleben und eine neue, verabscheuungswürdige Unterscheidung in Aktiv- und Passivbürger. Ich sah alle Garantien der Freiheit vernichtet: keine echte Pressefreiheit mehr; keine Versammlungsfreiheit mehr; kein Petitionsrecht mehr; kein Bewaffnungsrecht mehr. Ich sah das kostbare, so innig mit der Souveränität verbundene Recht, die Gesetze zu sanktionieren, gleichfalls dem Volke genommen. [...] Ich sah eine sehr kleine Exekutive, die nicht vom Volke ernannt wird. Ich sah sie mit großen Machtbefugnissen ausgestattet und berechtigt, fast alle Abgeordneten des Volkes abzusetzen und nach ihrem Gutdünken zu ersetzen. Ich sah die öffentliche Fürsorge und das Bildungswesen vergessen ... Ich hatte einen krassen Gegensatz zu all dem in der Verfassung bemerkt, die dieser vorangegangen war. Ich habe gesehen, wie die eine vernichtet und die andere gegen den Willen des Volkes eingeführt wurde.«[9]

Wieder begann ein neuer Lebensabschnitt für Babeuf. Eine normale politische Tätigkeit war dem Verfemten inzwischen nicht mehr möglich. Ihm blieb nur noch der Weg in die Illegalität. Babeuf zog sich in sein Versteck zurück, eine Schneiderwerkstatt im dritten Stock eines Hinterhauses in der Rue Babille. Auf dem Türschild stand der Name Tissot.

Von seinem Versteck wußten nur Darthé von der Pantheongesellschaft, die beiden Jakobinerführer Felix Le Peletier und Pierre-Antoine Antonelle und der italienische Edelmann und Anarchist Filippo Buonarroti, ein Nachfahre des berühmten Malers Michelangelo. In Babeufs neuem Domizil machten sich die fünf Verschwörer umgehend an ihre konspirative Arbeit. Gemeinsam gründeten sie das »geheime Direktorium des öffentlichen Wohles«. Einziges Ziel: Beseitigung des bestehenden Regierung durch einen Staatsstreich.

Engster Vertrauter Babeufs war Buonarroti. Der Konvent hatte den von der Lehre Rousseaus und den Idealen der Französischen Revolution begeisterten Italiener zum Ehrenbürger Frankreichs ernannt. Nach der Machtübernahme der Thermidorianer war der mittlerweile desillusionierte Buonarroti als Mitglied des Jakobinerklubs verhaftet und ins Gefängnis geworfen, aufgrund der Generalamnestie aber wieder freigelassen worden. Ihm war es vorbehalten, dreißig Jahre später die Geschichte der »Verschwörung für die Gleichheit« zu veröffentlichen, in der sowohl die Planung und der Verlauf der Verschwörung beschrieben als auch das Modell einer zukünftigen egalitären Gesellschaft entworfen wird:

»In dieser sozialen Form verschwinden die persönlichen Reichtümer, und das Recht des Eigentums wird durch das ersetzt, welches jedes Individuum auf ein Dasein hat, das ebenso glücklich ist wie das aller anderen Mitglieder des sozialen Körpers. Die Garantie für dieses heilige Recht, das zur Grundlage aller Einrichtungen geworden ist, liegt in der Verpflichtung, die jedem Teilnehmer auferlegt ist, einen Teil der Arbeit auf sich zu nehmen, die notwendig ist, um den Unterhalt, den Wohlstand und die Erhaltung der Gesellschaft zu sichern, eine Verpflichtung, die als Folge des Naturgesetzes, das allen ein gleiches Recht auf Glück gegeben hat, für alle gleich ist.«[10]

Oberster Zweck dieser Gesellschaft der Gleichen ist das Gemeinwohl. Alle Mitglieder sollen einander ebenbürtig sein; niemand darf zuviel, niemand zuwenig besitzen. Das bisherige Eigentum aller »Feinde der Revolution«, dazu zählt auch der Besitz der Emigranten, wird als »nationale Gütergemeinschaft« in den Händen des Staates konzentriert. Da das Recht der Erbfolge abgeschafft wird, geht auch das vorerst noch in privater Hand verbleibende Eigentum in Staatsbesitz über. Die nationale Gütergemeinschaft sorgt dann dafür, daß jeder Bürger mit dem versorgt wird, was er braucht. So hat jeder Franzose Anspruch auf eine angemessene Wohnung, auf eine ausreichende Ernährung und auf gesundheitliche Versorgung. Im Gegenzug werden alle Erwachsenen mit Ausnahme der Gebrechlichen und der Greise über sechzig Jahre zu Arbeiten in der Industrie oder in der Landwirtschaft verpflichtet. Die oberste Staatsbehörde legt die Menge der produzierten Güter und deren Verteilung genau fest; sie sorgt für einen Ausgleich von Produktionsüberschüssen und Produktionsmängeln. Das Geldwesen innerhalb der Republik wird abgeschafft, die Schulden eines jeden Bürgers werden gestrichen, die Steuern allen Mitglieder der nationalen Gütergemeinschaft erlassen. Geld wird nur noch dazu verwendet, um aus dem Ausland benötigte Produkte zu kaufen. Der Handel untereinander ist den Bürgern verboten, ebenso Reisen ins Ausland; auch auf ausländische Vergnügungsreisende legt man keinen Wert. Der möglichst gering zu haltende Warenverkehr mit dem Ausland soll einzig über eine staatliche Zentrale abgewickelt werden. Ziel dieser staatlich gelenkten Wirtschaftspolitik ist die Erlangung völliger Autarkie; von den anderen europäischen Staaten, die der Revolution der

Franzosen gegenüber ohnehin feindlich eingestellt sind, will man möglichst unabhängig bleiben.

Das utopische Staatsmodell Babeufs ist eine archaische Gesellschaftsordnung, die den Urzustand einer glücklichen, anspruchslosen, sich selbst genügenden Gemeinschaft von Gleichberechtigten wiederaufleben läßt. Einiges von dem, was Babeuf vorschwebt, finden sich bereits in den utopischen Gesellschaftsentwürfen Michael Gaismairs und Gerrard Winstanleys. Über Morelly, der gleichfalls die Abschaffung allen individuellen Eigentums und statt dessen die Verstaatlichung aller Güter verlangte, läßt sich die Brücke zu Babeufs egalitärem Wohlfahrtsstaat schlagen.

Ein Beispiel aus Buonarrotis Buch soll stellvertretend für andere die enge Verwandtschaft Babeufs mit Winstanley und Gaismair belegen. Die folgende Stelle könnte auch aus dem *Gesetz der Freiheit* oder der *Zweiten Tiroler Landesordnung* stammen:

»Keine Hauptstadt, keine großen Städte mehr! Wenn ich mich nicht irre, ist die Existenz der großen Städte ein Symptom der öffentlichen mißlichen Umstände und ein unfehlbarer Vorläufer der Bürgerkriege. Die großen Grundbesitzer, die großen Kapitalisten und die reichen Kaufleute bilden ihren Kern, um den sich eine große Menge Leute scharen, die auf ihre Kosten leben, indem sie für ihre Bedürfnisse sorgen, ihrem Geschmack schmeicheln, indem sie ihren Launen nachgeben und ihre Laster begünstigen. Je bevölkerter eine Stadt ist, um so mehr Dienstboten, liederliche Frauen, ausgehungerte Schriftsteller, Dichter, Musiker, Maler, Schöngeister, Schauspieler, Tänzer, Priester, Unterhändler, Diebe und Possenreißer findet man dort.«[11]

Die Einführung einer echten Demokratie schwebte Babeuf zumindest im Anfangsstadium seines Umsturzes nicht vor. Bis zur festen Etablierung der Revolution in ganz Frankreich sollte ein Aufstandskomitee regieren, das auch über die neu zu schaffende Nationalversammlung entschied.

Diese sollte sich aus 97 Abgeordneten zusammensetzen, einer für jedes Departement. Ihre vordringliche Aufgabe sahen Babeuf und Buonarroti in der Wiedereinführung der Verfassung von 1793, die durch das gegenwärtig regierende Direktorium abgeschafft und durch eine weniger fortschrittliche ersetzt worden war. Somit hätte der neue Staat eine demokratische Legitimation besessen. Bei der Abstimmung für die alte Verfassung hatten fast fünf Millionen Franzosen ihre Zustimmung gegeben, während die bestehende Konstitution aufgrund des stark eingeschränkten Stimmrechts von weniger als einer Million Bürgern anerkannt worden war.

Anfang April 1796 machte sich das geheime Direktorium an den Aufbau einer konspirativen Organisation. Es setzte für jeden der zwölf Pariser Bezirke einen revolutionären Agenten ein. Die Agenten verbreiteten Schriften, gründeten Vereine und veranstalteten gemeinsam mit den Bürgern in ihren jeweiligen Bezirken politische Diskussionen. Dem geheimen Direktorium legten sie Rechenschaft von ihren Fortschritten ab. Die Agenten kannten sich untereinander nicht. Sie nahmen lediglich über einen Verbindungsmann, Jean-Baptiste Didier, und mittels anonymer Boten Kontakte zueinander und zum geheimen Direktorium auf. In ihren Bezirken bildeten die Agenten wiederum konspirative Zellen, die aus fünf Mitgliedern bestanden. Sie hatten die Aufgabe, neue Mitstreiter anzuwerben, sollten die Bewegungen von Polizei und Militär beobachten und herausfinden, wo sich Waffenarsenale und Lebensmittelmagazine befanden.

Die begleitende politische Agitation erfolgte durch nächtliche Plakatanschläge, Mundpropaganda und Artikel, die im illegal veröffentlichten *Tribun du peuple* erschienen. Bald machte sich Geldmangel bemerkbar, denn von den Direktoriumsmitgliedern verfügte nur der wohlhabende Le Peletier über ergiebige Finanzmittel. Doch sollte sich dieses Problem nicht entscheidend auf den Verlauf der Verschwörung auswirken.

Bei der Niederschlagung der Aufstände des Germinal und Prairial hatte das Militär die ausschlaggebende Rolle gespielt. Aus diesem Grunde schlug Darthé vor, neben der zivilen eine nach gleichem Muster strukturierte militärische Untergrundorganisation zu schaffen. Zu diesem Zweck warb er einen Armeeoffizier an, dessen Vertrauen er zuvor erworben hatte: Georges Grisel. Mit seiner Hilfe wurden weitere Offiziere gewonnen, darunter auch der General Jean-Antoine Rossignol, der schon am Sturm auf die Bastille teilgenommen hatte.

Gegen Ende des Monats waren die Vorbereitungen zur Verschwörung bereits weit fortgeschritten. Während das geheime Direktorium in aller Stille an seinem Umsturzplan feilte, griff allmählich die Tätigkeit der Agenten vor Ort. Erfolgreich war auch die Agitation der Verschwörer in den bewaffneten staatlichen Organisationen, vor allem in der Pariser Polizeilegion und unter den Grenadieren, die mit der Bewachung der wichtigsten Regierungsgebäude betraut waren. Buonarroti zog eine vorläufige Bilanz:

»Man kann ohne Übertreibung die Männer, die bereit waren, die Initiative beim Aufstand zu ergreifen, und die sich damals in Paris befanden, auf 17 000 schätzen, ohne die sehr zahlreiche Arbeiterklasse zu rechnen, deren Unzufriedenheit und Ungeduld auf allen Seiten ausbrach. Hier folgt die Aufstellung, die den Beschlüssen des geheimen Direktoriums zur Grundlage diente:

Revolutionäre	4 000
Mitglieder ehemaliger Gewalten	1 500
Kanoniere	1 000
Entlassene Offiziere	500
Revolutionäre aus den Departements	1 000
Grenadiere des gesetzgebenden Körpers	1 500
Gefangene Militärs	500
Polizeilegion	6 000
Invaliden	1 000
	17 000«[12]

Doch dann drohte ein völlig unerwartetes Ereignis die sorgfältig ausgearbeitete konspirative Strategie über den Haufen zu werfen: Am 28. und 29. April meuterten zwei Bataillone der Polizeilegion, die für die Verschwörung bereits gewonnen waren. Babeuf und seine engsten Mitstreiter sahen ihre Pläne aufs höchste gefährdet. In dieser Situation mußten sie sofort reagieren. Sie versuchten, die Meuterei in einen organisierten Aufstand münden zu lassen. Dies gelang ihnen jedoch nicht. Der Präsident des Direktoriums der Thermidorianer, Nicolas Carnot, erwies sich bei seiner umsichtigen Handhabung der Meuterei jederzeit als Herr der Lage. Er setzte der Revolte dadurch ein Ende, indem er das zweite und dritte Bataillon der Polizeilegion einfach auflöste und sämtliche Offiziere absetzte.

Dieser Schachzug Carnots verleitete die Mitglieder des geheimen Direktoriums zu einem verhängnisvollen Fehler. Entgegen der Abmachung, ihre Identität niemandem zu offenbaren, beriefen sie ein Treffen mit den Agenten ein, die das Militär für den Umsturz gewinnen sollten. Während der folgenden gemeinsamen Besprechung erläuterte Babeuf den detaillierten Aufstandsplan: Wie schon bei den Erhebungen des Germinal und Prairial sollte alles mit einer Massendemonstration der Pariser Arbeiter beginnen, die sofort in einen bewaffneten Aufstand übergeleitet werden sollte. Konkret bedeutete dies: Besetzung der Ausfallstraßen, der Waffenarsenale, des Schatzamtes, der Post, der Ministerien und der Lebensmittelmagazine. Die revolutionären Truppen, die sich von der Regierung losgesagt hatten, sollten die militärische Sicherung des Aufstandes übernehmen. Hier lag die Schwachstelle in Babeufs Plan, denn nach dem Präventivschlag Carnots stand ihm keine geschlossene militärische oder polizeiliche Einheit mehr zur Verfügung.

Das geheime Direktorium schwankte lange Zeit zwischen sofortigem Losschlagen und Abwarten. Die einen werteten Carnots Intervention als Mißerfolg, die anderen als Schuß vor den Bug zur rechten Zeit, denn nun konnte man sich in aller Ruhe an die Verbesserung des Plans und die Eliminierung aller kritischen Punkte machen. Die Verschwörer beschlossen, sich noch einmal zu vertagen.

Doch zu diesem Zeitpunkt war die Entscheidung bereits gefallen, wenn auch in einem ganz anderen Sinne, als die Beteiligten es sich vorgestellt hatten. Die Verschwörer hatten die Gefahr aus den eigenen Reihen unterschätzt: Georges Grisel, der Verbindungsoffizier, der ebenfalls an dem Treffen mit den Militäragenten teilgenommen hatte, war enttäuscht darüber, daß die Organisation der Verschwörer weder über ausreichend Geld noch über die notwendigen Verbindungen zu höchsten Regierungsstellen verfügte. Er sah die ganze Sache als verloren an, mimte aber zum Schein noch den begeisterten Revolutionär. Am 2. Mai schrieb er unter einem Pseudonym einen Brief an Carnot und ersuchte ihn um eine Audienz. Zu seiner großen Überraschung wurde ihm diese bereits zwei Tage später gewährt.

Carnot war nicht unvorbereitet. Er hatte zwar nicht mit einer Verschwörung, wohl aber mit einer längst überfälligen Erhebung der Sansculotten gerechnet. Ihm war es recht, daß es bereits so frühzeitig losgehen sollte. Immerhin war er jetzt vorgewarnt. Von Grisel aufs genaueste unterrichtet, konnte Carnot in aller Ruhe die nötigen Schritte zur Vereitelung der Verschwörung entwerfen.

Als Zugeständnis an Grisels Eitelkeit schlug ihm Carnot vor, einen Plan zur Aufdeckung der Konspiration auszuarbeiten. Grisel enttäuschte seinen neuen Auftraggeber nicht. Unter dem Vorwand, Babeuf dringend sprechen zu müssen, meldete Grisel seinen Besuch in der Schneiderwerkstatt an. Grisel hatte seinen großen Tag minutiös vorbereitet. Am 10. Mai betrat er die Rue Babille, in seinem Gefolge eine Handvoll Kriminalbeamter, darunter der stellvertretende Generalinspekteur der Polizei, Jean-

Baptiste Dossonville. Um 11 Uhr läutet die Gruppe bei Tissot:

»Tissots Frau öffnet. Dossonville fragt, ob er ihren Mann sprechen könne. Als die Frau antwortet, ihr Mann sei nicht zu Hause, dringt Dossonville, ohne sich mit weiteren Erörterungen aufzuhalten und gefolgt von seinen Begleitern, in die Wohnung, wo er einen kleinen Korridor durchquert, an dessen Ende er eine Tür auf der linken Seite aufstößt. ›Ich öffnete die Tür so unerwartet‹, berichtet Dossonville, ›daß ich mich bei Babeuf und denen, die mit ihm waren, befand, bevor sie mich sozusagen bemerkt hatten. Babeuf redigierte an seinem Tisch seine Nummer 44 [...]‹. Im Zimmer herrscht lähmendes Schweigen. Auf den Gesichtern der drei [außer Buonarroti war noch Charles-Nicolas Pillé, der Sekretär der Verschwörer, anwesend] malt sich tödliche Niedergeschlagenheit. Sie sitzen da wie gelähmt. Keiner macht eine Bewegung, um nach den Waffen, die griffbereit in der Nähe liegen, zu greifen. Als erster faßt sich Babeuf: ›Es ist aus‹, sagt er mit belegter Stimme, ›die Tyrannei hat gesiegt.‹«[13]

Am selben Tag wurden auch alle übrigen Führer der Verschwörung festgenommen.

Die Verhandlung gegen Babeuf und 65 Mitangeklagte begann am 20. Februar 1797 und dauerte drei Monate. Wegen der befürchteten Parteinahme der Bevölkerung zugunsten der Angeklagten – in Paris hatten aufgebrachte Sansculotten bereits einmal versucht, Babeuf und seine Genossen aus dem Gefängnis zu befreien – wurde der Prozeß ins mehr als hundert Kilometer von der Hauptstadt entfernte Vendôme verlegt. Die Anklage gegen Babeuf und seine Mitverschworenen beruhte auf einem Gesetz vom 17. April 1796, das im Zusammenhang mit den Aufständen des Germinal und des Prairial auf Betreiben des Direktoriums beschlossen worden war. Es sah die Todesstrafe für jeden vor, der für die Verfassung von 1793 eintrat und den Sturz der neuen Regierung betrieb.

Von dem eigens für diese Verhandlung geschaffenen Höchsten Gericht wurden dennoch nur zwei der Verschwörer, nämlich Babeuf und Darthé, zum Tode verurteilt. Aus taktischen Gründen – man wollte neue Unruhen in Paris verhindern – kamen alle anderen Beteiligten mit wesentlich milderen Strafen davon; so auch Buonarroti, der sich seiner Deportation auf eine Sträflingsinsel durch die Flucht in die Schweiz entziehen konnte.

In seiner Verteidigungsrede akzeptierte Babeuf die ihm zugedachte Strafe, obwohl er sich keiner wirklichen Schuld bewußt war. Die Verhandlung wertete er ohnehin als politischen Prozeß, mit dem das Direktorium seinen unangenehmsten und hartnäckigsten Widersacher für immer loswerden wollte. Erhobenen Hauptes nahm Babeuf öffentlich Abschied:

»Als fast ständiges Opfer meiner Liebe zum Volk vom ersten Jahr der Revolution an, mit dem Kerker eins, vertraut mit dem Gedanken an Qualen und gewaltsamen Tod, die beinah immer das Los der Revolutionäre sind – was könnte mich an diesem Ereignis überraschen! Schwebt mir nicht insbesondere seit einem Jahr der Tarpejische Fels [die Richtstätte im antiken Rom] vor? Er kann mich nicht schrecken! Es ist erhebend, seinen Namen auf der Ehrensäule zu wissen, die den Opfern der Liebe zum Volk geweiht ist. Ich bin gewiß, daß der meine auf ihr erscheinen wird! Freue dich also, Gracchus Babeuf, für die Tugend zu sterben!«[14]

Die Hinrichtung Babeufs und Darthés wurde am 27. Mai 1797 vollzogen, einen Tag nach Verkündung des Todesurteils. Zuerst wurde Darthé, dann Babeuf unter der Guillotine geköpft.

Buonarroti sollte Babeuf um siebenunddreißig Jahre überleben. Anfang August 1828 erschien in Brüssel seine von ihm selbst verfaßte Geschichte der *Verschwörung für die Gleichheit*, die zwei Jahre darauf in Paris eine Neuauflage erfuhr. Sie bildete nach Auffassung vieler

Historiker die theoretische Grundlage für die Revolutionäre der folgenden Generationen.

Nicht lange nach Babeufs Tod sollte ein anderer mit einem Staatsstreich Erfolg haben, der viel dilettantischer durchgeführt wurde als die »Verschwörung der Gleichen«. Nur mit viel Glück und mit tatkräftiger Hilfe seines Bruders Lucien, der ihm im letzten Moment, als alles bereits verloren schien, mit einem Regiment zu Hilfe eilte, putschte sich Napoleon Bonaparte am 9. November 1799 an die Macht.

José Gaspar Rodriguez de Francia

(1766–1840)

Ein Diktator als Wohltäter seines Volkes

Die Frage »Was wäre geschehen, wenn …?« wird von Historikern selten gestellt. Wichtiger im Umgang mit der Vergangenheit sind die Fakten: Nur das zählt, was wirklich passiert ist. Mutmaßungen darüber, welche Gestalt etwa ein von Babeuf regiertes Frankreich angenommen hätte, interessieren einen Geschichtswissenschaftler nur mäßig. Zu Recht, denn alle Spekulationen über das Was und das Wie könnten im Fall Babeufs und der Verschwörung der Gleichen mit einem Hinweis auf Napoleons gelungenen Staatsstreich abgetan werden.

Anders verhält es sich jedoch, wenn ein Umsturzversuch à la Babeuf wirklich zum Erfolg führt und ein Land radikal verändert. Zwei Jahrzehnte nach Babeufs Tod

131

kam es tatsächlich zu einer solchen Entwicklung – wenn auch nicht in Frankreich, sondern in einem kleinen, soeben erst unabhängig gewordenen Staat in der Neuen Welt.

Paraguay wurde zwischen 1814 und 1840 von einem bizarren Diktator regiert, der als kleiner Anwalt in der Hauptstadt Asunción begann und zu einem der mächtigsten Männer Lateinamerikas aufstieg. José Gaspar Rodriguez de Francia war zu Lebzeiten stets Gegenstand des politischen Klatsches in den Pariser und Londoner Salons. Über ihn wurden die abenteuerlichsten Geschichten verbreitet. Im fernen Europa setzte sich bald die Ansicht durch, Francia sei »der Typ jenes ›modernen Nero‹, dessen Phantasie nur damit beschäftigt ist, ›die Mittel zur Vermehrung des Menschenelends in wahrhaft teuflischer Blutgier zu vervielfachen‹«.[1]

Diese Einschätzung wurde ihm durch die Gebrüder John und William Parish Robertson zuteil. Die beiden Schotten aus der Nähe von Edinburgh gehörten zu der Handvoll Europäer, die das hermetisch abgeschlossene Paraguay in jenen Jahren bereisen durften. Ihr 1839 auch in deutscher Sprache erschienener Bericht »Briefe aus Paraguay« bestimmt bis in unsere Gegenwart hinein das Bild, das sich die Europäer vom ersten unabhängigen Staat Südamerikas und seines Präsidenten machten. Der Direktor des Londoner Instituts für Lateinamerikanische Geschichte, John Lynch, schrieb noch 1973 in seinem Standardwerk:

»Als die Revolution begann, war er im mittleren Alter, ein Junggeselle, groß und finster, in einer Hand stets einen Becher mit Matetee, in der anderen eine Zigarre. In seinem Wesen war er einsam und unnahbar, ein unerbittlicher Herrscher, ein unversöhnlicher und rachsüchtiger Feind; ein Mann, der niemals vergab und nie vergaß.«[2]

In gleicher Weise beschrieben die Robertsons ihre erste Begegnung mit dem Diktator.[3]

Weitaus positiver ist die Beurteilung Francias durch südamerikanische[4], aber auch durch deutsche Historiker: »Er selbst setzte seinem Volk das Beispiel. Während seiner fast ein Menschenalter dauernden asketischen Herrschaft kannte er für sich selbst keinerlei materiellen Genuß, keine künstlerischen oder literarischen Interessen, sondern nur unermüdliche Arbeit. Vom frühesten Morgengrauen bis spät in die Nacht regierte er sein Land, in völliger Einsamkeit, ohne Familie, ohne Freunde, ohne Günstlinge, ohne andere Mitarbeiter als untergeordnete Hilfskräfte.«[5]

Wer war dieser rätselhafte Francia, dessen erfolgreiche Revolution Paraguay als erstem Kolonialland überhaupt die Unabhängigkeit bescherte, der aber als Herrscher in einem autoritären Staat seine Bürger ihrer persönlichen Freiheit beraubte: Ein gütiger Diktator, der nur das Beste für seine Untertanen wollte? Ein ewiger Rebell und Quertreiber, der es sich mit allen Nachbarstaaten verdarb und selbst bei den aufgeklärten Europäern den Bonus des Befreiers von kolonialem Joch verspielte? Oder ein Egomane, der aller Welt demonstrieren wollte, wie man in einem unterentwickelten Land eine Revolution ohne Hilfe von außen vollendete? Ansatzpunkte zur Kritik an Francias Person gibt es genügend; in einer Hinsicht allerdings sind sich sowohl Gegner als auch Befürworter des Diktators einig: Er hatte Erfolg. Wenn er auch die Früchte seiner Arbeit selbst nicht mehr ernten konnte, so taten es seine Nachfolger. In der zweiten Hälfte des 18. Jahrhunderts wurde Paraguay zum reichsten Land Südamerikas.

Die Besiedlung Paraguays durch Europäer geht in die Zeit Kaiser Karls V. zurück. Als dieser von den Eroberungen Pizarros in Peru und dem zu erwartenden Geldsegen für die spanische Krone erfuhr, rüstete er eine Flotte unter Pedro de Mendoza zur Erkundung des La Plata-Gebietes aus. Mendoza gründete die Hafenstadt Buenos Aires. Sein Unterführer Juan de Salazar fuhr im

Jahre 1537 den Flußlauf des Paraná entlang und errichtete auf einer Anhöhe gegenüber der Einmündung des Pilcomayo die Siedlung *Nuestra Senora Santa Maria de la Asunción*, die zukünftige Landeshauptstadt Paraguays. Während Buenos Aires bald aufgegeben werden mußte und später wiedergegründet wurde, konnten sich die Spanier in Asunción gegen die Angriffe der Indianer behaupten.

Anfang des 17. Jahrhunderts siedelten sich die Jesuiten in Paraguay an. Überall im Land gründete der Orden Missionsstationen, die sogenannten »Reduktionen«. Die Jesuiten waren nicht wie Mendoza und Salazar als Eroberer ins Land gekommen. Sie erzielten bei der Bekehrung der einheimischen Guaraní zum christlichen Glauben, aber auch in der Landwirtschaft sowie im Bildungs- und Gesundheitswesen große Erfolge. Nach den Guaraníkriegen Mitte des 18. Jahrhunderts wurden die Jesuiten von den Spaniern gezwungen, ihre Reduktionen zu schließen und das Land zu verlassen.

Der Exodus der Jesuiten bedeutete für die einheimische Bevölkerung in jeder Hinsicht einen schweren Rückschlag. Die Guaraní zogen sich vor den Spaniern ins Landesinnere zurück; die Jesuitensiedlungen verwaisten. Bald kündeten nur noch Ruinen von ihrem einst blühenden Leben.

Paraguay wurde nicht wie Peru oder das heutige Bolivien von Indianeraufständen erfaßt. Für die Spanier blieb die Lage lange Zeit ruhig. Die politische Situation änderte sich erst mit der Besetzung der Iberischen Halbinsel durch die Truppen Napoleons, der seinen Bruder Joseph im Frühjahr 1808 zum spanischen König machte. Die politische Krise im Mutterland griff auch auf die südamerikanischen Kolonien über.

Erster Unruheherd in der Neuen Welt wurde Buenos Aires, das wie Paraguay zum 1776 errichteten Vizekönigreich Rio de la Plata gehörte. Die Nachricht von der französischen Besetzung Spaniens beflügelte die einheimischen Revolutionäre. Am 25. Mai 1810 zwangen sie den spanischen Vizekönig Baltasar Hidalgo de Cisneros zur Abdankung. In Buenos Aires übernahm eine aus Kreolen bestehende Junta die Regierung. Sie forderte die übrigen Provinzen des Vizekönigreichs auf, sich unter ihre Oberhoheit zu begeben. Erst danach wollte man die Unabhängigkeit für ein um die heutigen Staaten Paraguay, Bolivien und Uruguay erweitertes Groß-Argentinien ausrufen. Entsprechende Noten wurden in die jeweiligen Hauptstädte abgesandt.

Der in Asunción regierende spanische Gouverneur Bernardo de Velasco weigerte sich, Paraguay dem großen Nachbarn zu übereignen. Statt dessen setzte er seine Provinz in Verteidigungsbereitschaft. Buenos Aires antwortete mit einer sofort einsetzenden wirtschaftlichen Blockade Paraguays. Zur gleichen Zeit wurde ein Expeditionskorps unter General Manuel Belgrano, einem Mitglied der Regierungsjunta, ausgerüstet und in Marsch gesetzt. Belgrano, in seiner Heimat ein Volksheld, sollte in Paraguay möglichst rasch vollendete Tatsachen schaffen.

In Asunción stritten drei rivalisierende Parteien miteinander: Die königstreuen Spanier unterstützten Velasco, während ein Teil der Kreolen mit Buenos Aires sympathisierte. Die Mehrheit der im Lande geborenen Paraguayer favorisierte jedoch einen dritten Weg: die Unabhängigkeit sowohl von Madrid als auch von Buenos Aires. Zu dieser Partei gehörte auch Francia, der in Asunción als Rechtsanwalt praktizierte.

Die vertrackte politische Situation führte dazu, daß sich ein Teil der Paraguayer entgegen ihren eigentlichen Absichten mit der Kolonialmacht im Kampf gegen den Aggressor verbündete. General Belgrano rechnete dennoch nicht mit nennenswertem militärischen Widerstand und hoffte darauf, bald als umjubelter Befreier in Asunción einzuziehen. Seine Truppen überschritten den Grenzfluß Paraná und rückten vorerst ungehindert nach Norden vor. Velasco stellte in aller Eile ein Heer gegen die Eindringlinge zusammen. Er war selbst überrascht von der Bereitschaft, mit der ihm die Paraguayer folgten. Nach einigen patriotischen Appellen des Gouverneurs standen ihm 6 000 Mann zur Verfügung, die den Bonarensern entgegenzogen. Am Tacuarí-Fluß kam es zur entscheidenden Schlacht. Die besser ausgerüsteten Truppen Belgranos gewannen bald die Oberhand. Nachdem alles verloren schien, ergriff Velasco die Flucht. Belgrano wähnte sich bereits als Sieger, hatte aber nicht mehr mit der paraguayischen Kavallerie unter Atanasio Cabanas gerechnet, die verspätet eintraf und das Überraschungsmoment zu ihrem Vorteil gestaltete. So wurde Cabanas zum Triumphator in der Schlacht am Tacuarí.

Die militärische Niederlage lief für Belgrano noch glimpflich ab. Dem cleveren, rhetorisch überaus begabten Bonarenser gelang es, seinen Widerpart Cabanas davon zu überzeugen, daß er nicht als Eroberer, sondern als Befreier von der spanischen Kolonialherrschaft nach Paraguay gekommen war. Cabanas gewährte Belgrano daraufhin freien Abzug nach Buenos Aires.

Der große Verlierer der Schlacht am Tacuarí war Velasco. Er hatte im entscheidenden Moment seine Truppen im Stich gelassen und bei seiner Flucht nur an sein eigenes Wohl gedacht. Dies sei Feigheit vor dem Feind gewesen, zeterten seine Gegner in Asunción, und lasteten dem landfremden Gouverneur persönlich die hohe Zahl der paraguayischen Gefallenen an. Sein Sturz war von nun an beschlossene Sache.

Die Patrioten in Asunción, unter ihnen Francia und die Militärs Cabanas und Yegros, schmiedeten eifrig Pläne. Ausgangspunkt der Erhebung gegen Velasco sollten die Militärstützpunkte im Süden des Landes sein. Unter den Soldaten, die soeben die Bonarenser zurückgeschlagen hatten, war die Stimmung gegen Velasco am ausgeprägtesten. Es war nicht schwer, sie zu einem weiteren Feldzug, diesmal gegen die eigene Hauptstadt, zu bewegen.

Velasco wußte sehr wohl von der Gefahr, die ihm drohte. Er nahm Kontakt zu einem portugiesischen Dragoneroffizier im benachbarten Brasilien auf. José de Abreu willigte ein, Velasco zunächst 1500 Soldaten zur Verfügung zu stellen, die in den nächsten Tagen in Asunción eintreffen sollten. Das Gerücht von einer neuen militärischen Intervention machte in der Hauptstadt rasch die Runde und auch vor den Putschisten nicht halt. Francia erkannte sehr schnell die Lage. Für den Fall, daß die Dragoner Asunción vor den aufständischen Truppen erreichten, würde es sehr schwer werden, die gut befestigte Stadt zu erobern. Zum ersten Mal ergriff der Rechtsanwalt politische Initiative. Bislang war der am 6. Januar 1766 geborene Francia kaum in Erscheinung getreten und allenfalls wegen seiner im damaligen Paraguay für einen Angehörigen seines Berufsstandes ungewöhnlichen Korrektheit aufgefallen:

»Er entstammte einer angesehenen Familie Asuncións, Sohn eines brasilianischen Einwanderers französischer Herkunft und einer paraguayischen Mutter, und war eine überragende, dämonische Persönlichkeit, in seiner über jeden Zweifel erhabenen Unbestechlichkeit, seinem düsteren Fanatismus, dem unbeugsamen Starrsinn, der Härte gegen sich selbst und gegen andere einem Robespierre vergleichbar. Angeblich soll er selbst, stolz auf seine väterlicherseits französische Abstammung und begeistert von den Ideen der französischen Revolution, seinem Familiennamen Rodriguez die Worte ›de Francia‹ angefügt haben.«[6]

Zu dieser Personenbeschreibung muß angemerkt werden, daß Francia kaum Kenntnis von der französischen Revolution besaß. Er mag den einen oder anderen Aufklärer gelesen haben; aber wie sollte ein Paraguayer, der – vom Studium im argentinischen Córdoba abgesehen – sein

Land niemals verließ, von einer politischen Entwicklung im fernen Europa beeinflußt werden? Die Übereinstimmung Francias mit einigen Leitgedanken Robespierres (und noch mehr Vorstellungen Babeufs) entsprang gewiß mehr dem Zufall als dem direkten Einfluß der französischen Revolution. Wenn ein Südamerikaner revolutionäres Gedankengut hegte, lag es für ihn näher, sich an der erfolgreichen nordamerikanischen Unabhängigkeitsbewegung zu orientieren.

Francia konnte nicht warten, bis Yegros und Cabanas den Süden des Landes unter ihre Kontrolle gebracht hatten. Mit einer Gruppe junger Offiziere, die in der Hauptstadt stationiert waren, plante er eine Verschwörung gegen Velasco. Der Gouverneur feierte aus Dankbarkeit für die zugesagte Hilfe ein großes Fest zu Ehren Abreus, als Francia und seine Komplizen die Details festlegten. Zuerst sollte die Hauptkaserne in Asunción gestürmt, alle spanischen Offiziere und Unteroffiziere festgenommen und die einheimischen Soldaten auf die Revolution eingeschworen werden. Als nächster Schritt war die Besetzung aller wichtigen Plätze und Gebäude der Stadt vorgesehen, darunter auch das Gefängnis, wo die politischen Gefangenen einsaßen. Die wichtigste Voraussetzung für das Gelingen des Putsches war es, eine Verbindung zwischen den in Asunción stationierten spanischen und den ersten bereits eingetroffenen portugiesischen Soldaten zu verhindern. Aus diesem Grunde mußten sich die Aufständischen der Person Velascos bemächtigen.

Alles lief nach Plan. Am Abend des 14. Mai 1811 besetzten die Verschwörer nach der Übernahme der Kaserne alle strategisch wichtigen Punkte in der Stadt. Noch in der Nacht drangen sie in den Gouverneurspalast ein und forderten Velasco auf, eine Erklärung zu unterschreiben. Diese sah vor, daß Velasco das Land weiterhin nominell regierte. Ihm zur Seite gestellt wurden zwei Aufpasser, die de facto die Macht in den Händen hielten: Hauptmann

Juan de Zevallos und José Gaspar de Francia. Nach außen hin sah es weiter so aus, als würde Velasco das Land regieren. Da es den Portugiesen verboten war, sich aus der Stadt fortzubewegen, und außerdem kein Schiff den Binnenhafen am Paraguay-Fluß verlassen durfte, konnte der Noch-Gouverneur keine Hilfe von auswärts erwarten.

Fast zur gleichen Zeit gingen Cabanas und Yegros gegen die spanischen Truppen im Süden vor, ohne allerdings Kenntnis von der faktischen Entmachtung Velascos zu haben. Sie beschlagnahmten alle spanischen Schiffe auf dem Paraná und zwangen die größte Garnison des Landes in Corrientes zur Aufgabe. Anschließend rückten sie auf die Hauptstadt vor. Die Bevölkerung bereitete Oberstleutnant Yegros als ranghöchstem militärischen Führer der Revolution und designiertem Regierungschef einen triumphalen Empfang. Einen Monat später wurde Velasco offiziell aller Ämter enthoben. Am 17. Juni wählte ein aus 300 Delegierten bestehender Kongreß eine Regierungsjunta. Der neuen Exekutive gehörte neben vier anderen auch Francia an. Die Junta wählte Yegros zu ihrem Vorsitzenden.

Am 12. Oktober 1813 erklärte sich Paraguay als erstes Land Südamerikas zur unabhängigen Republik. An der Spitze des neugebildeten Staates standen zwei Konsuln, Francia und Yegros, die sich nach römischem Vorbild in der Regierung abwechseln sollten. Doch hielt der Frieden zwischen den so gegensätzlichen Charakteren Yegros und Francia nicht lange vor.

Fulgencio Yegros war ein typischer Vertreter des *Caudillismo*, der Regierungsform, die sich im ersten Viertel des 19. Jahrhunderts fast überall in Lateinamerika herausbildete. Weder war in den von der Kolonialherrschaft befreiten Staaten die Politik an gesellschaftliche Lehren oder an Parteien gebunden, noch wurde eine Einführung der Demokratie vorgesehen. Alle Macht im Staat war in den Händen einer Person konzentriert. Politik wurde zur

Nebensache, Programme ausschließlich auf den Caudillo zugeschnitten. Pro forma mochte der Alleinherrscher auf eine Verfassung eingeschworen sein, de facto regierte er nach eigenem Gutdünken, gestützt allein auf die Stärke seiner Armee. So auch Yegros, dem allerdings im Unterschied zu anderen Machthabern in Lateinamerika jeglicher politischer Instinkt fehlte. Er konzentrierte sich mehr aufs Repräsentieren als aufs Regieren, die Arbeit überließ er anderen. Francia hatte für einen solchen Regierungsstil nur Verachtung übrig:

»Die herausgeputzten Gecken der Junta verloren immer mehr das rechte Maß. Im Hause der Yegros Nacht für Nacht Trubel, Orchester, prunkvolle Bälle, Lustbarkeiten und Feste. Ehrenwerte Bürger aus Stadt und Land kommen in mein Haus, um mir ihre Klagen zu überbringen. Sehen Sie, ich habe Sie gewarnt, sage ich zu ihnen. Wer ist don Fulgencio Yegros? Ein ungebildeter *gaucho*. Und ist don Pedro Cavallero [ein anderes Mitglied der Junta] besser als er? Nein, keinesfalls. Dennoch sind beide die Vertreter der höchsten staatlichen Gewalt und beleidigen Sie, genau wie die anderen uniformierten Söldlinge, mit der Zurschaustellung einer eitlen Prunksucht, über die man nur lachen könnte, wenn sie nicht so verabscheuungswürdig wäre. Was sollen wir in einer solchen Lage denn tun, Senor? Wenn der Augenblick gekommen ist, werde ich Ihnen sagen, was zu tun ist, um diesen Übeln vorzubeugen.«[7]

Der Augenblick, von dem Francia gesprochen hatte, kam bald. Die Unzufriedenheit in der Bevölkerung, für die sich nach der Vertreibung der Spanier praktisch nichts geändert hatte, wuchs ständig. Die indianischen Kaziken, die Rinderhirten, die Landarbeiter, die Handwerker und sogar die wohlhabenderen Händler und Haciendabesitzer mißtrauten der militärisch-politischen Kaste, die sich nicht anders als die Kolonialherren gebärdete und am Volk vorbeiregierte. Geschickt gelang es Francia, die Stimmung im Lande noch anzuheizen. Yegros erwies sich als zu unbedarft, um hinter Francias Aktivitäten politisches Kalkül zu vermuten, und traf keinerlei Anstalten, seinen Gegner zu bremsen. Als im Oktober 1814 der Kongreß turnusmäßig zu seiner nächsten Sitzung zusammentraf, stellte Francia, für Yegros völlig überraschend, den Antrag, ihn zum *Supremo Dictador* auszurufen. Dieser Schritt war sorgfältig vorbereitet. Nicht nur die meisten Abgeordneten hatten seit längerem Kenntnis von Francias Plänen; auch zahlreiche Angehörige der Armee waren eingeweiht. Die wenigen Offiziere, die sich dennoch für Yegros aussprachen, fanden sich bald in eine abgelegene Garnison in der Provinz versetzt.

Zwei Jahre brauchte Francia, um seine Macht endgültig zu etablieren und jede Opposition im Land auszuschalten. Der Kongreß wurde nur noch einmal einberufen: um sich selbst abzusetzen und Francia am 1. Juni 1816 zum Diktator auf Lebenszeit zu erklären. Dieses Datum markiert einen neuen Einschnitt in der Geschichte Paraguays. In den folgenden zweieinhalb Jahrzehnten konnte Francia sein Land nach Belieben gestalten. Seine Herrschaft blieb – von einem einzigen Putschversuch abgesehen – unangetastet. Politische Rücksichtnahmen welcher Art auch immer hatte der Diktator nicht nötig: Weder die Armee noch die Kirche war ein ernstzunehmender Machtfaktor; schon gar nicht die kreolische Oberschicht, die von Francia politisch und wirtschaftlich ausgeschaltet wurde. Gefahr drohte allein von außen. Nachdem die Kolonialmacht abgedankt hatte, wurde das kleine Paraguay zum Objekt der Begierde der neuen südamerikanischen Regionalmächte Brasilien und Argentinien.

Um von vornherein kein Abhängigkeitsverhältnis zu den großen Nachbarn entstehen zu lassen, verordnete Francia seinem Land einen strikten Autarkiekurs:

»Während die europäischen Zeitungen in der ersten Hälfte des 19. Jahrhunderts über die zum Teil chaotischen

Zustände in den von den Revolutionen zerrissenen Ländern Hispanoamerikas gut unterrichtet waren, gelangten aus Paraguay nur spärliche Nachrichten an die Weltöffentlichkeit. Im Gegensatz zu den anderen Republiken herrschte in Paraguay zwar eine wohltuende Ordnung und Sicherheit, aber Francia hatte das Land nach und nach von jeder Verbindung mit der Außenwelt abgeschlossen. Diese Isolierung von mehr als einer halben Million Menschen, die, abgeschnitten von jedem Kontakt mit der Welt, kaum Handel trieben, keine Reisen unternahmen und weder Post empfingen noch versandten, gab zu den seltsamsten Geschichten Anlaß, die über dieses merkwürdige Land, das man das ›China Südamerikas‹ nannte, erzählt wurden.«[8]

Neben den oben erwähnten Robertsons kamen während der gesamten Regierungszeit nur drei Europäer nach Paraguay und berichteten darüber: die Schweizer Ärzte und Forschungsreisenden Johann Rudolf Rengger und Marcelino Longchamp und der französische Biologe Aimé Bonpland, ein früherer Reisegefährte Alexander von Humboldts. Ihre Berichte – später wird darauf noch zurückzukommen sein – entsprachen jedoch nur zum Teil der Realität.

In Francias Republik finden sich Ansätze wieder, die bereits Gaismair, Winstanley oder Babeuf in ihren Programmen durchschimmern ließen. Dabei dürfte der paraguayische Diktator deren Werke kaum zu Gesicht bekommen haben. Francias Staatsmodell liegen jedoch die gleichen Überlegungen zugrunde wie den frühneuzeitlichen Revolutionären: eine egalitäre Gesellschaftsordnung, die durch das Autarkiekonzept wirtschaftlich abgesichert ist und in der das Allgemeinwohl zum obersten Prinzip erhoben wird. Das Paraguay Francias stellte eine grundsätzliche Alternative zu allen anderen während seiner Regierungszeit entstehenden Republiken in Lateinamerika dar, und auch in Europa existierte kein vergleichbarer Staat.

Francia verbot seinen Untertanen jeglichen Handel sowie die Ein- und Ausfuhr sämtlicher Produkte: Der lukrative Mate-Export wurde unter staatliches Monopol gestellt; wer gegen das Ausfuhrverbot verstieß, riskierte die Todesstrafe. Mit den Erlösen aus dem Teegeschäft tätigte Francia Waffenkäufe, um seine Grenzen wirksamer gegen äußere Feinde verteidigen zu können. Erst in den letzten Regierungsjahren lockerte Francia das Handelsverbot, indem er den kleinen Binnenhafen Itapúa am Paraná für brasilianische Kaufleute öffnete (ähnlich Japan, das seinen Handel auf den Hafen Nagasaki beschränkte und ausschließlich mit holländischen Kaufleuten verkehrte). Die Binnenlage Paraguays förderte Francias Abschottungspolitik. Das einzige Tor zur Welt war der Paraná; doch die hohen Zölle, mit denen Argentinien den Transportverkehr auf dem wichtigsten Handelsweg belegte, hätten Paraguay in den wirtschaftlichen Ruin getrieben.

Auf ausländische Importe war das Land bereits in den ersten Jahren nach Francias Regierungsübernahme nicht mehr angewiesen. Die Einführung staatlicher Viehzuchtbetriebe machte Paraguay von teuren Fleischeinfuhren unabhängig; der Anbau von Weizen, der bislang ebenfalls aus dem Ausland bezogen werden mußte, verbesserte die Ernährungssituation nachhaltig. Dabei kam den Paraguayern ein Zufall zu Hilfe: Als eine Heuschreckenplage einen großen Teil der Ernte vernichtete, befahl Francia die nochmalige Aussaat. Diese Maßnahme erwies sich als voller Erfolg. Seitdem wurde in Paraguay zweimal pro Jahr geerntet.

Die koloniale Gesellschaftsordnung wurde unter Francia grundlegend umgestaltet. Vor allem die Besitzverhältnisse erfuhren eine radikale Veränderung. Der in den Händen weniger spanischstämmiger Familien konzentrierte Großgrundbesitz wurde enteignet, damit die Dorfgemeinschaften das Land, das jetzt dem Staat gehörte, wie schon in vorkolonialer Zeit kollektiv bebauen und die

Erträge gemeinsam nutzen konnten. Nicht ohne Stolz verkündete der Diktator:

»Das Volk hat den ihm zustehenden Platz eingenommen. Die lebenden Geräte von einst sind die freien Bauern von heute, die Besitzer jener Werkzeuge und Ländereien, die wie Heilmittel all ihre Leiden in Güter verwandeln. Sie brauchen nur noch dem Staat zu dienen, ihrem einzigen Herrn, der mit gerechten, für alle gleichen Gesetzen über sie wacht. Der Boden gehört jenen, die ihn bearbeiten, und alle erhalten das, was sie brauchen. Nicht mehr, aber auch nicht weniger.«[9]

Rigoros verfuhr Francia mit den wenigen im Lande verbliebenen Spaniern. Ihnen war verboten, untereinander zu heiraten; sie durften nur Indianer, Mulatten oder Schwarze ehelichen. Eine solche Verbindung war in den Augen der Europäer unstandesgemäß. Francias Dekret sollte sowohl die ehemaligen Kolonialherren demütigen als auch ihren Dünkel austreiben, denn bislang hatten die Spanier mit Hochmut auf die Indianer herabgeblickt und sie auf eine Stufe mit Haustieren gestellt. Die indianische Kultur wertete Francia dadurch auf, daß er Guaraní als neue Amtssprache an Stelle des Spanischen einführte.

Den Klerus schaltete der Kirchenhasser Francia als gesellschaftlichen Machtfaktor aus. Nicht nur als Glaubenseinrichtung, auch als Besitzerin großer Ländereien hatte die katholische Kirche enormen Einfluß bei Francias eigentlicher Machtbasis, der einheimischen Landbevölkerung. Deshalb ging Francia gegen die Kirche als Institution vor. Zunächst ließ er sämtliche Klöster im Lande schließen. Einen willkommenen Vorwand gab ihm der undisziplinierte Lebenswandel vieler Mönche, die es sich innerhalb der Klostermauern auf Kosten der tributpflichtigen indianischen Bevölkerung gutgehen ließen. Der Diktator schaffte alle kirchlichen Feiertage ab, hob die Inquisition auf und versagte dem Vatikan jegliche Einmischung in die Kirchenangelegenheiten seines Landes.

Alle Geistlichen mußten einen Treueeid auf die Republik schwören. Somit schuf Francia eine paraguayische Nationalkirche, die dem Staat – gleichbedeutend mit der Person des Diktators – untergeordnet war. Immerhin hielt es Francia für unter seiner Würde, jemanden wegen seines Glaubens zu verfolgen, so daß die persönliche Religionsausübung nicht eingeschränkt war. Er verachtete auch einen Robespierre, der während der französischen Revolution mit dem »Kult des höchsten Wesens« eine offizielle staatliche Ersatzreligion kreierte:

»Trotz alldem habe ich hier keinen einzigen Glauben verboten. Ich kam auch nicht auf den Gedanken, den Kult des Höchsten Wesens einzuführen, das einige schwache Herrscher auf den Altar heben mußten, um sich vor dem Morgen abzuschirmen. Der Diktator einer Nation bedarf dann, wenn er allmächtig ist, nicht der Hilfe irgendeines Höchsten Wesens. Er ist selbst das Allerhöchste Wesen. In dieser Eigenschaft schützte ich die Glaubensfreiheit. Ich verlangte nur, daß sich die Religion den Interessen der Nation unterwarf.«[10]

Wie in den Programmen Gaismairs und Babeufs idealisierte Francia das Landleben des freien Bauern. Paraguay besaß nur eine Stadt, Asunción, die an Einwohnern beständig abnahm und in der gegen Ende von Francias Regierungszeit nur noch etwa 20 000 Menschen wohnten. Die übrigen Paraguayer lebten wie auch der Diktator selbst auf dem Land. Doch während Francia für seine Bedürfnisse und die Bezahlung seiner vier Diener jährlich 7 000 Pesos aus der Staatskasse abzwackte (zum Vergleich: In den vier Jahren, in denen Simon Bolívar in Peru regierte, erhielt der als Befreier Südamerikas gefeierte Staatsmann insgesamt 300 000 Pesos an Gehalt und 200 000 Pesos an Geschenken; sein Verbrauch an Eau de Cologne belief sich während dieser Zeit auf 8 000 Pesos), lebten seine Untertanen von der Subsistenzwirtschaft und bekamen so gut wie nie Geld in die Hände.

Das Volk war es wohl zufrieden. Reichtümer konnte man im neuen Paraguay nicht anhäufen, aber auch zu hungern brauchte niemand. In Paraguay sah es anders aus als in den Nachbarländern. Zwar war Francia alles andere als ein glanzvoller Staatsmann; dennoch schien das Volk nicht unzufrieden mit seiner Regierung zu sein.

»Francia war ein hochmütiger Misanthrop, er ging am Stock und paßte in keiner Weise in das Bild der Cowboy- und Soldaten-*caudillos*, aber er widmete sich ganz dem Frieden und der Wohlfahrt seines Landes. [...] Dr. Francia machte langfristige Pläne für sein rückständiges Land. Er vermied den Bürgerkrieg der anderen lateinamerikanischen Staaten nach der Unabhängigkeit und erzwang die wirtschaftliche Autonomie. [...] Jesuitische Missionare hätten zwischen dem paraguayischen Leben von 1640 und dem von 1840 wohl kaum große Unterschiede entdeckt. [...] Die Bewohner Paraguays machten sich nichts aus solcher Kritik. Von heiterer und freigiebiger Natur, besaßen sie mehr persönliche Würde als die blasierten Bürger des fernen Buenos Aires oder die einzig ihrem Geschäft ergebenen Montevideaner.«[11]

Vor allem die indianische Bevölkerung dankte Francia die Verbesserung ihrer Lebensverhältnisse, indem sie das Staatsoberhaupt wie einen Heiligen verehrte. Diese Einstellung vermochten viele Angehörigen der ehemaligen einheimischen Elite, die in der ersten Zeit nach der Unabhängigkeit noch eine gesellschaftliche Rolle gespielt hatte, nicht zu teilen. Im Jahr 1820 kam es zum einzigen Putschversuch gegen den Diktator. Der von Francia entmachtete Ex-Präsident Yegros nahm Verbindung zum Caudillo von Entre Ríos, Francisco Ramírez, auf. Der im Nordosten des heutigen Argentiniens wie ein Provinzfürst herrschende Offizier liebäugelte damit, Paraguay in seinen Besitz zu bringen, und bereitete seine Privatarmee auf einen Krieg mit dem Nachbarland vor.

Yegros sollte mit Hilfe einiger Verschwörer Francia ermorden und anschließend, gestützt auf Ramirez' Söldnertruppe, die Macht in Paraguay an sich reißen. Francias Geheimpolizei erhielt Kenntnis von dem geplanten Umsturz. Die Verhaftung von fünf Verdächtigen brachte allerdings zunächst nicht den gewünschten Erfolg:

»Ein gewisser Bogarín jedoch, dem es gelungen war, der Razzia zu entkommen, ging aus lauter Angst und Unsicherheit zur Beichte und erzählte alles, was er über den Plan wußte, den man zur Beseitigung des Diktators ausgearbeitet hatte. Man wollte ihm am Karfreitag Nachmittag während seines üblichen Spazierritts umbringen. Für die Ausführung des Attentats hatte man den Hauptmann Montiel ausgewählt. Nach dem Verschwinden des Diktators hätte der General Fulgencio Yegros ... die Regierung übernommen, während der Oberbefehl über die Truppen ... an die Kommandanten Cavallero und Montiel gegangen wäre. Der Priester verlangte von dem reumütigen Bogarín, daß er den Plan sofort dem Diktator melde, da er auf keinen Fall als guter Christ an einem solchen Verbrechen beteiligt sein dürfe.«[12]

Umgehend ließ Francia alle, die mit der Verschwörung zu tun hatten, verhaften und vor einen staatlichen Gerichtshof bringen. Am 17. Juli 1821 wurden insgesamt 68 Personen, unter ihnen Yegros und Cavallero, wegen Hochverrats hingerichtet.

Es waren solche Ereignisse, die in Europa bekannt wurden und Berichte von der Schreckensherrschaft in Paraguay Eingang in die Sensationspresse finden ließen. Der Reisebericht von Rengger und Longchamps, die sich zwischen 1819 und 1825 mit der ausdrücklichen Erlaubnis Francias in Paraguay aufhielten, erschien zwei Jahre später in französischer und deutscher Sprache. Die Schweizer gingen mit dem Diktator vor allem wegen der Hinrichtungen hart ins Gericht. Andererseits bescheinigten sie ihm, wirklich nur das Beste für sein Volk zu beabsichtigen und sich – anders als andere Caudillos in Lateinamerika – persönlich nicht bereichert zu haben.

Das größte Echo auf dem alten Kontinent fanden jedoch die Veröffentlichungen der Robertsons. Sie schildern ausführlich die Greueltaten des Diktators und die Zustände in den Staatsgefängnissen. Francia selbst wird als Sadist dargestellt, der mit perversem Genuß den Hinrichtungen zusah und sich an den Qualen der Opfer ergötzte. Allerdings scheint es mit der Glaubwürdigkeit der Robertsonschen Erzählungen nicht weit her zu sein. Der paraguayische Schriftsteller Augusto Roa Bastos geht in seiner Lebensgeschichte Francias der Frage nach, warum die *Briefe über Paraguay* erst 1838 – mehr als zwei Jahrzehnte, nachdem die Robertsons das Land verlassen hatten – erschienen. Roa Bastos zitiert den aufschlußreichen Bericht der beiden Brüder über den Verlust des Originalmanuskripts:

»An irgendeinem Januarabend …, als dichter Schnee auf den Straßen lag und die Gehsteige mit einer schlüpfrigen Eisschicht überzogen waren, fuhr einer der Autoren dieser *Briefe über Paraguay* mit der Droschke von London nach Kensington. Unter dem Arm trug er das Manuskript des genannten Werks. Beim Verlassen des Fahrzeugs versperrte ihm die gespenstische Erscheinung eines mit Mantel und Dreispitz bekleideten Negers den Weg, dessen Augen starr auf den Reisenden gerichtet waren. Dieser rutschte aus und stürzte auf den vereisten Boden. Die seltsame Erscheinung wirkte im schwachen Licht einer Gaslaterne noch unheimlicher als kurz zuvor. Dann verschwand sie. […] In diesem Augenblick drang wie ein Blitzstrahl die Erkenntnis in sein verwirrtes Bewußtsein, daß er das *Manuskript* verloren hatte. Er kehrte an den unglückseligen Ort des Überfalls zurück. Er suchte überall, durchwühlte den ganzen Schnee, voller Angst, erneut mit der geisterhaften Person zusammenzutreffen. Doch diese erschien nicht, genauso wenig wie die Papiere. [...] Wenige Tage später erhielten wir ein anonymes Billett, auf dem stand: *Kehren Sie nach Paraguay zurück! Dort werden Sie das Manuskript finden!* Wir dachten, es handelte sich um einen üblen Streich, den uns einige unserer Freunde spielen wollten. Wir kehrten natürlich nicht nach Paraguay zurück. Es war einfacher, diese *Briefe* noch einmal niederzuschreiben, die hernach den für uns schmeichelhaftesten Erfolg hatten. Innerhalb von drei Monaten war die gesamte Auflage vergriffen ...«[13]

Räuberpistolen dieser Art stießen nicht überall im sensationsgierigen Europa auf kritiklose Anerkennung. Der berühmte Essayist Thomas Carlyle bezeichnet vor allem den mit dem Untertitel »Dr. Francias Schreckensherrschaft« versehenen dritten Band der Brüder als Produkt »Robertson'scher Klatschsucht, Kneipengeschwätz und Schlagzeilenträchtigkeit«:

»Das ganze ist in einem wurstigen, frei fließenden, sehr naiven, sehr inkorrekten Sprachstil geschrieben; selbiges trifft auch auf den Gedankengang und die Konzeption zu.«[14]

Aimé Bonpland, der ein ganzes Jahrzehnt als Gefangener in Paraguay verbringen mußte, urteilt recht positiv über den Diktator, auch wenn dieser den eindringlichen Appellen Alexander von Humboldts und Simon Bolívars um seine Freilassung nicht nachkam. Bonpland war nach Paraguay gereist, um Forschungen über die Gewinnung von Mate anzustellen. Francia, der um das lukrative Monopol seines Landes am Anbau dieser Pflanze fürchtete, schickte Bonpland in das Dörfchen Santa María in Verbannung. Dort lebte der Franzose offenbar recht glücklich unter den Einheimischen, komplettierte seine Sammlungen, betrieb wissenschaftliche Forschungen und versorgte die Indianer mit Medikamenten, die er selbst herstellte. Nach zehn Jahren schenkte der Diktator ihm die Freiheit. Wieder in Europa, blickte Bonpland nicht im Zorn auf seine Zeit in Paraguay zurück, worauf William Robertson mit Unverständnis reagierte:

»Doch staunte ich am meisten, daß Bonpland, fern davon, Paraguay mit jenem Abscheu gegen Francia zu verlassen, den gewiß die blutsaugende Tyrannei des südamerikanischen Nero jedem Anderen eingeflößt hätte, mit philosophischer Ruhe von ihm sprach und nur wiederholt bedauerte, daß der Dictator ihm wohl schwerlich erlauben möchte, nach Paraguay zurückzukehren.«[15]

Nach der Abwehr des Staatsstreichs konnte Francia in aller Ruhe regieren und sich an die Vervollkommnung seiner Revolution machen. Sein Land brachte es – bemerkenswert für einen südamerikanischen Staat in den ersten Jahren der Unabhängigkeit – zu einem bescheidenen Wohlstand, und – noch bemerkenswerter – die Besitztümer waren gerecht verteilt. In keinem anderen Land der südlichen Hemisphäre besaßen die Ureinwohner so viele Rechte und Freiheiten wie in Paraguay, auch wenn es mit den demokratischen Fortschritten noch arg haperte.

Francia, der Paria unter den lateinamerikanischen Caudillos, für den Vorbilder weder in der Alten noch in der Neuen Welt existierten, ging auch als etablierter Staatschef lieber den unbequemen Weg. Im Grunde blieb er ein Rebell, verpflichtet nur seinen revolutionären Idealen, die er zeitlebens nie aufgab. Die letzten beiden Jahrzehnte seiner Regierung verbrachte er völlig zurückgezogen, denn er glaubte, seinem Volk so am besten dienen zu können. Als er am 20. September 1840 im Alter von 74 Jahren starb, hinterließ er an persönlichem Besitz »einen einzigen, gefleckten Gehrock, zwei Hosen, eine für Empfänge, die andere zum Reiten, und zwei Westen, die einen dreißigjährigen Krieg gegen Motten, Kakerlaken und Termiten geführt haben«.[16]

Sein Nachfolger, der Rechtsanwalt Carlos Antonio López, setzte im wesentlichen Francias Lebenswerk fort, führte das Land aber nach und nach aus der Isolation.

Durch die vorsichtige Öffnung nach außen entwickelte sich Paraguay dank der soliden Basis, die Francia der Republik verschafft hatte, zum mit Abstand reichsten Land des Kontinents. Als erster lateinamerikanischer Staat besaß Paraguay eine Telegraphenlinie; der Bau einer Eisenbahnlinie brachte eine weitere Verbesserung der Infrastruktur. In dem früheren reinen Agrarland entstand eine eisenverarbeitende Industrie, und in Asunción wurde sogar eine Werft gebaut. Dabei blieb Paraguay im Gegensatz zu seinen hochverschuldeten Nachbarn unabhängig von ausländischem Kapital, konnte sich auf eine stabile Währung stützen und eine positive Handelsbilanz erzielen.

Carlos Antonio López regierte Paraguay bis zu seinem Tod 1862. Nachfolger wurde sein Sohn Francisco Solano López. Inzwischen war aus dem unscheinbaren Land eine nicht nur wirtschaftlich bedeutende Regionalmacht geworden. Mit einem stehenden Heer von 25 000 Soldaten besaß Paraguay eine größere Armee als Argentinien und Brasilien.

Francisco Solano López beging den Fehler, in der La-Plata-Region Großmachtpolitik zu betreiben. Als Brasilien in einen innenpolitischen Konflikt in Uruguay eingriff, um dort die Partei der liberalen *Colorados* zu unterstützen, ergriff López Partei für die konservativen *Blancos*. Er tat dies nicht aus politischer Überzeugung, sondern nur, um einen Vorwand für einen Einfall in Brasilien zu erhalten. Sobald die Regierung in Rio de Janeiro ihre ersten Soldaten nach Uruguay schickte, marschierte López mit seiner Armee in die brasilianische Provinz Mato Grosso ein. Als Argentinien und Uruguay sich daraufhin mit Brasilien zur Tripelallianz verbündeten, besetzten paraguayische Truppen auch die argentinische Provinz Corrientes.

In der Folgezeit tobte zwischen 1864 und 1870 der blutigste Krieg, der je auf südamerikanischem Boden ausgetragen wurde. Mit seiner modernen Armee erwies sich Paraguay anfangs als klar überlegen. Doch auf Dauer konnte das bevölkerungsarme, etwa eine Million Einwohner zählende Land diesen Krieg nicht durchhalten. Die Wende trat ein, als die paraguayische Festung Humaitá am Paraguay-Fluß nach mehr als einjähriger Belagerung im August 1868 kapitulierte. Fünf Monate später rückten die alliiertenTruppen in Asunción ein. Der Krieg war jedoch erst zu Ende, als López, der sich mit seinen letzten Getreuen in den menschenleeren Nordwesten Paraguays zurückgezogen hatte, am 1. März 1870 im feindlichen Kugelhagel fiel.

Die Auseinandersetzung zwischen Paraguay und der Tripelallianz forderte auf beiden Seiten ungeheure Opfer. Paraguay verlor vier Fünftel seiner männlichen Bevölkerung. Erst nach dem Zweiten Weltkrieg überschritt die Einwohnerzahl des Landes wieder die Millionengrenze.

Von Francias Erbe ist in Paraguay nichts übriggeblieben. Nach dem Krieg gegen die Tripelallianz kam das Land wirtschaftlich nicht mehr auf die Füße. In den vier Jahrzehnten nach López' Tod wechselten sich zweiundzwanzig Präsidenten an der Regierung ab. Paraguay versank im Chaos; Francias Revolution war nur noch Geschichte. Heute zählt Paraguay zusammen mit Bolivien zu den ärmsten Ländern Südamerikas.

Mathilde Franziska Anneke (1817–1884)

Deutsche Feministin und Revolutionärin
der ersten Stunde

»Vor einer Legion, ich weiß nicht mehr vor welcher, ritt eine üppige Weibsperson, eine rote Feder auf dem Hecker-Hute, Brille auf der Nase, angetan mit einem Reitkleide aus schwarzem Samt, im roten Gürtel zwei Pistolen, an der Seite einen Schleppsäbel und – hinter ihr reitend ein badischer Dragoner als Ordonnanz!«[1]

Die so martialisch beschriebene Mathilde Franziska Anneke nahm zwar am badisch-pfälzischen Aufstand von 1848/49 teil, sogar zu Pferde und auch in vorderster Front, aber Waffen hat sie zeitlebens ebensowenig getragen wie Männerkleidung. Ihre Kriegstracht war vielmehr ein Produkt der Einbildungskraft Albert Förderers. Das

Vorstellungsvermögen des Redakteurs der konservativen *Kölnischen Zeitung* vom Tätigkeitsfeld einer Frau beschränkte sich auf die Küche, bestenfalls auf einen literarischen Salon. Paßte ein weibliches Wesen einmal nicht ins übliche Rollenschema, verkehrten Männerphantasien wie die Förderers das althergebrachte Klischee ins krasse Gegenteil: Zutage trat dann ein ›Flintenweib‹, dessen Wildheit und Aggressivität selbst die kriegerischste Amazone als sanftes Lamm erscheinen lassen mußte. Mathilde Franziska Anneke nahm es gelassen:

»Dass die Herren Redacteure dieser alten Klatschdame [*der Kölnischen Zeitung*] die eigentlichen Motive, welche mich aus meinem mir ursprünglich angewiesenen Kreis in das Kriegsgewirre hinaustreten liessen, begreifen sollten, das habe ich von ihnen allerdings nicht erwartet. Wohl aber hätte ich von einem dieser Herren, der mich von Kind auf an gekannt, mit dem ich Jahre lang an einem und demselben Orte wohnend, im freundschaftlichen und literarischen Verkehr gestanden habe, wenigstens voraussetzen dürfen, er werde mich gegen seine bessere Überzeugung nicht einer so lächerlichen Extravaganz zeihen.«[2]

Tatsächlich hätte niemand von einem Kind, das wie Mathilde Franziska Anneke in behüteten großbürgerlichen Verhältnissen aufwuchs, vermuten können, daß es einmal als Revolutionärin endet. Die älteste Tochter eines preußischen Rentmeisters und Gutsbesitzers kam am 3. April 1817 auf dem elterlichen Gehöft Oberleveringhausen bei Blankenstein zur Welt. Ihre Mutter Elisabeth war katholisch und stammte aus dem Münsterland; der fruchtbaren Verbindung mit Karl Giesler entsprangen elf weitere Kinder. Mathilde Franziska verlebte eine glückliche Kindheit in der abgeschiedenen Idylle des noch nicht industrialisierten Südruhrgebiets. Katholisch erzogen, von Privatlehrern unterrichtet, entwickelte sie neben religiösem auch literarisches Interesse, das sich vor allem im Verfassen von Gedichten niederschlug.

Zu einem ersten Bruch in ihrem bis dahin wohlgeordneten Leben kam es 1836. Ihr Vater hatte sich beim Kauf von Eisenbahnaktien verspekuliert. Als der Mülheimer Weinhändler Alfred von Tabouillot Gieslers Schulden übernahm, erhielt er als Dreingabe die älteste Tochter. In ihren Gedichten drückte Mathilde Franziska Tabouillot ihre Liebe zu ihrem Mann aus, obwohl er sich häufig betrank und sie regelmäßig schlug. Nach einem Jahr – soeben war Töchterchen Fanny geboren – reichte sie die Scheidung ein. In der Rheinprovinz galt auch nach dem Ende der napoleonischen Besetzung der Code Civil, der standesamtliche Eheschließungen vorschrieb und Scheidungen erlaubte. Dennoch war es ein äußerst ungewöhnlicher Schritt, zu dem sich die junge Frau Tabouillot veranlaßt fühlte. Sie klagte vor drei Instanzen – dreimal gaben die Richter ihrem Mann Recht und forderten sie auf, zu ihm zurückzuziehen. Mathilde Franziska Tabouillot blieb hart; wenigstens erstritt sie eine Unterhaltszahlung für ihr Kind, die mit monatlich acht Talern allerdings überaus dürftig ausfiel.

Mit zwanzig Jahren sah das Leben für Mathilde Franziska Tabouillot alles andere als rosig aus. Die Eltern waren pleite, ihre kleine Tochter oft krank, und sie besaß weder eine Arbeit noch einen erlernten Beruf. Um nicht völlig ohne Einnahmen dazustehen, versuchte sie es mit der Schriftstellerei. Sie veröffentlichte Gedichte in Zeitungen, verfaßte Reiseberichte und schrieb sogar ein Theaterstück, das mit mäßigem Erfolg aufgeführt wurde, ihr aber einige Aufmerksamkeit bescherte. Die zu jener Zeit bereits sehr geschätzte Annette von Droste-Hülshoff äußerte sich recht abfällig über ihre Kollegin:

»Mama hat indessen freundlich mit ihr gesprochen, sie aber nicht eingeladen und sagte mir nachher, die Tabouillot scheint ihr eine gute unschuldige Frau, aber sehr genant und ich möge ihr lieber aus dem Wege gehen. Mir ist's ganz recht, denn ich bin gewiß, die Tabouillot würde mich aussaugen an Beute, Geist und Körper. Sie ist nämlich blutarm und muß sich und ihr Kind allein mit Schriftstellerei ernähren, kann nichts anderes, hat keine Kenntnisse zum Unterricht geben und kein Geschick zu arbeiten ...«[3]

Bis dahin war Mathilde Franziska Tabouillot eine königstreue, von bürgerlichen Vorstellungen und katholischen Werten geprägte Frau. Bedingt auch durch die ablehnende Haltung, die ihr Damen von Stand wie Annette von Droste-Hülshoff entgegenbrachten, vollzog sich ganz allmählich ein Wandel in ihrem Bewußtsein. In Wesel, wohin sie 1839 mit Tochter Fanny gezogen war, verkehrte sie in einem Debattierclub und machte dort Bekanntschaft mit den politischen Ideen, die seit Beginn der 40er Jahre in Umlauf waren und Deutschland bald verändern sollten. Doch machte sich in den Clubs beileibe noch kein revolutionäres Gedankengut breit. Die Gäste dort waren Liberale, die bürgerliche Rechte wie Presse- und Versammlungsfreiheit forderten und für eine Beschneidung adliger Privilegien eintraten. Im Weseler Debattierclub lernte Mathilde Franziska auch den preußischen Fahnenjunker Fritz Anneke kennen. Der radikal gesinnte Offiziersanwärter war mit dem revolutionären Dichter Ferdinand Freiligrath befreundet und reiste jeden Montag nach Köln, um am wöchentlichen Debattierclub der *Rheinischen Zeitung* teilzunehmen. Leiter dieses oppositionellen, zu dieser Zeit aber noch sehr bürgerlich gesinnten Zirkels war ein gewisser Karl Marx.

Ende 1844 zog »Mathilde Franziska, verheiratet gewesene von Tabouillot, geborene Giesler«, wie sie sich inzwischen nannte, nach Münster. Auch an ihrem neuen Wohnort engagierte sie sich politisch und wurde Mitglied des ›Demokratischen Vereins‹. Zwei Jahre später ließ sie ein aufsehenerregendes Ereignis im fernen Berlin publizistisch in Erscheinung treten.

Die Schriftstellerin Louise Aston, die wie Mathilde Franziska eine Scheidung hinter sich gebracht hatte, veröffentlichte unter dem Titel ›Wilde Rosen‹ einen Gedichtband, in dem sie sich kritisch mit der Rolle der Frau in der Gesellschaft auseinandersetzte und für die freie Liebe eintrat. Von der Polizei verhört, gab sie zu Protokoll, daß sie nicht an Gott glaube und der Institution der Kirche ablehnend gegenüberstehe. Daraufhin wurde sie aus Berlin ausgewiesen und ging nach Brüssel ins Exil. Mathilde Franziska ergriff in ihrer Streitschrift *Das Weib im Conflict mit den socialen Verhältnissen* öffentlich Partei für Louise Aston und ging mit den in Deutschland herrschenden gesellschaftlichen, religiösen und familiären Vorstellungen hart ins Gericht:

»Ich glaube weder an einen persönlichen Gott noch an einen weltumfassenden Geist. Ich weiß es, daß die uns verheißene Seligkeit nicht in den blauen Weiten dort hinter den Sternen zu finden ist, sondern hier, hier unten auf grüner, blumenreicher Erde. Warum ist solch ein Bekenntnis in dem Munde eines Weibes gerade so schwer verpönt? […] Warum erscheinen die Ansichten, die den Männern seit Jahrhunderten bereits angehören durften, einem Staat gerade bei Frauen so gefährlich? Etwa weil sie die Macht der Verbreitung dieser Ansichten mehr denn jene in Händen haben und diese in ihrer ausgedehnteren Verbreitung die heutige Welt- und Staatsordnung zu erschüttern drohen? […] Weil die Wahrheit, von den Frauen getragen, als Siegerin hervorgeht, welche Throne und Altäre von Tyrannen und Despoten stürzt. […] Weil die Wahrheit uns befreit von dem trüglichen Wahne, daß wir dort oben belohnt werden für unser Lieben und Leiden, für unser Dulden und Dienen. Weil sie uns zur Erkenntnis bringt, daß wir gleichberechtigt sind zum Lebensgenusse wie unsere Unterdrücker.«[4]

Zu Beginn des Jahres 1847 wurde die Streitschrift als kleine Broschüre veröffentlicht. Einige Monate zuvor war Fritz Anneke, der einen Debattierclub für Offiziere gegründet hatte, seiner politischen Gesinnung wegen aus der preußischen Armee unehrenhaft entlassen worden. In Köln fand er eine neue Anstellung bei der Colonia-Versicherung. Inzwischen waren Fritz und Mathilde Franziska fest liiert; am 3. Juni 1847 gingen beide den Bund der Ehe ein. Mathilde Franziska folgte ihrem Mann nach Köln.

Die Wohnung der Annekes wurde bald zum Treffpunkt der Oppositionellen im Lande. Ida und Ferdinand Freiligrath, Karl Marx, Moses Heß, Emma und Georg Herwegh und Ferdinand Lassalle gingen dort ein und aus; auch der bekannte russische Anarchist Michail Bakunin trug sich ins Gästebuch ein. Revolutionäres Gedankengut drang aus England und Frankreich bis nach Deutschland. In London erschien im Februar 1848 das *Kommunistische Manifest*; in Paris ging am Ende desselben Monats die Bevölkerung auf die Barrikaden und zwang den Bürgerkönig Louis Philippe zur Abdankung. Frankreich wurde wieder Republik. Die Welle der revolutionären Erhebungen im Nachbarland schwappte auch auf die Rheinprovinz über, deren größte Stadt Köln zu diesem Zeitpunkt fast 100 000 Einwohner zählte. Die Bevölkerung bestand mehrheitlich aus Industriearbeitern, die vehement für eine Verbesserung ihrer Lebens- und Arbeitsbedingungen und für ein politisches Mitspracherecht eintraten. Dies brachte sie naturgemäß in Konflikt mit der konservativen preußischen Regierung, die zu keinerlei Zugeständnissen bereit war. Aber auch das rheinische Bürgertum war der preußischen Obrigkeit nicht wohlgesonnen. Die lange napoleonische Besatzung hatte ihre Spuren hinterlassen; die einmal gewonnenen Freiheiten wollten die Bürger so schnell nicht wieder aufgeben. Besonders der Code Civil mit seiner vergleichsweise liberalen Gesetzgebung war den Preußen ein Dorn im Auge; umgekehrt weigerten sich viele Richter, Oppositionelle zu verurteilen, die wegen Aufruhrs und Landfriedensbruchs angeklagt waren.

Die Annekes waren bei der ersten Kölner Massendemonstration am 3. März unter den 5000 Teilnehmern in
vorderster Reihe zu finden. Fritz gehörte sogar zu den
Rednern. Die vor das Kölner Rathaus gezogenen Demonstranten stellten sieben Forderungen:

1. Gesetzgebung und Verwaltung durch das Volk. Allgemeines Wahlrecht und allgemeine Wählbarkeit in
   Gemeinde und Staat.
2. Unbedingte Freiheit der Rede und Presse.
3. Aufhebung des stehenden Heeres und Einführung
   einer allgemeinen Volksbewaffnung mit vom Volk
   gewählten Führern.
4. Freies Vereinigungsrecht.
5. Schutz der Arbeit und Sicherstellung der menschlichen Bedürfnisse für alle.
6. Vollständige Erziehung aller Kinder auf öffentliche
   Kosten.
7. Friede mit allen Völkern.[5]

Die durchaus friedliche Versammlung wurde von Soldaten auseinandergetrieben, ihre Führer, unter ihnen
Fritz Anneke, am folgenden Tag verhaftet. Alle fanden
milde Richter und kamen bald wieder frei. Im März erhoben sich die Wiener Arbeiter, unterstützt von Studenten und zahlreichen Bürgern, und vertrieben den Fürsten
Metternich, den Architekten der Heiligen Allianz, der
die Länder Mitteleuropas ihre Unterdrückerregierungen
zu verdanken hatten. In Berlin wurden bei Straßenkämp-
fen 254 Menschen von Polizei und Militär erschossen,
die als »Märzgefallene« in die Geschichte der deutschen
Revolution eingingen. Anfang April trafen Karl Marx
und Friedrich Engels in Köln ein. Der Kölner Arbeiter-
verein wurde gegründet; bis Ende des Monats war seine
Mitgliederzahl auf 4000 angewachsen. Trotz dieser Ent-
wicklungen kam die Revolution zu einem Stillstand; erst
der erneute Pariser Arbeiteraufstand im Juni sorgte im

Rheinland wieder für etwas Belebung. Sofort reagierte die preußische Verwaltung und ließ die bekanntesten Oppositionellen verhaften; auch Fritz Anneke, dessen Frau soeben mit Söhnchen Fritz niedergekommen war.

Mathilde Franziska Anneke übernahm sofort die Aufgaben ihres Mannes. Am 10. September erschien erstmals die *Neue Kölnische Zeitung* unter dem Motto »Wohlstand, Freiheit und Bildung für alle!«. Das Blatt verstand sich als Ergänzung zur eher akademischen *Neuen Rheinischen Zeitung* von Karl Marx und damit als Sprachrohr der Kölner Arbeiter, auch wenn es im Untertitel hieß: »Für Bürger, Bauern und Soldaten«. Als Herausgeber fungierte Fritz Anneke; da er sich im Gefängnis befand und es ihm nur selten gelang, einen Artikel herauszuschmuggeln, war seine Frau die eigentliche Redakteurin. Mathilde Franziska Anneke gelang es, eine sehr publikumsnahe Zeitung zu produzieren, die regen Absatz unter den Kölner Arbeitern fand. Sie forderte die Leser auf, Verhaftungen, Polizeiübergriffe, Entlassungen, Lohnkürzungen, Beamtenwillkür und andere Ungerechtigkeiten der Redaktion zu melden und druckte die Berichte im Blatt ab. Die beiden radikalen Kölner Zeitungen hatten einen großen Anteil daran, daß die revolutionäre Stimmung in der Rheinprovinz nicht verebbte.

Enttäuscht waren sowohl die deutschen Arbeiter als auch die bürgerlichen Oppositionellen von der Nationalversammlung in der Frankfurter Paulskirche. Das mit großen Hoffnungen gewählte Parlament war am 18. Mai erstmalig zusammengetreten. Aber anstatt über den Entwurf eines deutschen Reichsgrundgesetzes, das die vorläufige Verfassung bilden sollte, zu beraten, ergingen sich die fast ausschließlich bürgerlichen Abgeordneten in Zänkereien zwischen Gemäßigten und Radikalen. In seinem sofort nach Erscheinen in Preußen verbotenen, Mathilde Franziska Anneke gewidmeten Gedicht *Die Todten an die Lebenden* ließ Ferdinand Feiligrath die ›Märzgefallenen‹ an die Paulskirchenversammlung appellieren, doch endlich etwas zu tun, damit die vielen Opfer nicht umsonst waren:

> *Indessen, bis die Stunde schlägt, hat dieses unser Grollen*
> *Euch, die ihr vieles schon versäumt, das Herz ergreifen wollen!*
> *O, steht gerüstet! seid bereit! o, schaffet, daß die Erde,*
> *Darin wir liegen starck und starr, ganz eine freie werde!*
> *Daß fürder der Gedanke nicht uns stören kann im Schlafen:*
> *Sie waren frei: doch wieder jetzt – und ewig! – sind sie Sklaven!*[6]

Immerhin nahmen die Abgeordneten Mitte Oktober die Beratungen über das Reichsgrundgesetz auf. Dazu bedurfte es zuvor noch eines Aufstands der Frankfurter Arbeiter und Handwerker, die erstmals von Bauern aus dem Umland unterstützt wurden. Nach tagelangen Barrikadenkämpfen konnte die Erhebung erst mit massivem Artillerieeinsatz niedergeschlagen werden. Auch in Köln wurde nach Arbeiterdemonstrationen der Belagerungszustand ausgerufen und sowohl die *Neue Rheinische Zeitung* als auch die *Neue Kölnische Zeitung* verboten.

Mathilde Franziska Anneke gab daraufhin die *Frauen-Zeitung* heraus, die erste ihrer Art in Deutschland. Zwei Ausgaben erschienen, die dritte wurde bereits beschlagnahmt. Es handelte sich allerdings nicht um eine feministische, sondern um eine revolutionäre Zeitung; der Titel trägt in erster Linie der Tendenz Rechnung, daß sich immer mehr Frauen politisch engagierten und der revolutionären Bewegung anschlossen. Das Hauptaugenmerk des Blattes galt der Erziehungsfrage; die Redakteurin forderte entschieden den kostenlosen Schulbesuch für alle und die Trennung von Schul- und Kirchenamt.

Nach der Aufhebung des Belagerungszustands erschien auch die *Neue Kölnische Zeitung* wieder. Mathilde Franziska Anneke sprach sich wie Karl Marx für die Einführung einer ›Rothen Republik‹ aus.

»Diese Rothe Republik proklamiert das Recht auf Arbeit; sie verlangt, daß ein jeder, der seine Kräfte und Fähigkeiten der Gesellschaft widmet, eine ausreichende Existenz habe; sie will Wohlstand, Bildung und Freiheit für alle! Die Rothe Republik ist die demokratische, soziale Republik […] . Und weil sie das Glück und die Freiheit aller will, deshalb wird sie von all' denen geschmäht, welche Glück und Freiheit als ein Vorrecht betrachten, dessen das Volk nicht würdig wäre.«[7]

Die Rhetorik der Opposition wurde schärfer, aber auch die Unterdrückungsmechanismen der deutschen Behörden. In Wien brach die revolutionäre Bewegung zusammen; bei den Säuberungswellen des Militärs wurde sogar ein Abgeordneter der Paulskirche, Robert Blum, erschossen. Auch in Prag und in Baden war es nach den Aufständen im Sommer und Herbst wieder ruhig geworden. Die Reaktion schien auf allen Ebenen gesiegt zu haben. In dieser bedrückenden Atmosphäre fiel es kaum auf, daß Fritz Anneke einen Tag vor Weihnachten aus der Haft entlassen wurde.

Erst im Frühjahr 1849 kam wieder Bewegung in die deutsche Politik. Am 27. März wurde die vorläufige Reichsverfassung nach langen Beratungen von der Nationalversammlung angenommen. Gegen den Widerstand der fortschrittlichen Abgeordneten wählte sie den preußischen König zum deutschen Kaiser. Eine Abordnung begab sich von Frankfurt nach Berlin, um Friedrich Wilhelm IV. die frohe Botschaft zu verkünden. Wie groß war die Enttäuschung, als dieser erklärte, er wolle »keine Krone, die ›mit dem Ludergeruch der Revolution‹ behaftet sei, keine ›Schweinekrone‹, keine ›Wurstbrezel, die nicht von Gottes Gnaden, sondern von Meister Metzger oder Meister Bäcker‹ käme. Die Kaiserwahl sei Sache der Fürsten…«.[8]

Der Fußtritt des Monarchen gegen eine doch sehr brave und gemäßigte deutsche Demokratiebewegung machte die Arbeiterbewegung wieder mobil. In Leipzig war ein Kongreß aller deutscher Arbeitervereine geplant; zur Vorbereitung sollte am 6. Mai ein Kongreß der rheinischen Vertreter stattfinden, an dem auch Fritz Anneke teilnehmen wollte. Seine Frau erhielt jedoch einen Hinweis, daß ihr Mann dort verhaftet werden sollte. Fritz Anneke floh ins nahe Bonn. Unterdessen waren in mehreren deutschen Orten neue Unruhen ausgebrochen; unter anderem in Dresden, Düsseldorf und Elberfeld. In Bonn plante Anneke gemeinsam mit Gottfried Kinkel, Professor für Kunstgeschichte, und dem Führer der rheinischen Studentenbewegung, Carl Schurz (der später nach Amerika auswanderte und als Nordstaaten-General im Sezessionskrieg Berühmtheit erlangte), einen Überfall auf das Zeughaus der Nachbarstadt Siegburg. Mit den erbeuteten Waffen wollte man den Barrikadenkämpfern in Elberfeld und Düsseldorf zu Hilfe eilen. Zwar gelang es, eine Rheinfähre zu kapern, doch verließ die Aufrührer der Mut, als in Siegburg eine Dragonerabteilung zur Verteidigung des Zeughauses aufmarschierte.

Anneke änderte seine Pläne und begab sich in die Pfalz, die sich zusammen mit dem Nachbarland Baden zum neuen revolutionären Unruheherd entwickelte. Eine schwere Wirtschaftskrise, von der die Bürger, Bauern und Winzer, die Arbeiter in den wenigen Städten und die Tagelöhner gleichermaßen betroffen waren, sorgte in der Oberrheinebene bereits seit längerem für Unzufriedenheit in der Bevölkerung. Überall bildeten sich Volksvereine, in denen sich vor allem das Bildungsbürgertum organisierte und gegen die bestehende politische Ordnung engagierte. Doch erst die Weigerung der Fürsten, die neue Reichsverfassung anzuerkennen, brachte das Faß zum Überlaufen. Das Volk im Großherzogtum Baden und in der zu Bayern gehörenden Pfalz griff zu den Waffen und erhob sich. Die Pfälzer sagten sich von der bayerischen Krone los und errichteten in Kaiserslautern eine provisorische Revolutionsregierung. In Baden waren die Voraussetzungen noch günstiger als beim linksrheinischen Nachbarn. Mitte Mai brach der dritte republikanische Aufstand innerhalb eines Jahres aus – diesmal mit Erfolg. In Offenburg versammelten sich die Vertreter aller badischen Volksvereine. Fast 30 000 Bürger nahmen an dem Treffen teil und wählten einen zwölfköpfigen Landesausschuß. Der Großherzog wurde davongejagt, die Soldaten der Festung Rastatt auf die neue Revolutionsregierung eingeschworen. Ihr ordneten sich auch die Beamtenschaft, die Polizei und die restlichen in Baden stationierten Truppen unter. Während sich das neue Regierungsoberhaupt, der Frankfurter Paulskirchenabgeordnete Lorenz Brentano, dafür aussprach, die Revolution auf Baden zu beschränken, befürwortete der linke Flügel der Aufstandsbewegung eine Ausweitung auf das gesamte Reichsgebiet.

Aus ganz Deutschland, aus Frankreich und sogar aus Polen strömten Freiwillige nach Baden und in die Pfalz, um den Revolutionsbewegungen in ihrem Kampf gegen die Preußen, die an den Grenzen der aufständischen Regionen bereits Truppen hatten aufmarschieren lassen, beizustehen. Unter den Freischärlern fanden sich die verhinderten Siegburger Zeughausstürmer Carl Schurz und Gottfried Kinkel wieder; Gustav von Struve, der zusammen mit Fritz Hecker den ersten badischen Aufstand angeführt hatte, nahm ebenso teil wie der polnische Revolutionär Ludwik Mieroslawski, der zum Oberbefehlshaber des später vereinigten polnischen Heeres wurde; Friedrich Engels reiste von Elberfeld aus an den Oberrhein und schloß sich der Einheit des ehemaligen preußischen Offiziers August Willich an, der wie Engels Mitglied des Bundes der Kommunisten war.

Auch Mathilde Franziska Anneke begab sich in die Pfalz, nachdem sie ihre Kinder in die Obhut ihrer Eltern und Schwiegereltern gegeben hatte. Bevor sie der Domstadt den Rücken kehrte, rief sie in der *Neuen Kölnischen Zeitung* alle Bürger auf, dem Beispiel ihres Mannes zu folgen, der bereits als pfälzischer Artillerieoffizier in Kaiserslautern weilte, und mit der Waffe in der Hand für die Freiheit des deutschen Volkes zu kämpfen.

Mathilde Franziska Anneke reiste mit demselben Rheindampfer, auf dem auch Prinz Wilhelm von Preußen unterwegs war, um höchstselbst den Aufstand in Baden und in der Pfalz niederzuschlagen. In Mainz trennten sich ihre Wege. Der Monarch übernahm den Oberbefehl über seine bestens ausgerüstete, 55 000 Mann starke Armee; die Revolutionärin reiste über Mannheim und Neustadt nach Kaiserslautern, wo sie mit ihrem Mann zusammenzutreffen hoffte. Dem preußischen Heer standen 15 000 Soldaten der regulären badischen Armee gegenüber; unterstützt wurden sie von etwa ebensovielen Volkswehrkämpfern und 6 000 Freischärlern, die teilweise nur über improvisierte Waffen wie Sensen und Dreschflegel verfügten.

Als Mathilde Franziska Anneke in Neustadt eintraf, war Kaiserslautern bereits von den revolutionären Truppen geräumt worden. Ihr Mann erwartete mit seiner Artillerie den preußischen Angriff an der Flanke des Haardtberges, eines Höhenzugs westlich von Neustadt, wo Mieroslawskis Armee stationiert war. Nach entsprechenden Hinweisen der Soldaten war das Ehepaar bald wieder vereinigt; und Mathilde Franziska verbrachte den Rest des pfälzisch-badischen Feldzugs als Ordonanzoffizier an der Seite ihres Mannes. Die ausgezeichnete Reiterin wurde als Nachrichtenmelderin zwischen der Front und Neustadt eingesetzt und kam auf diese Weise als eine der wenigen Frauen zu militärischen Ehren. In ihren *Memoiren einer Frau aus dem badisch pfälzischen Feldzuge* beschreibt sie die Stimmung vor dem ersten Aufeinandertreffen der beiden Armeen:

»Die einfache und eigenthümliche Uniformirung der verschiedenen Bataillone verlieh den Streitenden einen besonderen Reiz; die schönsten und kräftigsten Männer fand man vereinigt, in Kompagnien eingetheilt, die abwechselnd mit Schusswaffen und Sensen bewaffnet waren; jedem Bataillon voran schritten die martialischen Gestalten der Sappeurs, grosse Bärenmützen auf den Köpfen, mit Rinderfellen umgürtet und die wuchtige Axt auf der Schulter tragend; im grossen Gegensatz hierzu folgte die Abtheilung der Trommelschläger, lauter kleine Rataplans, die unermüdlich und tapfer das Kalbfell schlugen. Ausser der ziemlich gut beschaffenen pfälzischen Batterie, war die Artillerie bei den einzelnen Bataillons im Heere, eine ›en miniature‹. Es gewährte einen wahrhaft komischen Eindruck, die kleinen Messingkanönchen in Stroh eingewickelt, auf einem Leiterwagen nachgeführt zu sehen.«[9]

In den ersten Wochen belauerten sich die feindlichen Armeen nur. Beide Führer warteten auf eine günstige Gelegenheit, den Gegner an einer empfindlichen Stelle zu treffen. Am 18. Juni entschloß sich Mieroslawski, den Feldzug auf badischem Gebiet fortzuführen, und setzte mit seiner Streitmacht bei Knielingen über den Rhein. Einen Tag später folgten die Preußen bei Germersheim. Hier beging Mieroslawski seinen vielleicht einzigen Fehler, indem er es versäumte, den Gegner dort anzugreifen. Allerdings war auch die Kommunikation zwischen den einzelnen Truppenteilen, die eher für einen Verteidigungs- als einen Angriffskrieg gerüstet waren, mangelhaft. Zum ersten größeren Gefecht kam es bei Waghäusel. Mieroslawski unterlag, konnte aber wenigstens einen geordneten Rückzug antreten, der durch Annekes Artillerie, die die Preußen bei Ubstadt aufhielt, gedeckt wurde. Seine Frau ritt nach Bruchsal, um den polnischen General Franz

Sznayde zu bewegen, mit seiner Reserve einzugreifen, was dieser jedoch versäumte. Friedrich Engels warf Anneke später vor, bei Ubstadt als Feldherr keine Lorbeeren geerntet zu haben. Die Hauptschuld lag wohl eher bei Sznayde, der einfach zu lange zögerte und so einen möglichen Gegenschlag verhinderte. Dafür wäre er von seinen Leuten fast gelyncht worden:

»Da hatte eine Rotte Meuterer sich des Mannes bemächtigt, hat ihn vom Pferde gerissen, einige Male auf ihn geschossen und dann mit Sense und Bajonetten ihm blutige Wunden auf Kopf und Nacken beigebracht. Sie hatten ihm seine Kleider zerrissen, ihn seiner Orden, in blutigen Schlachten verdient, beraubt, sie schleppten ihn wie ein Opfer zur Schlachtbank und schrieen: zum Tode mit dem Verräther. Anneke kam noch in einem glücklichen Moment ihm zur Rettung.«[10]

Nach dieser Niederlage blieb den Aufständischen nur der Rückzug in die Festung Rastatt. Mieroslawski und Anneke erwarteten die Preußen in einem Wäldchen vor den Mauern, während der Festungskommandant Gustav Tiedemann ihren Rücken deckte. Auch Mathilde Franziska Anneke nahm an dieser Schlacht teil, der einzig siegreichen für die Revolutionäre:

»Die Schlacht in dem Walde vor Rastatt begann am Morgen des 29. Juni. Einige Stunden vor Eröffnung derselben begab ich mich auf die Festungswerke. Dort bekam ich ein Pferd, welches nur einige Ordonnanzritte mit mir aushielt; mein eignes Pferd, sowie die übrigen Dienstpferde waren verschwunden, während wir von dem Heere entfernt gewesen waren. Von den Wällen her hatte man ein imposantes Schauspiel der Schlacht, man sah in die Ebene, deren Halbkreis vor uns, in Flammen, gespieen aus tausend Feuerschlünden, lag. Dazu der rollende Kanonendonner, den die Berge hoch in vielfachem Echo zurückgaben. […] Ein Bataillon nach dem andern sandte man in die lodernde Schlacht, einige zogen mit Sang und

Klang freudig hinein. Der Sieg neigte sich augenscheinlich auf unsere Seite. Der Feind wurde mächtig zurückgeschlagen, sein Verlust war sehr gross, besonders an Offizieren. Ich war auf den Wällen neben den Kanonen sitzen geblieben und hatte nur die Siegesfreude der Unsrigen diesmal geteilt, während Anneke mit Miroslavsky unmittelbar im Feuer ausserhalb der Festung stand. […] Gegen Abend spät war der Sieg im Centrum und auf dem linken Flügel vollständig unser. In der Stadt loderten Freudenfeuer und Illumination. An Verlusten zählten wir wenig und unsere Kämpfer kehrten siegesgekrönt für die Nacht zurück.«[11]

Doch schon am nächsten Tag wich die Siegeszuversicht bei den Aufständischen. Unter Verletzung der Neutralität waren preußische Truppen über württembergisches Gebiet nach Baden eingedrungen und griffen die Festung in ihrem Rücken an. Es gelang ihnen, den Belagerungsring vollständig zu schließen. Trotzdem weigerte sich Tiedemann, Rastatt zu übergeben.

Die Annekes beschlossen, erst gar nicht in die Festung zurückzukehren. Im Schutz der Nacht schlugen sich die beiden zum Rhein durch und überredeten einen Fischer, sie ans elsässische Ufer überzusetzen. Am 1. Juli traf das Paar wohlbehalten in Straßburg ein. Von dort setzte es seine Flucht in die Schweiz fort und emigrierte anschließend in die Vereinigten Staaten.

Die Festung Rastatt kapitulierte erst am 23. Juli, nachdem die Preußen den Verteidigern eine faire Behandlung zugesagt hatten. Doch das Gegenteil war der Fall. Die Revolutionäre wurden nicht als kriegführende Partei anerkannt, sondern als Aufständische betrachtet. Sofort nach der Übergabe fällten Standgerichte eine Reihe von Todesurteilen. Der Festungskommandant Tiedemann wurde entgegen der ursprünglichen Zusage hingerichtet; Gottfried Kinkel erhielt eine lebenslange Freiheitsstrafe wegen Hochverrats (später wurde er von Carl Schurz aus dem Gefängnis in Berlin-Spandau befreit); Engels, Willich und Schurz flohen in die Schweiz. Mit dem Fall der Festung Rastatt war auch die deutsche Revolution von 1848/49 zu Ende.

Wie erging es den Annekes in den Vereinigten Staaten? Das Ehepaar ließ sich zunächst in Milwaukee nieder, einer Stadt, in der zwei Drittel aller Einwohner Auswanderer deutscher Herkunft waren. Im August 1850 kam das dritte Kind zur Welt, das in Erinnerung an den großen Dichter des »Entfesselten Prometheus« den Namen Percy Shelley erhielt.

In der Folgezeit machten die Annekes unterschiedliche Erfahrungen. Während Fritz große Schwierigkeiten hatte, sich in die amerikanische Gesellschaft einzugliedern, schaffte Mathilde Franziska dies recht problemlos – auch dank des raschen Anschlusses, den sie an die amerikanische Frauenbewegung fand. Im Unterschied zu den traditionellen Marxisten vertrat die Feministin Anneke die Ansicht, daß zuerst die Gleichberechtigung der Frau in der Gesellschaft sichergestellt sein müsse, bevor an die Lösung der sozialen Frage herangegangen werden könne. Diese Einstellung hielt sie nicht davon ab, sich auch für andere politische Ziele zu engagieren, etwa die Abschaffung der Sklaverei oder die Einführung des Wahlrechts für Schwarze.

Am 1. März 1852 erschien die erste Ausgabe der von ihr herausgegebenen *Deutschen Frauen-Zeitung*. Anders als bei der *Neuen Kölnischen Zeitung* erschien der Name Mathilde Franziska Annekes im Titel, und ihr Mann Fritz übernahm die Rolle des Zuarbeiters. Als dieser 1859 einen Posten als Kriegsberichterstatter über den Kampf Garibaldis für die italienische Unabhängigkeit antrat, folgte sie ihm nach Europa. Fritz ging bereits nach einem Jahr wieder nach Amerika, um für die Nordstaaten am Sezessionskrieg teilzunehmen. Nach einem sechsjährigen Aufenthalt in Zürich, wo sie als Korrespondentin für amerikanische und deutsche Zeitungen arbeitete, kehrte Mathilde

Franziska Anneke am Ende des Bürgerkriegs, dieses Mal endgültig, in die Vereinigten Staaten zurück.

Fritz Anneke starb am 6. Dezember 1872, als er in eine ungesicherte Baugrube fiel und sich beim Sturz tödliche Kopfverletzungen zuzog. Mathilde Franziska setzte ihr Engagement in der amerikanischen Frauenbewegung fort. Dort rechnete sie sich dem radikalen Flügel zu, der sich nicht mit der Einführung des Frauenwahlrechts zufriedengab, sondern die Gleichberechtigung der Geschlechter in allen gesellschaftlichen Bereichen, insbesondere auf dem Bildungs- und Arbeitssektor, forderte. Sie selbst gründete in Milwaukee eine höhere Schule für Mädchen, auf der sie ihren Schülerinnen demokratische Werte und feministische Prinzipien vermittelte. Mit zahlreichen Vorträgen brachte sie ihre Grundsätze auch einem breiteren Publikum nahe:

»Auf denn, Ihr Schwestern! Werft den hohlen Flitter des Putzes und der Eitelkeit ab und schafft, daß Euch der Mann um dessentwillen liebt, was Ihr seid. Protestiert im Namen der Gerechtigkeit gegen das Almosen der glatten Konvenienz, mit welchem Euch der Mann um Eure geistigen und gesellschaftlichen Rechte verteidigen will. Verlangt endlich, daß man Euch nicht mutwillig von Eurer Pflicht abschneide, für die Ihr nicht minder als der Mann geschaffen seid.«[12]

Ihre letzten Jahre waren von Krankheit gezeichnet. Infolge einer Blutvergiftung blieb ihre rechte Hand gelähmt, und ein Leberleiden fesselte sie zeitweise ans Bett. Einladungen zu öffentlichen Auftritten lehnte sie immer häufiger ab; statt dessen ließ sie sich durch ihre 1855 geborene Tochter Hertha vertreten. Mathilde Franziska Anneke starb, 67jährig, am 25. November 1884 in Milwaukee.

Louise Michel (1830–1905)

Von der Pariser Kommune zur Ikone der Internationalen Arbeiterbewegung

Zwei Frauen ragen aus der französischen Geschichte als mutige Kämpferinnen heraus, die ihre Heimat gegen fremdländische Invasoren verteidigten und den Ränkespielen einheimischer Machtpolitiker zum Opfer fielen. Die eine wurde Nationalheldin und auch im einstigen Feindesland zur Ikone der gerechten Streiterin für Freiheit und Gerechtigkeit. Die andere, vier Jahrhunderte später geboren, gilt der französischen Linken immer noch als ein Idol der Pariser Kommune, die den Widerstand gegen die deutschen Besetzer anführte. Die Geburtsorte beider Frauen liegen gerade einmal dreißig Kilometer auseinander: Domrémy am Westrand der Vogesen ist die Heimat der Jeanne d'Arc; in Vroncourt bei Bourmont im Depar-

tement Haute-Marne erblickte am 29. Mai 1830 Louise
Michel das Licht der Welt.

Obwohl sie aus einer unehelichen Verbindung der
Magd Marianne Michel mit einem männlichen Mitglied
ihrer Herrschaft hervorging – ob Vater Etienne oder Sohn
Laurent Demahis der »Schuldige« war, wurde nie ein-
wandfrei geklärt –, wuchs Louise Michel in wohlbehüte-
ten Verhältnissen auf. Die Integration in den Kreis der
Gutsbesitzerfamilie verlief reibungslos; sieht man davon
ab, daß Laurent Demahis dem Elternhaus gleich nach der
Niederkunft der Magd den Rücken kehrte. Louise durfte
mit der Mutter im Schloß der Demahis leben und genoß
die gleiche Behandlung wie alle übrigen Familienmit-
glieder.

Großvater Etiennes Steckenpferd war die Erziehung seiner Schutzbefohlenen. Der überzeugte Republikaner – den
Adelstitel de Mahis hatte er demonstrativ abgelegt – machte
die junge Louise mit den Komödien Molières und den Dra-
men Corneilles und Racines bekannt; und er führte sie auch
in die Ideenwelt Rousseaus und Voltaires ein. Louise war
begeistert. Die Zwölfjährige las Victor Hugo und verfaßte
Gedichte, die sie an den Schriftsteller Victor Hugo sandte,
der ihr sogar regelmäßig antwortete. Wenn sie kein Buch in
der Hand hatte, vertrieb sie sich die Zeit mit ihren Spielkameraden, indem sie Szenen der Revolution von 1789 nach-
stellten.

Die frühreife Louise nahm sogar Anteil an den konspirativen Tätigkeiten des Großvaters, der einer Gruppe von
Carbonari angehörte. Der ursprünglich in Kalabrien be-
heimatete revolutionäre Geheimbund war seit den 20er
Jahren auch in Frankreich tätig; Etienne Demahis und seine republikanisch gesinnten Mitverschwörer planten ein
Attentat auf den Bürgerkönig Louis-Philippe. Louise beteiligte sich an den Vorbereitungen und goß fleißig Blei-
kugeln. Bei einer Hausdurchsuchung gelang es ihr, die
Polizisten zu täuschen: Sie spielte die kindlich-naive Un-

schuldige, nahm alle Schuld auf sich und rettete so ihren Großvater vor dem Gefängnis.

Die selbstbewußte Louise entwickelte frühzeitig ein ausgeprägtes soziales Bewußtsein. Ihre Sympathie mit den weniger Privilegierten drückte sie durch diverse Geschenke an arme Bauern aus, die sie aus der Familienschatulle abzweigte. In ihren Memoiren erinnert sie sich ihrer Jugendsünden:

»… und da ich gesagt habe, daß ich jeden von uns zu allem Bösen und allem Guten für fähig halte, das in seiner Natur liegt, möchte ich noch gestehen, daß ich als Kind ohne Gewissenbisse zu Hause alles nahm, vom Geld, wenn welches da war, bis zu Früchten, Gemüse etc … Ich verschenkte das alles im Namen meiner Verwandten, was zu ergötzlichen Szenen führte, wenn sich irgendwelche Leute einfallen ließen, sich zu bedanken. Unverbesserlich, wie ich war, lachte ich darüber. Einmal schlug mir mein Großvater vor, mir zwanzig Sous pro Woche zu geben, wenn ich nicht mehr stehlen würde, aber ich fand, daß ich an dem Geschäft zuviel verlor.«[1]

Die Kindheits- und Jugendidylle fand ein Ende, als vier Jahre nach dem Tod Etienne Demahis' zu Beginn des Jahres 1850 auch die Großmutter Marguerite starb. Sohn Laurent forderte sein Erbe ein, Marianne und Louise Michel, denen für immer verboten wurde, den Namen ›Demahis‹ zu führen, mußten Vroncourt mit der Hinterlassenschaft eines Stück Landes im Wert von 10 000 Francs verlassen.

Louise Michel ging nach Chaumont, besuchte dort ein Lehrerseminar und schloß nach zwei Jahren die Prüfung erfolgreich ab. In diese Zeit fiel der Staatsstreich Louis Napoleon Bonapartes, der sich vom Senat zum Kaiser ausrufen ließ und Frankreich, das seit der Februarrevolution von 1848 wieder republikanisch war, erneut in eine Monarchie verwandelte. Unter Louis Napoleon entwickelte sich Frankreich zu einem gefürchteten Polizeistaat.

Da sich Louise Michel weigerte, einen Eid auf den neuen Herrscher zu schwören, weil dies unvereinbar mit ihren republikanischen Vorstellungen gewesen wäre, blieb ihr eine Karriere an einer staatlichen Lehranstalt verwehrt. In Audeloncourt eröffnete sie eine freie Schule, für deren Besuch die Schüler monatlich einen Franc entrichten mußten. Ihre Lehrerin ließ sie die Marseillaise singen und verbot ihnen, den Kaiser in ihre Gebete einzubeziehen, da dies ein Sakrileg bedeute.

Wegen eines Feuilletons über den römischen Imperator Domitian, dessen Porträt deutliche Züge Louis Napoleons trug, geriet Louise Michel mit dem Gesetz in Konflikt. Domitian, ein übler Gewaltherrscher des ersten Jahrhunderts nach Christus, war der erste Kaiser, der für sich den Titel *dominus et deus*, Herr und Gott, einforderte. Er starb durch eine Verschwörung; die Schlußfolgerung, daß der Tyrannenmord auch für Louis Napoleon ein gerechtes Ende darstelle, lag nahe. Ein solcher Vergleich mit dem französischen Monarchen war selbst für den Louise Michel wohlgesonnenen Präfekten von Haute-Marne zuviel. Er drohte der aufsässigen Lehrerin mit der Deportation nach Französisch-Guayana. Doch nahm die Delinquentin die Sache recht gelassen:

»Ich antwortete, wer in dem Porträt Domitians Monsieur Bonaparte erkenne, beleidige ihn nicht weniger; außerdem hätte ich ihn auch tatsächlich im Auge gehabt. Was Cayenne beträfe, fügte ich hinzu, wäre es mir angenehm, dort ein Erziehungshaus einzurichten, und da ich für die Reisekosten nicht selbst aufkommen könne, täte man mir damit sogar einen großen Gefallen. Die Angelegenheit hatte keine weiteren Folgen!«[2]

Im Sommer 1856 siedelte Louise Michel nach Paris über. Die Hauptstadt entsprach mehr ihren politischen Ambitionen und kulturellen Neigungen als die Provinz. Nur der Abschied von ihrer Mutter, mit der sie eine tiefe emotionale Beziehung verband, fiel ihr schwer. In Paris verkehrte sie in den politischen Klubs im Quartier Latin und den Künstlercafés auf dem Montmartre. Zwei Jahre nach ihrer Umsiedlung ging ein langgehegter Wunsch beinahe in Erfüllung: Louis Napoleon entkam nur knapp einem Attentat, das der italienische Anarchist Felice Orsini organisiert hatte. Die drei von ihm und seinen Mitverschwörern gezündeten Bomben töteten acht Menschen und verletzten 150, darunter viele Polizisten. In einem Gedicht an den überlebenden Monarchen bat Louise Michel um Gnade für Orsini – vergeblich.

Ihre politische Heimat fand Louise Michel bei den Blanquisten. Louis-Auguste Blanqui hatte, ganz in der Tradition Babeufs stehend, die konspirative *Gesellschaft der Jahreszeiten* gegründet und mit diesem tausend Mitglieder starken Geheimbund 1839 einen Umsturzversuch unternommen, der jedoch fehlschlug. Blanqui verbrachte insgesamt 37 Jahre seines Lebens in Haft. In seinen politischen Anschauungen unterschied er nicht mehr zwischen arm und reich, sondern führte noch vor Marx die sozialen Mißstände auf den Klassengegensatz zwischen Proletariat und Bourgeoisie zurück.

Die französischen Arbeiter sahen in Blanqui, der als erste Maßnahme nach einem erfolgreichen Aufstand die Errichtung einer proletarischen Diktatur forderte, einen ihrer wichtigsten Führer. Blanquis Lehre sah die Enteignung des privaten Grundbesitzes, die staatliche Kontrolle der Produktionsmittel, die Abschaffung des Justiz- und Bankwesens und eine radikale Änderung des Steuerwesens vor. Die kommunistische Gesellschaft konnte für Blanqui allerdings erst nach einer Verbesserung des Bildungssystems, das die Voraussetzungen für eine Erweiterung des Bewußtseins schaffen sollte, verwirklicht werden.

Bei aller Sympathie für die Arbeiterbewegung vertrat Louise Michel mit Entschiedenheit den feministischen Standpunkt. Ohne die Befreiung der Frau konnte es für sie keine freie Gesellschaft geben. Zu Recht mißtraute sie der Männerwelt; selbst die französischen Sozialisten waren nicht bereit, auf männliche Privilegien zu verzichten. Pierre-Joseph Proudhon, der die französische Arbeiterklasse nachhaltiger beeinflußte als Karl Marx, vertrat die Ansicht, Frauen eigneten sich nur für zwei Tätigkeitsbereiche: als Hausfrau oder als Prostituierte. Arbeitende Frauen dagegen fügten der Gesellschaft nur Schaden zu, da sie das Auseinanderbrechen der Famile in Kauf nahmen und zudem das allgemeine Lohnniveau senkten. Solch diskriminierenden Ansichten hielt Louise Michel entgegen:

»Überall in der verdammten Gesellschaft leidet der Mensch; doch kein Schmerz ist dem der Frau vergleichbar. Auf der Straße ist sie Ware. In den Klöstern, wo sie sich wie in einem Grab versteckt, erstickt sie in Unwissenheit, die Regeln zerren sie in ihr Räderwerk und zermalmen ihr Herz und Gehirn. In der Welt windet sie sich vor Ekel; im Haushalt bricht sie unter der Last zusammen; der Mann besteht darauf, daß sie so bleibt; um sicherzugehen, daß sie weder in seine *Ämter* noch in seine *Rechte* eingreift. Nochmals: beruhigt Euch, meine Herren, wir brauchen keinen Rechtsgrund, um Eure Ämter zu übernehmen, wenn es uns paßt! [...] Unsere Rechte, die haben wir. Sind wir nicht an Eurer Seite, um den großen Kampf, die höchste Schlacht auszufechten? Werdet Ihr es wagen, den *Rechten der Frauen* ihren Anteil zukommen zu lassen, wenn Männer und Frauen die Menschenrechte errungen haben?«[3]

Die Opposition gegen Louis Napoleon wurde stärker. Obwohl die einzelnen Gruppierungen unterschiedliche Zielsetzungen verfolgten, waren sie sich in einem Punkt einig: Der Monarch mußte verschwinden. Als im Januar 1870 Prinz Pierre Louis Napoleon Bonaparte, ein Cousin des Kaisers, den mit der Arbeiterbewegung sympathisierenden Journalisten Victor Noir erschoß, ohne für diese

Tat gerichtlich belangt zu werden, demonstrierten anläßlich der Trauerfeier in Paris über 200 000 Menschen. Am
Grabe Noirs schworen einige Frauen, bis an ihr Lebensende nur noch schwarz zu tragen; Louise Michel hielt
sich an ihr Gelübde. In ihren Gedichten äußerte sie den
sehnlichen Wunsch, als Rächerin aufzutreten und Louis
Napoleon zu erdolchen.

Ein solcher Tyrannenmord sollte sich bald als unnötig
erweisen. Louis Napoleon schaufelte sich sein eigenes
Grab, als er, um von seinen innenpolitischen Problemen
abzulenken, einen Angriffskrieg mit Preußen vom Zaun
brach. Die Geburtsstunde des deutschen Kaiserreichs
wurde durch das Sterbeglöckchen der französischen Monarchie eingeläutet. Als die Franzosen am 2. September
1870 die Festung Sedan den Preußen übergaben, nahmen diese den Kaiser als Pfand und überführten Louis
Napoleon als Kriegsgefangenen auf die Wilhelmshöhe
bei Kassel.

In Paris übernahm zwei Tage später eine bürgerliche
Regierung das Ruder in der Dritten Republik. Neuer star-
ker Mann in Paris wurde der Rechtsanwalt Léon Gambetta. Doch der deutsch-französische Krieg war noch nicht
zu Ende. Bismarck wollte den Erzfeind demütigen und
forderte damit den Widerstand breitester Volksschichten
heraus. Republikaner und Sozialisten, die sich noch entschieden gegen die militärische Aggression Louis Napoleons gewandt hatten, erklärten jetzt den Krieg zum gerechten Abwehrkampf gegen den ausländischen Feind.
Auch Louise Michel sah dies nicht anders; doch wandte
sie sich wie alle Blanquisten bald tief enttäuscht von der
bürgerlichen Regierung ab.

Am 19. September setzte die Belagerung Paris' durch
preußische Truppen ein. Die zwanzig Arrondissements
der Hauptstadt organisierten, angeführt von Blanquisten
und Sozialisten, den Widerstand und gründeten in jedem
Bezirk Sicherheitskomitees, die wiederum aus ihrer Mitte

ein Zentralkomitee wählten. Auch die in Paris stationierte Nationalgarde berief einen solchen zentralen Ausschuß. Louise Michel gehörte dem *Comité de Vigilance* von Montmartre an. In dieser für Paris kritischen Situation spielte, wie sie befriedigt feststellte, es plötzlich keine Rolle mehr, ob ein Verteidiger der Stadt ein Mann oder eine Frau war. Im Komitee von Montmartre lernte sie Théophile Ferré kennen, einen 24jährigen Revolutionär und gelernten Buchhalter, den sie wegen seiner Jugend, vor allem aber wegen seiner bedingungslosen Hingabe an die Sache des Pariser Volkes bewunderte.

Die militärische Situation spitzte sich für Frankreich bedrohlich zu. Ende Oktober kapitulierte die Festung Metz mit 173 000 Mann. Am 28. Januar 1871 gab die Regierung Gambetta auf und akzeptierte den von den Preußen angebotenen Waffenstillstand. Zehn Tage zuvor war, um die Demütigung komplett zu machen, im Spiegelsaal von Versailles das Deutsche Reich mit Wilhelm von Preußen als Kaiser ausgerufen worden.

Die harten Waffenstillstandsbedingungen sahen die Übergabe aller militärischen Befestigungen rund um Paris vor; außerdem mußten sich die Franzosen verpflichten, innerhalb von nur drei Wochen eine neue Nationalversammlung zu wählen, die mit Bismarck einen endgültigen Friedensvertrag aushandeln sollte. In Paris gewannen die Radikalen, die nicht zur Kapitulation bereit waren; in der Provinz behielten die Gemäßigten, die zum bedingungslosen Frieden bereit waren, die Oberhand. Am 13. Februar wurde in Bordeaux die Nationalversammlung einberufen; sie wählte den konservativen Adolphe Thiers zum neuen ›Chef der Exekutive‹; kurz darauf wurde er Präsident. Zwei Wochen später unterzeichneten Franzosen und Deutsche den Friedensvertrag. Frankreich verlor das Elsaß und einen Teil Lothringens und sollte die ungeheure Summe von fünf Milliarden Francs an Kriegsentschädigung zahlen.

Der Gegensatz zwischen Paris und dem übrigen Frankreich verschärfte sich. Die Regierung wurde von Bordeaux nach Versailles verlegt; ein deutliches Signal, daß die oppositionellen Pariser von nun an bei politischen Entscheidungen außen vor bleiben sollten. Die Verteidiger von Paris belebten den Mythos der Revolution, die zur Errichtung der Zweiten Republik geführt hatte, wieder. Damals hatten die Arbeiter von Paris den erfolgreichen Aufstand angeführt, und auch jetzt wurden überall in der Stadt neben der Trikolore rote Fahnen gehißt. Auf den Straßen erschallte der Ruf nach der Kommune – so hieß der revolutionäre Gemeinderat, der die Hauptstadt von 1789 bis 1795 regiert hatte.

Die preußischen Belagerer zogen sich aus der Umgebung von Paris zurück, um Thiers freie Hand bei der Regelung der inneren Verhältnisse zu lassen. In Erfüllung der deutschen Forderung rief die Versailler Regierung die Pariser Bevölkerung und die dort stationierte Nationalgarde auf, die Friedensbedingungen zu akzeptieren. Als erstes sollten die zahlreichen im Stadtgebiet postierten Kanonen abgeliefert werden. Um diesem Befehl Nachdruck zu verleihen, marschierte in den frühen Stunden des 18. März eine Abteilung von 6000 Armeesoldaten in die Hauptstadt ein. Der Augenzeuge Elie Reclus, ein Sympathisant der Aufständischen und von diesen kurze Zeit später zum Leiter der Nationalbibliothek berufen, berichtet:

»Der Morgen ist da. Nun sieht man Scharen bewaffneter und unbewaffneter Menschen wie Ameisen aus ihren unterirdischen Gängen hervorwimmeln: sie reißen die Patrouillen mit sich fort, sie umringen die Posten, die sich, eingezwängt in die Masse, nicht mehr rühren können. ›Wie, Soldaten, Brüder, Söhne des Volkes, Ihr massakriert uns auf Befehl Eurer Schandgeneräle? Wie, Ihr wollt uns niederschießen, nachdem uns die Preußen bombardiert haben?‹ Überall drehen die Soldaten zur Antwort die Kolben um, man umarmt sich, man verbrüdert sich, man jubelt. Wütend entreißt ein Leutnant einem seiner Soldaten das Gewehr: ›Feiglinge und Verräter, schießt!‹ ruft er und feuert in die Menge. Sogleich stürzt er, von mehreren Kugeln durchbohrt, selber zu Boden. General Lecomte will gleichfalls die Moral seiner Truppen heben. Er befiehlt, in die Menge zu schießen, aber seine Soldaten drängen ihn mit Kolbenstößen zurück, er wird den Nationalgardisten ausgeliefert, die ihn gefangen fortführen. [...] General Clément Thomas, [...] Thiers Stiefellecker, geht in Zivil verkleidet, mit besorgter und geschäftiger Miene von Gruppe zu Gruppe. [...] Man erkennt ihn, man bemächtigt sich seiner, und er kommt zu derselben Abteilung wie General Lecomte. [...] Die Menge stürmt das Wachlokal: ›Wir sind die Volksjustiz; wir verurteilen Lecomte und Clément Thomas zum Tode, in fünf Minuten müssen sie sterben.‹ Gesagt, getan. Sie werden in einen Garten geführt, gegen die Mauer gestellt und erschossen. Der frühere Oberkommandierende der Nationalgarde fällt unter den Kugeln von zehn Nationalgardisten, General Lecomte unter den Kugeln seiner Soldaten.«[4]

Reclus war von der politischen Entwicklung in der Hauptstadt ebenso überrascht worden wie die Regierung in Versailles. Der Aufstand war eine spontane Erhebung der Pariser Arbeiter, ausgelöst durch eine übereifrige militärische Aktion, die Stärke demonstrieren sollte, aber das Gegenteil erreichte und die Verwundbarkeit der auf äußerst wackligem Fundament stehenden Versailler Regierung zeigte.

Der gewaltsame Tod der beiden Generäle, an dem auch Louise Michel beteiligt war – denn sie befand sich an der Spitze derjenigen, die das Wachlokal stürmten – war die Initialzündung: Der 18. März wurde zur Geburtsstunde der Pariser Kommune. Der treu zur Regierung Thiers haltende Teil der Armee zog sich nach Versailles zurück; die auf Seiten der Aufständischen stehende Nationalgarde bemächtigte sich des Stadtzentrums von Paris. Die Blanquisten besetzten die Schlüsselstellen in den Ministerien und in der Polizeipräfektur. Am Abend hatten die Aufständischen die Hauptstadt wieder vollständig unter ihrer Kontrolle. Beratungen wurden angestellt, ob es sinnvoll wäre, gegen Versailles und die gewählte Regierung vorzugehen; doch sprach sich die Mehrheit der Arbeiter und Soldaten gegen eine solche Offensive aus. Sie sahen ihre Hauptaufgabe in der Verteidigung der Pariser Kommune und sprachen sich nach den negativen Erfahrungen der 1848er Revolution, die nach erfolgreichem Beginn im Sande verlaufen war, gegen einen zentral gelenkten Staat aus, auch wenn er republikanischer Natur war. Nach dem Vorbild der Pariser Kommune sollten überall in Frankreich dezentrale, autonome politische Einheiten entstehen, in denen Volksregierungen die Macht übernahmen. Ihre politischen Vorstellungen formulierten die Kommunarden später in einem Manifest:

»Was fordert Paris? – Die Anerkennung und Festigung der Republik. Die absolute Autonomie der Kommune, die sich auf alle Orte Frankreichs erstrecken soll. Die unveräußerlichen Rechte der Kommune sind: Die Entscheidung über das Gemeindebudget, die Festsetzung der Steuern, die Leitung der lokalen Ämter, die Organisation ihrer Verwaltung, ihrer Polizei und des Unterrichts, die Verwaltung des Gemeindebesitzes, Wahl und dauerndes Kontrollrecht über die Behörden und Kommunalbeamten, absolute Garantie der individuellen Freiheit, der Gewissensfreiheit und der Freiheit der Arbeit, die Organisation der städtischen Verteidigung und der Nationalgarde. Allein die Kommune soll mit der Überwachung und Sicherung der freien und richtigen Ausübung des Versammlungs- und Presserechts beauftragt werden …«[5]

Die Frauen von Paris nahmen aktiven Anteil an der Kommune. Dabei füllten sie die Rolle aus, die ihnen die in traditionellen Vorstellungen steckenden französischen Revolutionäre zugedacht hatten. Frauen dienten in Ambulanzeinheiten und beim Barrikadenbau, kochten ihren Männern das Essen und pflegten aufopferungsvoll Verwundete. Sie sorgten dafür, daß die Versorgung mit Lebensmitteln nicht zusammenbrach, und hielten das Geschäftsleben aufrecht. Es passte durchaus in das Ideal der französischen Revolutionsromantik, daß eine Frau – eine gutaussehende natürlich! – vornweg die Trikolore als Symbol des nationalen Widerstands trug. Auch beim Nachladen von Gewehren und Kanonen waren ihre Dienste gefragt; aber das Recht, an Entscheidungen mitzuwirken, wurde ihr nicht zugestanden.

Louise Michel paßte nicht in dieses Klischee hinein. Politisch schloß sie sich den Forderungen der Blanquisten an; aber sie sprach sich auch entschieden dafür aus, in das Prinzip der gleichen Rechte und Pflichten aller Kommunarden die Frauen ausdrücklich einzubeziehen. Ihre Rolle in der Pariser Kommune wird sehr unterschiedlich beurteilt. Hippolyte Lissagaray, der auf Seiten der Aufständischen kämpfte und später die Geschichte der Kommune schrieb, urteilt aus dem Blickwinkel des patronisierenden Revolutionsromantikers:

»Und dann Louise Michel! Die Lehrerin aus dem XVII. Bezirk, die so sanft und geduldig zu den Kindern war und von ihnen angebetet wurde, war für die Sache des Volkes zur Löwin geworden. Sie hatte ein Korps von Helferinnen gebildet, die auf dem Schlachtfeld den Verwundeten die erste Hilfe brachten und in den Hospitälern die Pflege der Genossen übernahmen.«[6]

Ganz anders die Einschätzung der französischen Historikerin Edith Thomas ein Jahrhundert später:

»Unter all diesen Frauen, Soldaten der Kommune, gebührt ein besonderer Platz Louise Michel, deren große Gestalt alle anderen überragt. Sie ist überall zur gleichen Zeit: als Soldat, als Krankenpflegerin, als Rednerin. Man begegnet ihr in den Klubs und auf den Schlachtfeldern, im Sicherheitskomitee von Montmartre und auf den Ambulanzstationen, an deren Einrichtung sie entscheidenden Anteil hatte. Sie schlägt auch vor, sie selbst mit einer ungewöhnlichen Mission zu betrauen: nach Versailles zu gehen und Herrn Thiers höchstpersönlich, den sie für den Hauptverantwortlichen der verzwickten Situation hält, zu ermorden.«[7]

In der letzten Maiwoche, als die Regierungstruppen aus Versailles auf die Hauptstadt vorrückten, vertauschte Louise Michel ihre schwarze Kleidung gegen eine Uniform der Nationalgarde. Sie kommandierte ein Frauenbataillon, das bei der Verteidigung der Barrikaden die gleiche Funktion ausübte wie ihre männlichen Pendants. So wurde Louise Michel – ähnlich wie Jeanne d'Arc – zu einem Widerstandssymbol auserkoren; doch während das Bauernmädchen aus Domrémy der gesamten französischen Nation als Heldinnenbild dienen sollte, wurde das Ideal der revolutionären Kommunardin ausschließlich von der nationalen und internationalen sozialistischen Bewegung in Anspruch genommen.

Die Pariser Kommune hatte nur zwei Monate Bestand. Unterstützung von außen erfuhr sie nicht; nur in Lyon, Marseille, St. Etienne und Narbonne entstanden weitere Kommunen, die jedoch von noch kürzerer Dauer waren. In dieser Zeit waren die Bewohner von Paris zu sehr mit der Verteidigung ihrer Stadt beschäftigt, als daß sie tiefgreifende Veränderungen in ihrem Gemeinwesen hätten durchführen können. Und doch gab es erste Ansätze sozialer Reformen. Die am 26. März vom Volk frei gewählte Gemeindeversammlung, die zu gleichen Teilen aus Arbeitern und bürgerlichen Vertretern bestand, übernahm die Regierung; das Zentralkomitee der Nationalversammlung hatte die Befehlsgewalt in allen militärischen Fragen. Zwischen beiden Körperschaften kam es oft zu Kompetenzstreitigkeiten; daher konnte von einer einheitlichen Führung der Kommune nie die Rede sein. Es fehlte an einer charismatischen Persönlichkeit, die die verschiedenen Strömungen hinter sich vereinigt hätte; Blanqui saß seit einem gescheiterten Sturm seiner Anhänger im vergangenen Herbst in einem Provinzgefängnis fern der Hauptstadt. Die politischen Programme und sogar das Manifest der Kommune waren alles andere als repräsentativ; sie gaben immer nur die Meinung eines Teils der Bevölkerung wieder. Einig war man sich jedoch in der grundsätzlichen Frage, daß das Leben in der Kommune durch soziale und politische Reformen verbessert werden sollte. Erste Arbeitsschutzgesetze, darunter ein Nachtarbeitsverbot für Bäckergesellen, wurden erlassen, erste Maßnahmen zur Sozialisierung von Betrieben durchgeführt. Weitere Dekrete verfügten die Trennung von Kirche und Staat, den Erlaß von Mietzahlungen und die Zahlung von Witwen- und Waisenunterstützungen. Der Schulbesuch wurde aus den Händen der Kirche in die von Laien gelegt; von nun an war er unentgeltlich. Für Lehrlinge wurden kostenlose Berufsschulen eingerichtet.

Louise Michel engagierte sich in Fragen der Kirchen- und Bildungspolitik, die sie stets mit der noch ungelösten Frauenfrage verband. Zwar wurde die Forderung nach Gleichberechtigung der Geschlechter von der Pariser Kommune offiziell anerkannt, doch blieb den Frauen der Zugang zu höchsten Ämtern verwehrt. Alle achtzig Delegierten der Pariser Kommune, die ihre Ämter in der Gemeindeversammlung oder im Zentralkomitee ausübten, waren Männer. Mit einem von ihnen, Théophile Ferré, verband Louise Michel eine innige Freundschaft. Wie der Blanquist Ferré, der viele ihrer Ansichten teilte, sah sie die Kommune auf einem richtigen Weg; doch wußte sie, daß dieser noch ein sehr langer war:

»Was die Religion anbelangt, fordere ich die radikale Abschaffung des Kirchenwesens und an seiner Stelle die strengste Moral, gewährleistet durch das Bewußtsein, was zur Anleitung zum Handeln für alle werden muß; die Moral bedeutet für mich, daß man nur nach seinen Überzeugungen handelt, daß man alle anderen, und auch sich selbst, gerecht behandelt. Was die politische Form anbelangt, so fordere ich die allgemeine Republik, und um sie zu erreichen, daß mittels der Erziehung alle guten Anlagen des Individuums gefördert und alle schlechten Instinkte getilgt werden sollten. Ich fordere ein Gefühl für die Würde des Menschen und eine ebenso starke Erziehung für die Frauen wie für die Männer. Mit einem Wort: die Regierung aller durch alle, vertreten durch die Commune, bis alles noch einfacher sein wird.«[8]

Das öffentliche Leben in der Kommune wurde entscheidend durch die Kriegssituation geprägt. Ständig mußte mit einem Angriff der Regierungstruppen gerechnet werden. Autoritäre Maßnahmen wurden verfügt; etwa das Verbot sämtlicher »konterrevolutionärer« Zeitungen. Jede Person, die sich der Zusammenarbeit mit dem Feind verdächtig machte, konnte verhaftet, binnen 24 Stunden verhört und durch ein Schnellgericht abgeurteilt werden. Aus den Reihen der Revolutionsgegner wurden Geiseln genommen, um sie gegen verhaftete Anhänger der Kommune auszutauschen. Unter ihnen befand sich der Erzbischof von Paris, der im Tausch gegen Blanqui freigelassen werden sollte; die Versailler Regierung verweigerte jedoch ihre Zustimmung zu diesem Handel.

Am 21. Mai erfolgte der längst erwartete Angriff der Versailler Armee. Die sieben Tage, während denen erbittert um jede Barrikade, jeden Häuserblock und jeden Straßenzug gekämpft wurde, ging als die *semaine sanglante*, die ›blutige Woche‹, in die Geschichte ein. Die Soldaten der Regierung Thiers erschossen auf den Straßen von Paris willkürlich 20 000 Menschen; etwa die doppelte Anzahl, darunter eintausend Frauen, wanderte in die Gefängnisse. Louise Michel, die wie durch ein Wunder ohne eine Schramme durch die zahlreichen Gefechte gekommen war, konnte zunächst untertauchen. Schließlich wurde sie am 15. Juni verhaftet:

»Ich kam immer heil davon, ich weiß nicht, wie; schließlich führten die, die mich schnappen wollten, meine Mutter ab, um sie zu erschießen, falls man mich nicht finden würde. Ich holte sie heraus, indem ich ihren Platz einnahm. Sie wollte es nicht, die arme liebe Frau; ich mußte ihr eine ganze Menge vorlügen, um sie umzustimmen; es endete stets so, daß sie mir schließlich glaubte. So erreichte ich, daß sie heimkehrte.«[9]

Dem Terror der Regierungssoldaten war der Terror der Kommunarden vorausgegangen. Einhundert Geiseln wurden in der letzten Maiwoche von der Nationalgarde erschossen; auch Erzbischof Darboy erlitt dieses Schicksal. Grausam war die Rache der Sieger. Die Kriegsgerichte befanden 18 700 Menschen des Verbrechens schuldig, die Regierung stürzen zu wollen; 270 von ihnen wurden zum Tode verurteilt, 7 459 zu langjährigen Galeerenstrafen in die französischen Überseebesitzungen deportiert. Erst neun Jahre später ermöglichte eine Generalamnestie allen Kommunarden, die die Tortur überlebt hatten, eine Rückkehr in die Heimat.

Von den Delegierten der Pariser Kommune fielen acht im Kampf, achtundvierzig gelang die Flucht. Von den Verhafteten wurden drei zum Tode verurteilt, aber nur einer hingerichtet: Théophile Ferré. Er hatte seine Unterschrift unter einen Befehl zur Erschießung von sechs Geiseln, darunter Erzbischof Darboy, gesetzt. Louise Michel wurde zu lebenslänglicher Deportation auf der östlich von Australien gelegenen Pazifikinsel Neukaledonien verurteilt.

Am 10. Dezember 1873 traf das Schiff mit allen wegen ihrer Beteiligung an der Pariser Kommune verurteilten Verbannten an Bord in der Hauptstadt Nouméa ein. Wie sie es zwei Jahrzehnte zuvor dem Präfekten von Haute-

Marne vorausgesagt hatte, als dieser ihr mit der Deportation nach Französisch-Guayana drohte, suchte sie den Kontakt mit der kanakischen Bevölkerung. Sie brachte den Ureinwohnern Lesen und Schreiben bei und unterrichtete später, nachdem der Strafvollzug gelockert war, an einer Mädchenschule in Nouméa. Obwohl sie früher als ihre Mitgefangenen begnadigt wurde, wartete Louise Michel bis zur Verkündung der Generalamnestie, bevor sie im Sommer 1880 Neukaledonien wieder verließ.

In Paris wurde ihr und den anderen Kommunarden ein begeisterter Empfang von mehreren tausend Menschen bereitet. Inzwischen hatte sich Louise Michel der anarchistischen Bewegung angeschlossen. Erst im Rahmen eines libertären Sozialismus würden, so ihre Überzeugung, alle Herrschaftsbeziehungen aufgelöst und alle sozialen Unterschiede aufgehoben; die Emanzipation der Frau in einer klassenlosen Gesellschaft sei allein in der Anarchie zu verwirklichen:

»Allein die Anarchie kann den Menschen bewußt machen; denn sie allein macht ihn frei; sie wird also der vollständige Schritt von der Sklavenherde zu einer menschlichen Gesellschaft sein. Für jeden Menschen, der zur Macht gelangt, ist der Staat letztlich Widerspiegelung seiner selbst; er betrachtet ihn wie der Hund den Knochen, den er zernagt, und nur zu seinem eigenen Vorteil verteidigt er ihn. So wie Macht hart, egoistisch und grausam macht, so erniedrigt Sklaverei. Die Anarchie wird also das Ende des schrecklichen Elends sein, unter dem die Menschheit seit jeher leidet.«[10]

Louise Michel engagierte sich weiterhin in der sozialen Bewegung. Wegen der Beteiligung an einer Arbeiterdemonstration wurde sie 1883 zu sechs Jahren Gefängnis verurteilt, von denen sie drei verbüßte. Im Januar 1888 wurde ein Attentat auf sie verübt, das sie knapp überlebte. Vorübergehend zog sie nach London, um dort eine Schule zu eröffnen. Als ihr dies nicht gelang, kehrte sie nach Frankreich zurück. Bis an ihr Lebensende blieb sie in der anarchistischen Bewegung aktiv, wo sie mit führenden Persönlichkeiten wie Peter Kropotkin, Francisco Ferrer und Emma Goldman zusammentraf. Nach der Jahrhundertwende verschlechterte sich ihr Gesundheitszustand; zweimal erlitt sie eine Lungenentzündung. Ihren letzten Auftritt hatte sie im lothringischen Nancy auf einer Veranstaltung gegen den zunehmenden Militarismus. Mit 74 Jahren starb Louise Michel in Marseille.

Mohammed Achmed (1844–1885)

Islamische Fundamentalisten im Lande des Mahdi

»Allah wird einen Propheten senden, der das von Mohammed begonnene Werk vollenden soll. Dieser Prophet wird die Ungläubigen entweder bekehren oder, wenn sie sich nicht bekehren lassen, sie vernichten und dann die Güter dieser Erde so verteilen, daß jeder nach seiner Frömmigkeit erhält, was ihm gebührt. [...] Er ist schon da und hat von Allah bereits die Weisung empfangen, sich auf die Eroberung der Erde und die Vernichtung der Ungläubigen vorzubereiten. [...] Er verachtet den Khedive und wird ihn unterjochen. Dann wird er Mekka nehmen und endlich nach Stambul ziehen, um den Sultan abzusetzen und sich als den wahren Beherrscher der Gläubigen ausrufen zu lassen.«[1]

Im siebzehnten Band seiner gesammelten Werke, der den Titel »Der Mahdi« trägt und die Fortsetzung des Romans

»Menschenjäger« ist, legt Karl May diese Worte einem frömmelnden, recht zwielichtigen Derwisch namens Mohammed Achmed in den Mund. Im Roman rettet der Ich-Erzähler Kara Ben Nemsi dem späteren Mahdi das Leben. Als Gegenleistung erntet er von diesem nur Undank; Mohammed Achmed schmiedet sogar ein Mordkomplott gegen den ›Christenhund‹.

Natürlich ist die Begegnung des Ich-Erzählers mit dem Derwisch erfunden. Die Erzählung spielt in den Jahren 1877 bis 1879; Karl May war vor 1899 nie im Reich des Khediven, also weder in Ägypten noch im Sudan, gewesen. Zu dem Zeitpunkt, als May den Roman schrieb – er erschien 1891 – war der Mahdi bereits tot, doch sein islamisch-fundamentalistisches Reich im Sudan bestand noch immer und trotzte allen Bestrebungen der Kolonialmächte, ihm den Garaus zu machen. Was lag also näher, als das Buch nach dem gefürchteten Religionsführer zu benennen, obwohl diesem im gesamten Roman nur zwei, noch dazu sehr unrühmliche, Kurzauftritte gewährt werden? Die zweifelhafte Popularität des Mahdi wirkte sich positiv auf die Verkaufszahlen des Buches aus. Am Ende des Folgebands »Im Sudan« läßt May den Mahdi ein weiteres Mal auftreten: Kara Ben Nemsi revanchiert sich für den geplanten Mordanschlag auf seine bekannt tugendhafte Art, indem er einen Jünger des Mahdi, der durch die halbe arabische Welt zu seinem Domizil auf die Insel Aba im Weißen Nil gepilgert ist, zum Christentum bekehrt.

Die oben zitierten Aussagen Mohammed Achmeds entsprechen dagegen, von May etwas vereinfacht wiedergegeben, durchaus der Realität. Tatsächlich hatte der Mahdi im Sudan einen islamischen Gottesstaat errichtet, und er plante, diesen auf die gesamte arabische Welt auszuweiten. In dem Maße, wie sein Ansehen bei der muslimischen Bevölkerung stieg, verbreitete er unter den Kolonialmächten am Nil Angst und Schrecken. Der Khedive, der Vizekönig von Ägypten, war zu schwach, um dem Vordringen des Mahdi Einhalt zu gebieten; und auch der Sultan des Osmanischen Reichs, dem der Khedive untertan war, verfügte kaum über die geeigneten militärischen Mittel, um am Nil Präsenz zu zeigen. Die Regierungen in London und Paris, in deren Besitz sich der wirtschaftlich und strategisch wichtige Suezkanal befand, sahen ihre politischen Interessen im Nordosten Afrikas durch den Mahdi ernsthaft gefährdet.

Wörtlich übersetzt bedeutet *al-mahdi* der ›Geleitete‹. In der islamischen Überlieferung sendet Gott einen Stellvertreter des Propheten zur Erde, um die Gläubigen wieder auf den richtigen Weg zu führen. In Zeiten der Unterdrückung durch einheimische oder fremde Herrscher wurde die Heilserwartung jedesmal wieder lebendig, wuchs die Sehnsucht nach einem Retter, der in einer letzten Schlacht die Welt von der Herrschaft des *kufr*, des Unglauben, befreien und für den Islam an sich reißen sollte.

Im Sudan, 1821 von Ägypten unterworfen und dem Osmanischen Reich einverleibt, war im letzten Viertel des 19. Jahrhunderts eine Situation eingetreten, in der die ›Rechtgläubigen‹ eine Befreiung von fremdländischer Tyrannei und Unterdrückung sehnlichst herbeiwünschten. Die Eroberung des Landes durch die ›Türken‹ – unter diesem Begriff wurden alle Invasoren aus dem Norden subsumiert – hatte das lange Zeit von allen fremden Einflüssen unberührt gebliebene Land binnen weniger Jahrzehnte radikal verändert. Die Beamten und Soldaten des Vizekönigs machten aus dem Sudan eine Art Selbstbedienungsladen. Zwar beriefen sie sich auf den Koran als höchstes Gesetz, doch hatten sie in Wirklichkeit ein System von Ausbeutung, Korruption und Vetternwirtschaft errichtet. Dadurch hatte ihre Herrschaft in den Augen der frommen Sudanesen jede Legitimität verloren.

Mit dem Bau des Suezkanals in der Regierungszeit Ismail Paschas setzte der Niedergang des Vizekönigreichs Ägypten ein. Sein verschwenderischer Regierungsstil zwang den Khediven, seine Anteile am Kanal bald wieder an Großbritannien zu verkaufen. Damit war seine Politik, Ägypten vom Einfluß der Großmächte unabhängig zu machen, endgültig gescheitert. Zu allem Überfluß rüstete Ismail eine militärische Expedition gegen den christlichen Kaiser von Abessinien, Johannes IV., aus. Das Unternehmen scheiterte kläglich und riß ein weiteres riesiges Loch in die Staatskasse. Um den drohenden Bankrott noch einmal abzuwenden, erhob der Khedive eine Anzahl neuer Steuern, die er unter rücksichtslosem Einsatz seiner Beamten und Soldaten mit Vorliebe im Sudan eintrieb.

Beim südlichen Nachbarn wurde die Stimmung gegen die ägyptische Verwaltung immer feindseliger. Mehr als 40 verschiedene Steuern waren den Sudanesen im Verlauf der Regierungszeit Ismail Paschas auferlegt worden. Die ägyptischen Beamten, machtbesessen, geldgierig und obendrein noch bestechlich, konnten sich nur noch unter dem Schutz ihrer Soldaten im Lande bewegen.

Noch schlimmer als die Steuerwillkür empfanden viele Sudanesen das vom Khediven verfügte Verbot des Sklavenhandels. Diese Maßnahme geschah nicht etwa aus humanitären Beweggründen. Vielmehr wollte Ismail Pascha sich unter Berufung auf seine scheinbare moralische Integrität die Unterstützung der europäischen Großmächte für eine weitere Expansion nach Süden sichern. Sudanesische Bauern, die früher ihre Steuern in Form von Sklaven bezahlten, die sie für verschiedene Dienste abstellten, mußten nun ihre Abgaben in Naturalien oder Vieh bezahlen, wozu sie nicht mehr in der Lage waren. Zahlreiche Händler hatten gerade wegen der hohen Steuerlast ihr ursprüngliches Gewerbe aufgegeben und waren auf den lukrativeren Sklavenhandel umgestiegen. Auch sie hatten bald mit großen wirtschaftlichen Schwierigkeiten zu kämpfen.

Um seinem Verbot Wirksamkeit zu verleihen, setzte der Khedive den britischen General Charles George Gordon als Generalgouverneur im Sudan ein mit dem Auftrag, den gesamten Sklavenhandel zum Erliegen zu bringen. Gordon trat ein ungeheuer schwieriges Amt an. Er traf auf feindselige Sklavenhändler, mißtrauische Stammesfürsten und eine unfähige Verwaltung. In Unkenntnis der Verhältnisse im Sudan setzte Gordon auf eine harte Linie. Doch gleichzeitig mit dem Sklavenhandel brach er auch der sudanesischen Wirtschaft das Rückgrat; die sudanesischen Händler, die bislang die wohlhabende Mittelschicht des Landes bildeten, verloren ihre Existenzgrundlage und verarmten zusehends. Der Gouverneur der südsudanesischen Provinz Darfur, der auf Empfehlung Gordons berufene österreichische Offizier Rudolf Slatin, warnte:

»Mit wahrscheinlich den allerbesten Absichten der Welt erstellten wir Regeln und erließen Bestimmungen, die den Umgangsformen, Gepflogenheiten und Traditionen der Sudanesen von Grund auf widersprachen. Es kann daher auch kein Zweifel bestehen, daß unsere Haltung in der Sklavenfrage überall Unzufriedenheit hervorrief. Die Religion ließ Sklaverei grundsätzlich zu, und seit Menschengedenken bebauten Sklaven den Boden und hüteten das Vieh.«[2]

Slatin empfahl ein behutsames Vorgehen in der Sklavenfrage und war auf einen Ausgleich zwischen den betroffenen Schwarzen, den Sklavenhändlern und den Regierungen in Kairo und London bedacht. Vom moralischen Standpunkt aus gesehen, so war Slatin überzeugt, könne es keinen Zweifel geben, daß die Sklaverei abgeschafft werden müsse; aber bei der Umsetzung dieses Ziels müsse mit größter Behutsamkeit vorgegangen werden.

Gordon, der Slatin anfangs noch widersprochen hatte, gab ihm schließlich Recht. Nachdem er seinen Auftrag zur Zufriedenheit des Khedive erledigt hatte und sich bereits wieder auf der Rückreise nach England befand, schrieb er in sein Tagebuch:

»Ägypten kann ohne Sklaven nicht existieren, und doch ist der Sklave eigentlich Herr über seinen Herrn in Ägypten. [...] Alle Welt wünscht, daß Ägypten seine Sklaven aufgibt. Aber das Land kann ohne sie nicht existieren. Sie sind ihm durchaus vonnöten.«[3]

Die Probleme des Vizekönigreichs waren durch die vorübergehende Zerschlagung des Sklavenhandels keineswegs gelöst. Mit der Wirtschaft Ägyptens ging es immer weiter bergab. Bereits 1879, vier Jahre nach Veräußerung der Suezkanalaktien, hatte der Khedive eine Zinsschuld von zwei Millionen Pfund Sterling angehäuft, die Hälfte des Betrages, den er durch den Verkauf eingenommen hatte. Auf Druck der europäischen Großmächte mußte Ismail Pascha zugunsten seines Sohnes Tewfik abdanken.

Doch auch Tewfik schaffte es nicht, die schwierige Situation, in der sein Land steckte, in den Griff zu bekommen. Zwei Jahre nach seiner Inthronisation kam es zu einem Aufstand nationalistischer Offiziere, bei dem regelrechte Hetzjagden auf Europäer veranstaltet wurden und an dessen Ende britische Truppen in Ägypten einmarschierten.

Im Sudan blieb nach Gordons Rückkehr vorerst alles unverändert. Die ägyptischen Beamten und Soldaten schikanierten weiterhin die Bevölkerung; doch die Tatsache, daß die ›Türken‹ in Ägypten nicht mehr Herren der Lage waren, machte den frommen Sudanesen Hoffnung auf eine Befreiung ihres Landes in nicht allzu ferner Zukunft. Sie sollte durch eine Person genährt werden, die als gottgesandter Mahdi bald die gesamte Opposition gegen die Fremdherrschaft hinter sich zu vereinen wußte.

Mohammed Achmed wurde am 12. August 1844 auf der Nilinsel Labab in der Nähe der nordsudanesischen Stadt Dongola geboren. Sein Vater verdiente als Bootsbauer

immerhin so viel, daß er seinen Sohn auf eine Koran-
schule schicken konnte. Mit 17 Jahren schloß sich Mohammed Achmed einem *Sufi*-Orden an. Der Lebens-
zweck eines Sufi – wörtlich übersetzt »der in eine
Baumwollkutte Gekleidete« – besteht in der Suche nach
Gott, dem er sich durch die Entsagung aller irdischer
Genüsse immer mehr nähert, bis er sich im Moment
höchster religiöser Ekstase mit ihm vereinigt. Nach dem
Ende einer langen Lehrzeit verließ Mohammed Achmed
den Orden und ging nach Khartum. Dort wurde er
Schüler von Scheik Mohammed Scherif, eines im gesamten Sudan hochangesehenen religiösen Führers des Sam-
maniya-Ordens, der ihn nach sieben Jahren zum Scheik
berief. Später zerstritten sich die beiden: Als Mohammed
Scherif anläßlich des Beschneidungsfestes für seinen
Sohn seinen Jüngern erlaubte, ausgiebig zu feiern und zu
tanzen, hielt Mohammed Achmed seinem Lehrer die
Mißachtung der göttlichen Gesetze vor. Mohammed
Scherif geriet angesichts eines solchen religiösen Übereif-
ers in Wut, bezichtigte seinen Schüler des Ungehorsams
und warf den Aufsässigen aus seinem Haus.

Von diesem Zeitpunkt an zog Mohammed Achmed
selbst als Scheik durch Kordofan, um in der zentralsuda-
nesischen Provinz ein Leben in religiöser Reinheit und
Askese zu predigen. Am Ende seiner Wanderungen ließ
er sich auf der Insel Aba im Weißen Nil, zweihundert
Kilometer südlich der Hauptstadt Khartum, nieder und
errichtete dort ein religiöses Zentrum. Der Ruf seiner
Frömmigkeit und asketischen Lebensweise verbreitete
sich rasch. Vor allem die Angehörigen der ärmeren Bevölkerungsschichten verbanden ihren Glauben an den endgültigen Zerfall des Türkenreiches und den Anbruch eines
neuen Zeitalters mit der Person Mohammed Achmeds. Ein
merkwürdiges Ereignis sollte ihren Hoffnungen auf die
Ankunft des erwarteten Heilsbringers bald neue Nahrung
geben.

Im Frühjahr 1881 pilgerte ein Novize des Sufi-Ordens zur Insel Aba. Abdullah Ibn el-Sayyid Mohammed hatte auf seiner Suche nach dem Mahdi schon weite Teile des Vizekönigreichs Ägypten bereist; jetzt wollte er den »Heiligen von Aba« kennenlernen. Als er zusammen mit seinem Bruder Ali den Nil erreichte, infizierte er sich mit der Ruhr. Während er krank darniederlag, kümmerte sich Ali um ihn:

»Eines Abends war er unterwegs, um Wasser zu holen, kehrte aber nicht zurück. Am nächsten Tag wurde mir gesagt, er sei von einem Krokodil angefallen und getötet worden. [...] Der Mahdi wollte mich prüfen. Erst als ihn die Nachricht von Alis Tod erreichte und er erfuhr, daß ich krank in der Hütte lag, kam er eines Abends, um mich zu besuchen. Ich war zu schwach, um aufzustehen; er setzte sich neben mich und fütterte mich mit warmer Medida [einem stärkenden Mehlbrei] aus meiner Kürbisschale: ›Trink das; es wird dir guttun. Vertraue auf Gott.‹ Dann verließ er mich. Kurze Zeit später kamen einige Jünger in seinem Auftrag und brachten mich in eine Strohhütte nahe seiner Wohnung. Er selbst lebte in einem einfachen Tukul [Strohhütte]. Seit ich die Medida aus seiner Hand genommen und getrunken hatte, fühlte ich mich besser [...]. Ich erholte mich rasch, da ich den Mahdi täglich sah; er war das Licht meiner Augen, und mein Geist war endlich zur Ruhe gekommen.«[4]

Nach dieser schicksalhaften Begegnung mit Mohammed Achmed war Abdullah fest überzeugt, den so lange gesuchten Mahdi endlich vor sich zu haben. Er erzählte allen, die es hören wollten, von dem Ereignis, das sich in der abergläubischen Bevölkerung natürlich schnell herumsprach.

Mohammed Achmed gewann schließlich selbst die Überzeugung, er sei der von Gott Erwählte. Er offenbarte sich zuerst Abdullah, dann seinen Verwandten und engsten Freunden und schließlich allen religiösen Führern

und Stammesfürsten Kordofans. Am 29. Juni 1881 erklärte sich Mohammed Achmed auf der Insel Aba öffentlich zum Mahdi. Er forderte seine Anhänger auf, ihm den
Treueschwur zu leisten und ihn bei seinem Zug nach Norden zu begleiten. Die Auswanderung aus Aba war der
Emigration des Propheten Mohammed von Mekka nach
Medina im Jahr 622 nachempfunden. Mit der *Hedschra*
hatte Mohammed die Grundlage des sich rasch über die
arabische Halbinsel ausbreitenden, durch den Koran begründeten Staatswesens gelegt, zugleich markierte dieses
Ereignis den Beginn der islamischen Zeitrechnung.

Die Hedschra der Mahdisten begann im Fastenmonat
Ramadan. Sie war kein spontanes Ereignis, sondern sorgfältig geplant. Mit dem Einsetzen der Regenzeit waren
große Truppenbewegungen der Ägypter, die den Mahdi
am Weiterzug hätten hindern können, unmöglich geworden. Mohammed Rauf, der Nachfolger Gordons als Generalgouverneur im Sudan, versuchte noch, die Hedschra
zu verhindern, indem er zwei Gendarmeriekompanien
nach Aba schickte mit dem Auftrag, Mohammed Achmed
zu verhaften. Die Truppe traf jedoch zu spät ein. Auf dem
Rückweg tappte die Abteilung in eine Falle der Mahdisten und wurde gänzlich aufgerieben.

Als die Nachricht vom Verlust der Gendarmen in der nilabwärts gelegenen Garnisonsstadt Faschodah eintraf,
stellte der Kommandant Raschid Bey, ohne die Erlaubnis
des Generalgouverneurs abzuwarten, in aller Eile ein Heer
zusammen und jagte den Mahdisten hinterher. Während
einer Rast in einem Waldstück wurden die Regierungstruppen von den Kämpfern des Mahdi überrascht. Bevor
sie ihre Schnellfeuergeschütze in Stellung bringen konnten, waren die Angreifer bereits über ihnen. Fast alle Soldaten gerieten in Gefangenschaft, Raschid Bey fiel in dem
Handgemenge.

Dieser erste Erfolg über ein gut ausgerüstetes Heer, bei
dem ihnen wertvolle Waffen in die Hände fielen, gab den

Mahdisten ungeheuren Auftrieb. Immer mehr Sudanesen waren jetzt überzeugt, daß es sich bei Mohammed Achmed um den wahren Mahdi handelte, und folgten ihm bereitwillig in den Kampf. Sie waren es leid, sich weiterhin von den ägyptischen Behörden schikanieren zu lassen, und sahen in der Mahdi-Bewegung eine Möglichkeit, ihre Lebensverhältnisse zu verbessern; zu verlieren hatten sie ohnehin nur wenig. Mohammed Achmed fühlte sich nach dem Sieg über Raschid Bey stark genug, gegen die Provinzhauptstadt von Kordofan, El Obeid, 350 Kilometer südöstlich von Khartum, vorzurücken.

Der Kommandant der Festung in El Obeid, Mohammed Said Pascha, machte nicht wie Raschid Bey den Fehler, die Schlagkraft der Mahdisten zu unterschätzen, und verstärkte rechtzeitig die Verteidigungslinien um die Stadt. Er versäumte es jedoch, einen ausreichenden Lebensmittelvorrat anzulegen. Anfang September 1882 griffen die Aufständischen El Obeid an, wurden aber unter großen Verlusten zurückgeschlagen.

Es war dies die erste Niederlage Mohammed Achmeds. Der Mahdi glaubte weiter fest an seine Sendung und ließ sich durch diesen Rückschlag nicht entmutigen. Seine Truppen gingen zur Belagerung der Stadt über. Dabei ließ Mohammed Achmed erstmals die zuvor erbeuteten Feuerwaffen einsetzen, obwohl er, getreu dem Vorbild Mohammeds folgend, ursprünglich auf diese verzichten wollte. Aber die Zeiten hatten sich geändert. Eine weitere kluge Taktik schlug er ein, als er seine Reihen mit den bislang gefangengehaltenen Soldaten Raschid Beys auffüllte. Somit verfügte er erstmals über militärisch disziplinierte Einheiten. Der Erfolg dieser Maßnahmen sollte sich bald einstellen, als die Mahdisten ein aus Khartum gesandtes Entsatzheer für El Obeid schlagen konnten.

Gegen Ende des Jahres wurde die Lage für die Einwohner El Obeids immer bedrohlicher. Der Tiroler Joseph Ohrwalder, ein Pater aus Meran, der kurz zuvor auf seiner

Missionsstation in Delen unweit von El Obeid in die Gefangenschaft des Mahdi geraten war, schildert als Augenzeuge die Situation:

»Die Belagerten litten Mangel an allem Notwendigen. Die Preise der Lebensmittel stiegen ins Ungeheure. [...] Ein Huhn kostete dreißig Taler, ein Ei einen Taler; ein Hut Zucker fünfzig Taler, der Kaffee zwanzig Taler das Rotol, Salz, ein Maß von der Größe eines Fingerhutes, einen Taler. Alle diese Preise waren einen Monat nach Beginn der Belagerung erreicht. Butter und Öl konnte man um Geld nicht finden. Die Armen starben schon gleich anfangs an Hunger. Später wurde die Sache noch schrecklicher. Als es weder Kamele noch Rindvieh mehr gab, verzehrte man Esel, Hunde, Mäuse, ja sogar die Käfer, besonders den sehr häufigen blaps obtusa, der als ein Leckerbissen galt, und die weiße Termite (arde genannt). Der Hungertod begann immer mehr zu wüten. Tote und Sterbende lagen auf den Straßen herum. Da das Fort zu eng war, mußten sich viele Leute unter freiem Himmel auf Straßen und Plätzen niederlassen. Die Luft war durch die vielen Kadaver verpestet, die seit dem ersten Sturme unbeerdigt im Graben lagen und dort in Verwesung übergingen. [...] Massenhaft schwebten die Aasgeier, durch den Leichengeruch angelockt, über El Obeid. Diese ekelhaften Tiere wurden mit Gier von den hungernden Soldaten gejagt und, von Menschenleichen fett geworden, gierig verzehrt. [...] Die unglücklichen Hungernden untersuchten die Abfälle der Reicheren und haschten nach jedem genießbaren Überrest, den sie darin fanden. Leder, Schuhe, Sandalen wurden gekocht und gierig aufgegessen. Selbst Baumblätter und Baumrinde wurden verzehrt.«[5]

Am 19. Januar 1883 mußte Mohammed Said Pascha nach viermonatiger Belagerung kapitulieren. Bei ihrem Einzug in El Obeid trafen die Invasoren auf einen aus ihrer Sicht ungeheuren Reichtum. Die gehorteten Steuergelder, der Gouverneurspalast und die Warenlager der aus-

ländischen Kaufleute führten ihnen aber auch den un-
züchtigen Lebenswandel der Stadtbewohner und die un-
gerechte Verteilung der Güter vor Augen. Der Mahdi
ließ die ganze Beute sammeln, um seine Kriegskasse
aufzubessern; wilde Plünderungen fanden nicht statt.
Alle Einwohner wurden sorgfältig nach Wertsachen
durchsucht; dabei fand man allein bei Mohammed Said
die ungeheure Summe von 7000 Pfund Sterling. Im An-
schluß an die Einnahme El Obeids verlegte der Mahdi
sein Hauptquartier dorthin. Im zweiten Jahr der Hedschra
war er zum mächtigsten Mann in der Provinz Kordofan
aufgestiegen.

Wie würde die ägyptische Regierung auf das Vordringen des Mahdi reagieren? Nach einem nur mit fremder
Hilfe abgewehrten Militärputsch, ohne Geld in der Staatskasse, in Ermangelung einer hinreichend ausgebildeten
Armee, der zudem geeignete militärische Führer fehlten,
war es zu diesem Zeitpunkt wenig sinnvoll, den Mahdi in
Kordofan anzugreifen. Trotzdem entschloß sich Tewfik,
der Nachfolger Ismail Paschas, einen solchen Schritt zu
wagen. Der unerfahrene Khedive, der allgemein als Ma-
rionette der Briten betrachtet wurde, benötigte dringend
einen Prestigeerfolg. Nachdem er alle Warnungen des britischen Generalkonsuls Lord Cromer in den Wind geschlagen hatte, rüstete er ein neues Expeditionsheer aus.
Den Oberbefehl erteilte er dem pensionierten britischen
General William Hicks, der sich zwar in Indien viele Ver-
dienste erworben hatte, den Sudan jedoch nicht aus eigener Erfahrung kannte.

Hicks verfügte immerhin über 10000 gut ausgerüstete
Soldaten. Sachkundig geführt, hätte eine solche Truppe
den Mahdi sehr wohl besiegen können. In Kordofan litten
Hicks' Männer allerdings unter erheblichem Wassermang-
gel; die schwerfällige Armee kam nur sehr langsam voran; Disziplin und Moral bröckelten rasch ab. Es kam zu
Unstimmigkeiten zwischen Hicks und seinen ägyptischen

Offizieren, von denen einige vor kurzem noch gegen die Briten gekämpft hatten.

Mohammed Achmed war durch seine Kundschafter bestens über die Zustände in des Gegners Reihen informiert. Ruhig und diszipliniert warteten er und sein zum militärischen Oberbefehlshaber aufgestiegener Jünger Abdullah den idealen Zeitpunkt des Losschlagens ab. Die beweglichen Krieger des Mahdi umzingelten das feindliche Heer, als es in einem Wald bei Shekan sein Lager aufschlug. Die überrumpelte Armee wurde völlig aufgerieben. Hicks und alle europäischen Offiziere fielen, und nur etwa hundert Soldaten überlebten die Schlacht.

Dieser Sieg eines Eingeborenenheeres über die Armee einer europäischen Großmacht machte den Mahdi nicht nur in Ägypten, sondern in der gesamten arabischen Welt mit einem Schlag berühmt. Von Marokko und Tunesien bis zur arabischen Halbinsel trafen Bewunderer in El Obeid ein, die den Mahdi persönlich zu Gesicht bekommen wollten. Ihnen verkündete Mohammed Achmed, er habe vom Propheten Mohammed gute Kunde erhalten, als dieser ihm in einer Vision mit den folgenden Worten erschienen sei:

»So, wie Du in El Obeid gepredigt hast, so wirst Du auch in Khartum predigen; anschließend wirst Du in der Moschee von Berber predigen, und danach wirst Du im Heiligen Haus [von Mekka] predigen; dann wirst Du in der Moschee von Yathrib [Medina] predigen; später wirst Du in der Moschee von Kairo predigen, und dann auch wirst Du in Jerusalem predigen ...«[6]

Mohammed Achmed nutzte die Gunst der Stunde und rückte gegen die südwestlichen Provinzen Darfur und Bahr el-Ghazal vor. Gouverneur von Darfur war immer noch Rudolf Slatin. Seit seiner Amtsübernahme 1881 hatte Slatin mit widerspenstigen Stammesfürsten zu kämpfen, die durch die Erfolge der Mahdi-Bewegung mächtig Auftrieb erhalten hatten. Nach dem Fall El Obeids war es zu einer Verschwörung von Slatins Unteroffizieren gekommen. Slatin war gezwungen, hart durchzugreifen, und ließ sechs Rädelsführer erschießen. Um das Vertrauen seiner Mannschaften wiederzugewinnen, trat er anschließend zum Islam über. Dies wurde ihm im fernen Europa übel angekreidet; selbst Orientveteranen wie Gordon sahen in Slatins Vorgehen nichts anderes als Verrat an der guten Sache.

Doch auch ein solcher verzweifelter oder – je nach Lesart – verwegener Schritt konnte Slatin nicht mehr retten; ebensowenig Slatins Hilferuf an den Gouverneur von Bahr el-Ghazal, den Engländer Frank Lupton. Die Truppen des Mahdi rückten unaufhaltsam nach Westen vor. Im Dezember 1883 mußte sich Slatin, im April 1884 Lupton der Übermacht ergeben. Beide gerieten in Gefangenschaft, die sie auf Jahre im Sudan festhalten sollte. Der Mahdi hatte nach diesen Erfolgen die Mitte und den Süden des Sudan zu großen Teilen unter seiner Kontrolle.

Der permanente Kriegszustand zwang Mohammed Achmed zu einer strengen Beaufsichtigung seiner Anhänger. Noch besaß er kein fest zusammenhängendes Staatsgebiet, und das Fehlen politischer Strukturen erschwerte das Zusammenleben der Mahdisten untereinander. Die ersten Maßnahmen zur Ordnung des Gemeinwesens waren daher disziplinarischer Natur:

»Er erklärte, die Türken hätten den Islam verdorben, er sei berufen, denselben zur ursprünglichen Reinheit zurückzuführen. Er verbot die geistigen Getränke, denen die Sudanesen sehr ergeben sind, die Übertreter sollten mit achtzig Korbatschstreichen bis auf das Blut bestraft werden. Ganz neu für die Sudanesen war das Verbot des Rauchens und Kauens von Tabak, den sie leidenschaftlich lieben. Streng wurde der Genuß von Haschisch verboten, der gewöhnlich nur von Türken und Ägyptern geraucht wurde. In beiden Punkten wurde die Übertretung ebenfalls mit achtzig Streichen geahndet. Natürlich hatten die Übertretungen auch Strafen nach dem Tode zur Folge; hat aber jemand seine achtzig Streiche erhalten, so ist er von außen und innen rein.«[7]

Um Herr über den gesamten Sudan zu werden, mußte sich Mohammed Achmed der Hauptstadt Khartum bemächtigen. Diese war mit Ägypten durch den Nil verbunden; eine wichtige Landstraße führte zum Hafen Suakin am Roten Meer. Beide Routen liefen in der 400 Kilometer stromabwärts gelegenen Stadt Berber zusammen. Der Mahdi wollte Khartum von jeder äußeren Verbindung abschneiden. Am Roten Meer kam ihm der Stammesfürst und Sklavenhändler Osman Digna zu Hilfe, der ein nach Suakin gesandtes ägyptisches Expeditionskorps besiegte und Berber in Besitz nahm.

Erst auf die Nachricht vom Verlust Suakins entschloß sich die britische Regierung zum Handeln. Außenminister Granville und Premier Gladstone befürworteten nach den vielen erlittenen Niederlagen einen vollständigen Rückzug aus dem Sudan. Sie erließen eine entsprechende Weisung an die ägyptische Regierung. Doch plötzlich setzte in der britischen Öffentlichkeit ein Meinungsumschwung ein. Hervorgerufen wurde er durch einen Artikel Gordons in der *Pall Mall Gazette*:

»Nicht der Mahdi ist die eigentliche Gefahr. [...] Die eigentliche Gefahr droht von einer ganz anderen Seite. Sie beruht auf der Wirkung, die das Schauspiel einer erfolgreichen mohammedanischen Macht auf die Menschen ausübt, die man beherrschen will. Überall in Ägypten wird man nämlich sagen: Was der Mahdi fertiggebracht hat, bringen auch wir fertig, und wie er den Eindringling und Ungläubigen aus dem Lande getrieben hat, können wir ihn auch hinaustreiben. Diese Gefahr berührt dabei nicht nur England allein. Der Erfolg des Mahdi hat schließlich schon gefährliche Gärungen auf der arabischen Halbinsel und in Syrien zutage treten lassen. In Damaskus sind bereits Plakate an die Hauswände geklebt worden, auf denen die Bevölkerung zum Aufstand gegen die Türken aufgerufen wird. Wenn man dem Mahdi den ganzen östlichen Sudan überläßt, wird die arabische Welt zu beiden Seiten des Roten Meeres binnen kurzem in Flammen stehen.«[8]

In seiner Heimat wurde Gordon als Held verehrt. Viele Briten sahen in ihm den Retter Ägyptens und des Sudan, der eigenhändig die bösen Sklavenhändler bestrafen, den Mahdi und sein Derwischheer hinwegfegen und der guten Sache zum Sieg verhelfen würde. Dabei verkannten sie die wahre Situation: Gordon haßte die Bürokratie, er war des Arabischen nicht mächtig, was eine Verständigung mit den ägyptischen Offizieren schwierig gestalten mußte; Gordons Beliebtheit bei den Sudanesen war gesunken, denn diejenigen, die ihn damals noch verehrten, weil er kein ›Türke‹ war, versagten ihm jetzt die Gefolgschaft, weil sie einen noch viel besseren Führer gefunden hatten.

Eigentlich sollte Gordon nur einen Bericht über die Lage vor Ort abliefern und Vorschläge unterbreiten, wie eine Evakuierung aller Ausländer aus dem Sudan am besten bewerkstelligt werden könnte. Als Gordon jedoch nach vielen Umwegen am 15. Februar 1885 in Khartum eintraf, war er fest entschlossen, im Sudan eine neue Regierung einzusetzen und dem Mahdi eine entscheidende militärische Niederlage beizubringen. Inzwischen war Gordon vom Khediven wieder zum Generalgouverneur des Sudan ernannt und mit allen Vollmachten ausgestattet worden. Obwohl ihm keine britischen Truppen zur Verfügung standen, telegraphierte er voller Zuversicht nach London, den Mahdi bald besiegen zu können.

Es war Gordons letztes Telegramm, denn der Mahdi, der wie gewöhnlich gut über die Stärke des Gegners informiert war, ließ kurz darauf die Telegraphenlinie von Khartum nach Kairo kappen. Er lehnte Gordons briefliches Angebot einer Verleihung der Gouverneurswürde von Kordofan mit dem Hinweis ab, er könne sich nicht nehmen, was ihm sowieso schon gehöre. Außerdem strebe er nicht nach der Herrschaft dieser Welt. Schließlich lud er Gordon ein, sich ihm anzuschließen, wie dies zuvor bereits Slatin getan hatte.

Im März 1885 begann Mohammed Achmed mit der Belagerung Khartums. Zwei Monate später eroberten seine Truppen Berber, wobei ihnen Gordons Kriegskasse in die Hände fiel. Andere Mahdi-Einheiten rückten vom Blauen und Weißen Nil gegen Khartum vor. In Suakin saß immer noch Osman Digna, so daß auch vom Roten Meer her kein Entsatz kommen konnte. Khartum war jetzt von allen Seiten eingeschlossen, eine Evakuierung der dort lebenden Ausländer unmöglich geworden.

Gordon blieb nur eine Möglichkeit: Khartum solange gegen alle Angriffe zu verteidigen, bis Hilfe in Gestalt eines britischen Expeditionskorps eintreffen würde. Er legte rings um die Stadt Minen an, eine Maßnahme, die die Angreifer auf Distanz halten sollte. Die frommen Kämpfer fürchteten zwar nicht den Tod auf dem Schlachtfeld, doch bedeutete das Zerfetzen ihres Körpers durch eine Mine, daß sie nicht mehr unversehrt ins Paradies gelangen konnten. Entsprechend hielten sie sich mit Angriffen zurück. In dieser Situation entschloß sich Mohammed Achmed, selbst die Belagerung zu leiten. Er schlug sein Lager unmittelbar vor der Stadt auf.

Gordon unternahm mehrere Ausbruchsversuche, die jedoch allesamt scheiterten. Beim letzten Unternehmen dieser Art verlor er tausend Mann, die er dringend für die Verteidigung der Stadt gebraucht hätte. Als nach mehreren Monaten immer noch keine Verstärkung von Norden her eintraf, sank die Stimmung in Khartum auf den Nullpunkt. Gordon unternahm einen letzten Versuch, Hilfe aus Kairo herbeizuholen. Er schickte einen gepanzerten Dampfer unter dem Befehl seines Stellvertreters, Oberst Stewart, nilabwärts. An Bord befanden sich auch der britische und der französische Konsul. Der Dampfer lief, nachdem es seiner Besatzung gelungen war, Khartum unbeschädigt zu verlassen, auf einen Felsen auf. Stewart und seine Leute wurden daraufhin von den feindlichen Anrainerstämmen ermordet.

Ende September erhielt Gordon Nachricht, ein britisches Entsatzheer sei unterwegs nach Khartum. Als dieses drei Monate später immer noch nicht eingetroffen war, gab Gordon die Hoffnung auf. Noch einmal rüstete er einen Dampfer aus, übergab dem Kapitän sein Tagebuch, lehnte es jedoch ab, Khartum zu verlassen und sich selbst zu retten, solange nicht jedem Einwohner die Möglichkeit gegeben sei, freiwillig und ohne Gefahr die Stadt zu verlassen. Tatsächlich gelang es dem Schiffskapitän, sich bis zum ägyptischen Grenzort Wadi Halfa durchzuschlagen, wo er auf das längst erwartete britische Expeditionskorps traf.

Für Gordon kam diese Hilfe zu spät. Ende Dezember zog sich der Belagerungsring immer enger um die Stadt. Der Mahdi, der seine Feinde stets mit Milde zu behandeln pflegte, schrieb seinem Gegner, den er wegen seiner Tapferkeit hoch achtete, einen letzten Brief:

»An Gordon Pascha, möge Allah ihn schützen! […] Ich wiederhole nun die Worte Allahs: Zerstört Euch nicht. Gott selbst hat Gnade mit Euch. Ich höre, die Engländer sind bereit, für Dich allein 20 000 Pfund Lösegeld zu zahlen. Wenn Du bereit bist, Dich uns anzuschließen, wird es zu Deinem Segen sein. Wenn Du aber nach England zurück willst, so werden wir Dich dorthin schicken, ohne einen Piaster zu verlangen.«[9]

Gordon lehnte auch dieses letzte Angebot ab. Anfang Januar 1885 kapitulierte die Festung Omdurman, die Schwesterstadt Khartums am gegenüberliegenden Ufer des Weißen Nil. In der Nacht zum 26. Januar fiel nach zehnmonatiger Belagerung auch Khartum. Obwohl der Mahdi seinen Anhängern befohlen hatte, Gordon, falls möglich, zu schonen, wurde er von den fanatischen Kriegern umgebracht. Gordon starb den Heldentod, kämpfend, mit dem Revolver in der Hand.

Einer der Fanatiker schlug dem toten Gordon den Kopf ab, wickelte ihn in ein Tuch und brachte ihn in das Lager Mohammed Achmeds. Dort mußte ihn Rudolf Slatin identifizieren:

»Shatta warf das Tuch zurück und zeigte mir den Kopf von General Gordon. Das Blut schoß mir in den Kopf, und mir war, als hätte mein Herz aufgehört zu schlagen; mit letzter Anstrengung bot ich meine ganze Selbstbeherrschung auf und starrte stumm auf das entsetzliche Spektakel. Seine blauen Augen waren halb geöffnet; sein Mund sah vollkommen natürlich aus; sein Haupthaar und der kurze Backenbart waren fast ganz weiß. ›Ist das nicht der Kopf deines Onkels, des Ungläubigen?‹, fragte Shatta, den Kopf emporhaltend. ›Und wenn dem so ist?‹, antwortete ich ruhig. ›Ein tapferer Soldat, der auf seinem Posten starb; glücklich, daß er gefallen ist; seine Leiden sind zu Ende.«[10]

Am letzten Januartag des Jahres 1885 sprach der Mahdi persönlich das Freitagsgebet in der Moschee von Khartum. Keine vier Jahre waren seit seinem Auszug von der Insel Aba vergangen, und die Mahdia hatte sich aus einer in Europa belächelten Bewegung religiöser Fundamentalisten in ein mächtiges islamisches Reich verwandelt.

Oberhaupt dieses neuen Gemeinwesens war der Mahdi selbst, da er ja nach seiner eigenen und der Überzeugung seiner Mitstreiter von Gott eingesetzt war. In ihrem Treueeid, den sie auf seine Person schwören mußten, verpflichteten sich seine Anhänger zu unbedingtem Gehorsam, zum Verzicht auf die Güter dieser Welt und zur Teilnahme am *Dschihad*, am Heiligen Krieg. Darüber hinaus mußten sie schwören, nicht zu stehlen, keinen Ehebruch zu begehen und kein falsches Zeugnis abzulegen. Letztere Sünden waren im Sudan vor der Hedschra

weit verbreitet und nach Meinung des Mahdi die Haupt-
gründe, die zu einer korrupten, verdorbenen und verlogenen Gesellschaft geführt hatten.

Der Mahdi folgte dem Beispiel des Propheten Mohammed und setzte vier Kalifen als seine Stellvertreter ein.
(Da einer der Auserkorenen auf sein Amt verzichtete,
blieb die vierte Kalifenstelle vorerst vakant.) Erster
Stellvertreter wurde Abdullah, der auch – nach dem Fall
El Obeids – bereits zum Nachfolger des Mahdi ernannt
worden war.

Mohammed Achmed hatte keinen offiziellen Minister-
stab zur Seite. In wichtigen Fragen beriet er sich mit seinen Kalifen, mit den zahlreichen Angehörigen seiner
Großfamilie oder mit bedeutenden Persönlichkeiten seiner Anhängerschaft; je nachdem, wie er es für angebracht
hielt. Der Mahdi war als religiöser Führer auch oberster
Gerichtsherr. Zwar delegierte er seine Befugnisse auf die
Kalifen und deren Untergebene, konnte aber im Fall von
Rechtsstreitigkeiten direkt von seinen Anhängern angeru-
fen werden. Das neue Herrschaftssystem hatte – abgesehen davon, daß nicht Rechtgläubige nur wenig damit an-
zufangen wußten – einen entscheidenden Nachteil: Es
war zu sehr auf die Person des Mahdi zugeschnitten.

Als die Hedschra begann, waren Mohammed Achmed
und seine Anhänger ausgezogen, ohne irgendwelche
Habe mitzuführen. Auf ihren Feldzügen machten sie
dann reiche Beute an Waffen, Vieh und Geld. Der Mahdi
verbot die private Aneignung jeglicher Beute, denn diese
war Eigentum der Gemeinschaft und sollte erst bei Bedarf
an diejenigen verteilt werden, die sie wirklich brauchten.
Um die Armen und Bedürftigen seiner Anhänger zu versorgen, erhob der Mahdi eine Almosensteuer, zahlbar in
Geld, Korn oder Vieh. Die gerechte Verteilung über-
wachte ein eigens eingesetzter Schatzmeister.

Der Mahdi verbot strengstens den Genuß von Alkohol,
Tabak oder Haschisch. Frauen mußten verschleiert gehen;

Unzucht wurde hart bestraft. Allerdings war es den Frauen erlaubt, sich scheiden zu lassen, sofern sie nachweisen konnten, daß sie von ihrem Ehemann nicht mehr finanziell unterstützt wurden. Mohammed Achmed förderte möglichst frühe Eheschließungen, indem er die Mitgift – für die übrigens der Mann aufkommen mußte – sowie die Ausgaben für eine Hochzeit strikt limitierte. Er hoffte, durch solche Maßnahmen seine Anhänger, die ja in permanentem Kriegszustand lebten, zu disziplinieren, und hatte anfangs auch Erfolg damit.

Nach der Eroberung Khartums und der Manifestation seiner Herrschaft im Sudan warteten auf Mohammed Achmed, wollte er weiter in den Fußstapfen des Propheten wandeln, neue Aufgaben. Am Ende seines langen Weges, der ihn über Ägypten, Palästina und die gesamte arabische Halbinsel führen sollte, stand die Eroberung Mekkas. Doch dazu sollte es nicht mehr kommen. Fünf Monate nach der Eroberung Khartums und dem gewaltsamen Ende seines Gegenspielers Gordon erkrankte der Mahdi im Fastenmonat Ramadan an Typhus. Eine Woche lang rang er mit dem Tode. Als er sah, daß sein Leben zu Ende ging, rief er seine engsten Vertrauten ans Krankenlager und bestätigte mit seinen letzten Worten den Kalifen Abdullah nochmals als seinen Nachfolger. Mohammed Achmed starb in der Nacht zum 22. Juni 1885. Er war nur vierzig Jahre alt geworden.

Die Mahdi-Bewegung hatte durch den Verlust ihres Anführers zwar einen furchtbaren Schlag erlitten, war aber lange noch nicht am Ende. Mit dem Tod des Mahdi war jedoch die revolutionäre Phase der Bewegung vorbei. Mohammed Achmed starb im Zenit seiner Macht. Unter ihm hatte die Mahdia einen permanenten Aufschwung erlebt, den sie zu einem großen Teil seinen charismatischen Führerqualitäten zu verdanken hatte. Mit machtpolitischem Instinkt war es ihm gelungen, das mit der türkisch-ägyptischen Herrschaft unzufriedene Volk zu sammeln und hinter sich zu vereinen. Er hatte es sogar gewagt, einer europäischen Kolonialmacht zu trotzen und ihr eine Reihe empfindlicher Niederlagen zuzufügen. Trotz vieler an seinen Gegnern begangener Grausamkeiten war er auch bereit, seinen Feinden gegenüber Nachsicht zu zeigen und ihnen zu vergeben, wie die Berichte seiner europäischen Gefangenen zeigen. Er wollte seine Widersacher keinesfalls vernichten – auch wenn dies in seiner kriegerischen Sprache anklingen mag –, sondern vielmehr von der Ankunft einer seiner Auffassung nach besseren Welt überzeugen. Zumindest in Ansätzen gelang es ihm, seine Vision in die Tat umzusetzen.

Der Kalif Abdullah setzte Mohammed Achmeds Lebenswerk nicht fort. Nach einem gescheiterten Versuch, in Ägypten einzumarschieren – die Mahdikrieger erhielten kaum Unterstützung von der lokalen Bevölkerung und wurden schließlich von einem britischen Expeditionsheer über die sudanesische Grenze zurückgeworfen – und dem fehlgeschlagenen Vordringen in das christlich beherrschte Nachbarland Abessinien gab Abdullah den Dschihad auf. Auch im nordöstlichen Sudan, von großer strategischer Bedeutung durch den Hafen Suakin, konnte sich die Mahdi-Bewegung langfristig nicht durchsetzen. Die Briten kontrollierten bald wieder die Küste des Roten Meeres.

Abdullahs Verzicht auf weitere Eroberungen erschien angesichts der immer stärkeren militärischen Präsenz der Großmächte England und Frankreich im Nordosten Afrikas durchaus ratsam. Nach dem gescheiterten Ägyptenfeldzug beschränkte Abdullah die Mahdia auf den Sudan und baute in dem Land ein autokratisches Staatswesen auf. Der in politischen Belangen unerfahrene oberste Kalif stellte viele der von Mohammed Achmed entlassenen Beamten wieder ein. Beschwerden seiner Untertanen häuften sich, daß sich die allmächtige Bürokratie im Sudan bald kaum noch von der der türkisch-ägyptischen

Ära unterschied. Abdullah gab wenig auf Volkes Stimme; in erster Linie ging es ihm wohl um die Sicherung der Herrschaft seiner Person und seiner Familie. Mehr als ein Jahrzehnt lang war er mit dieser Politik auch erfolgreich.

Ende der neunziger Jahre geriet Abdullah unter immer größeren Druck der europäischen Staaten. Zwei verlorene Schlachten gegen die aufstrebende Kolonialmacht Italien offenbarten seine akute Schwäche. Paradoxerweise rettete ihn fürs erste der christliche Erzfeind Äthiopien, dessen neuer König Menelik den Expansionsgelüsten der Italiener durch den Sieg in der Schlacht von Adua im Juli 1896 ein Ende setzte.

Danach stellte England die größte Gefahr für Abdullahs Reich dar. Von Wadi Halfa rückte ein anglo-ägyptisches Expeditionsheer unter General Herbert Kitchener in den Sudan vor. Die Briten setzten während des Feldzugs ihre modernsten Waffen ein, von denen sich die Maschinengewehre am wirkungsvollsten erwiesen. Vor der technischen Übermacht der Europäer mußten die aufopferungsvoll kämpfenden Sudanesen schließlich kapitulieren.

Im September 1897 eroberten Kitcheners Truppen Berber, ein Jahr später Omdurman, das Khartum im Verlauf der Mahdia als Hauptstadt abgelöst hatte. Großbritannien und Frankreich einigten sich anschließend über eine gemeinsame Verwaltung des Landes. Da Frankreich jedoch auf sämtliche Herrschaftsansprüche verzichtete, wurde der Sudan de facto britische Kolonie.

Abdullah setzte den Widerstand gegen die britische Übermacht dennoch fort. Bei seinem Versuch, den Briten Omdurman wieder zu entreißen, ließ er am 24. November 1899 sein Leben auf dem Schlachtfeld. Mit dem Tod des obersten Kalifen war die Mahdia an ihrem Ende angelangt.

Nach ihrem Einzug in Omdurman trafen die Briten alle Maßnahmen, um ein Wiederaufleben der Mahdi-Bewegung zu verhindern. Winston Churchill, der als Leutnant am Feldzug teilnahm, beschreibt die planmäßige Schändung der letzten Ruhestätte Mohammed Achmeds:

»Auf den Befehl von Sir Herbert Kitchener wurde das Grab entweiht und dem Erdboden gleichgemacht. Der Leichnam des Mahdi wurde ausgegraben. Das Haupt wurde vom Rumpfe getrennt und – um die offizielle Erklärung zu zitieren – zur weiteren Verfügung aufbewahrt, eine Phrase, die in diesem Falle so verstanden werden muß, daß es von Hand zu Hand weitergereicht wurde, bis es schließlich nach Kairo kam.«[11]

Menelik II. von Äthiopien (1844–1913)

Versklavte Kolonialherren bauen eine afrikanische Hauptstadt

Der ehemalige britische Vizekonsul Augustus B. Wylde bereiste im Auftrag des *Manchester Guardian* in den Jahren 1896 und 1897 Äthiopien, neben Liberia das einzige Land auf dem afrikanischen Kontinent, das nicht von einer Kolonialmacht beherrscht war. Auf dem Weg vom Nordosten des Landes in die Hauptstadt Addis Abeba führte sein Weg durch die Provinz Wollo. In dem Städtchen Addis Amba machte er Station, in der Tasche eine Einladung des Stellvertreters des Provinzfürsten. Als Wylde im Hause des Herzogs Imma eintraf, machte er eine ungewöhnliche Entdeckung: An Stelle seines Gastgebers traf er fünf Europäer an, die ihn mit großer Freude begrüßten. Gestrandet im äthiopischen Hochland, fernab jeder westlichen Zivilisation,

213

machten sie dennoch einen durchaus zufriedenen Eindruck auf Wylde:

»Sie hatten keine Beschwerden vorzutragen, außer daß sie wenig oder gar nichts zu tun hatten. Alle lobten den Herzog Imma, der ihnen immer soviel zu essen und zu trinken gab, wie sie nur wollten, in höchsten Tönen; sie rauchten einheimischen Tabak aus selbstgebastelten Pfeifen, und ihre Kleidungsstücke waren aus einheimischen Stoffen hergestellt. Einer hatte seinen Helm behalten; die anderen hatten Strohhüte auf, in denen die langen Schwanzfedern der Hähne staken, die sie verspeist hatten, und aus der Anzahl der Federn in den Hüten mußte man schließen, daß sie der Hähnchen allmählich überdrüssig sein mußten.«[1]

Es stellte sich heraus, daß die fünf Europäer italienische Soldaten waren, die nach der verlorenen Schlacht von Adua als Kriegsgefangene ins abessinische Hinterland verschleppt worden waren. Der äthiopische Kaiser Menelik II. hatte die Italiener, die Wylde in Addis Amba antraf, seinem Herzog als persönliche Sklaven überlassen. Imma zeigte offen seinen Stolz über das prestigeträchtige Geschenk. Der Herzog – laut Wylde ein Mann von fast zwei Metern Größe und zweieinhalb Zentnern Gewicht – versicherte seinem Gast, es sei sein Ziel, die Gefangenen so dick und rund zu machen wie sich selbst.

Doch nicht allen italienischen Soldaten sollte es so gut ergehen wie den fünf in Addis Amba. Kaiser Menelik hatte zwar angeordnet, die Kriegsgefangenen korrekt zu behandeln, doch hielten sich nicht alle Heerführer an diese Order. Einige Italiener wurden noch nach Einstellung der Kampfhandlungen von fanatischen Äthiopiern abgeschlachtet, andere starben an Krankheiten und Seuchen. Immerhin überlebten 95 Prozent der Italiener die Gefangenschaft; aber erst Ende März 1897, ein Jahr und einen Monat nach der Niederlage von Adua, kehrten die letzten von ihnen nach Italien zurück.

Es war das erste Mal in der afrikanischen Kolonialgeschichte, daß sich eine komplette Invasorenarmee nach verlorenem Kampf in der Sklaverei wiederfand. Die Schlacht von Adua, bis dahin die größte miltärische Auseinandersetzung auf afrikanischem Boden, endete mit der größtmöglichen Demütigung einer europäischen Großmacht. Noch vier Jahrzehnte später ließ der Schriftsteller Gabriele d'Annunzio seinen Bewunderer Benito Mussolini wissen, er spüre immer noch die schändliche Narbe von Adua auf seiner Schulter.

Italien hatte erst spät in den Wettlauf der Kolonialmächte um die Aufteilung Afrikas eingegriffen. Im Februar 1885 besetzten italienische Truppen die Hafenstadt Massaua am Roten Meer, die bis dahin zum Einflußbereich des Khedive von Ägypten gehört hatte. Vier Jahre später baute Italien seinen Stützpunkt Massaua zur Kolonie Eritrea aus. Eine weitere Expansion entlang der Küste blieb den Italienern allerdings verwehrt. Im Norden kontrollierten die Briten die sudanesische Hafenstadt Suakin, im Süden gründeten die Franzosen ihre Kolonie Djibouti. Den Italienern stand nur noch der Weg ins Landesinnere offen; doch eine Konfrontation mit dem Mahdi-Staat des Kalifen Abdullah wollte in Rom niemand wagen. Also wanderten die begehrlichen Blicke der Kolonialherren und ihrer Militärs in Richtung Abessinien.

Zu diesem Zeitpunkt waren die Äthiopier vollauf mit der Abwehr einer ganz anderen Gefahr beschäftigt. Im Nachbarland Sudan hatte die Mahdi-Bewegung islamischer Fundamentalisten einen mächtigen Staat errichtet. Ihr Ziel war die Verdrängung sämtlichen christlichen Einflusses aus der arabischen Welt. Zu den natürlichen Feinden der Islamisten zählte daher auch das christliche Abessinien. Als die Derwischheere zu Beginn des Jahres 1889 von Westen her nach Abessinien eindrangen, konnten die Äthiopier den Angriff zwar zurückschlagen, doch ließ Kaiser Yohannes IV. sein Leben auf dem Schlachtfeld.

Mit der Abwehr der Mahdisten war die äußere Bedrohung abgewendet; der Tod des Staatsoberhaupts beschwor jedoch eine innenpolitische Krise herauf. Bereits im Sterben liegend hatte Yohannes seinen Sohn Mengesha zum Thronerben ausgerufen. Die Ereignisse unmittelbar nach Yohannes' Tod wiederum relativierten diese Bestimmung. Durch den Verlust ihres Kaisers geschockt, traten die Äthiopier den Rückzug an, anstatt die eigentlich schon gewonnene Schlacht militärisch auszunutzen. Das Heer lichtete sich, die einzelnen Truppenteile begannen sich aufzulösen. Als die Mahdisten die Nachricht vom Tode Yohannes' erhielten, griffen sie noch einmal an. Um weitere Desertationen zu verhindern, streuten die äthiopischen Heerführer das Gerücht aus, der Kaiser sei nur verwundet:

»Als die Äthiopier ihr Heerlager räumten, kleideten sie den Leichnam in eine *shamma [traditionelles Gewand aus weißer Baumwolle mit bunter Bordüre]* und setzten ihn, als würde er noch leben, in einen *angarab [Sänfte]*. Unglücklicherweise beschleunigte die Hitze des Tages die Verwesung; als die Nacht hereinbrach, wurde der Gestank unerträglich und deckte die Wahrheit auf. Danach löste sich die Armee komplett auf und verschwand in der Nacht; zurück blieb nur ein kleines Kontingent, um den Leichnam zu beschützen.«[2]

So fiel der Leichnam Yohannes' in die Hände der Mahdisten. Sie schnitten ihm den Kopf ab und sandten ihn zu Kalif Abdullah nach Omdurman, der ihn als Zeichen des Triumphes tagelang in der sudanesischen Hauptstadt, auf einen Pfahl gespießt, ausstellen ließ. Diese Schmach traf die Äthiopier schwer in ihrem nationalen Stolz. Einem allerdings kam sie zugute: Menelik, dem Herrscher in der Provinz Shoa, der Yohannes zeitlebens bekämpft hatte.

Menelik wurde am 19. August 1844 in Ankobar im zentraläthiopischen Hochland geboren. Sein Vater Haile Malakot war König von Shoah. Zu dieser Zeit stellte Abessinien nicht mehr als eine Ansammlung unabhängiger

Regionalreiche dar, in denen mächtige Provinzfürsten das Sagen hatten. Ihnen gegenüber besaßen die äthiopischen Kaiser keinerlei Machtbefugnisse und wurden willkürlich ein- und abgesetzt. Dies änderte sich erst, als Tewodros II. das Reich von innen eroberte. Im Krönungsjahr 1855 übernahm der neue Kaiser auch in Shoah die Macht und entführte Menelik zusammen mit seiner Mutter Ijjigayyehu in seinen Palast nach Magdala. Dort wurde der Königssohn aus Shoah gut behandelt; Tewodros ließ ihm die gleiche christliche Erziehung angedeihen wie den Mitgliedern seiner eigenen Familie. Menelik wurde außerdem in den Kriegskünsten und im Reiten ausgebildet; mit der Zeit erhielt er wertvolle Einblicke in die Verwaltung und die Politik des Landes. Gegen seinen Entführer hegte er keinen persönlichen Groll, im Gegenteil, da Tewodros ihn mit der gleichen Aufmerksamkeit bedachte wie einen leiblichen Sohn, empfand er ein Gefühl tiefster Dankbarkeit.

Nachdem Tewodros seine ursprünglichen Ziele, die Befriedung und Einigung des Landes, die Ausschaltung der Feudalherren, die Ausbreitung des Christentums und die Vertreibung der Muslime, erreicht hatte, verkam sein Regiment immer mehr zur Gewaltherrschaft. Da es ihm nicht gelang, eine funktionierende staatliche Verwaltung aufzubauen und ihm auch keine regelmäßigen Finanzquellen zur Verfügung standen, herrschte er nur dort, wo er sich gerade mit seinem mächtigen Heer aufhielt. Bald begann es in verschiedenen Ecken seines Reiches zu gären. Um sein ramponiertes Ansehen wenigstens durch außenpolitische Erfolge aufzupolieren, schlug er den Briten als stärkster christlicher Schutzmacht im Orient vor, in einem gemeinsamen Kreuzzug den Islam zu vernichten. Königin Victoria wies seinen abenteuerlich anmutenden Plan jedoch entschieden zurück.

Mitte der 60er Jahre kam es in Shoah zu einem Aufstand gegen Tewodros. Die daraufhin einsetzende Strafexpedition des Kaisers gegen das renitente Königreich schlug fehl. Der neue Machthaber in Ankobar, Ato Bezzabeh, festigte seine Stellung im Volk, indem er verkündete, solange auf dem Thron zu verharren, bis der rechtmäßige Erbe zurückgekehrt sei. Menelik traute dem ehemaligen Vasallen seines Vaters allerdings nicht über den Weg. Einmal an der Macht, würde er seine Position nicht so bald wieder aufgeben. Menelik ergriff die erste Gelegenheit zur Flucht aus Magdala. Als er in Ankobar eintraf, war Ato Bezzabeh tatsächlich nicht bereit, seinen Platz zu räumen. Erst als Menelik alle Heerführer hinter sich vereinte und auf Ankobar vorrückte, verzichtete Ato Bezzabeh. Im August 1867 wurde Menelik zum König von Shoah gekrönt.

Von Tewodros drohte Menelik keine Gefahr mehr. Der Kaiser wurde, nachdem er einige niederrangige britische Diplomaten aus fadenscheinigen Gründen festgehalten hatte, in einen Konflikt mit Großbritannien verwickelt, der damit endete, daß eine von Lord Napier geführte Strafexpedition bis Magdala vordrang, um die Geiseln zu befreien. Alle äthiopischen Provinzfürsten hatten sich von ihrem Kaiser abgewandt, angesichts der britischen Soldaten und der hoffnungslosen Lage, in der er sich befand, beendete Tewodros sein Leben mit einem Pistolenschuß.

Lord Napier hatte sein ungehindertes Vordringen vor allem Ras Kassa zu verdanken, dem Herrscher der nordöstlichen Provinz Tigre. Der Brite zeigte sich erkenntlich, indem er Kassa reich mit Waffen beschenkte. So wurde der Ras von Tigre mächtigster Provinzfürst; die logische Folge war seine Krönung zum neuen äthiopischen Kaiser Yohannes IV. am 21. Januar 1872.

Yohannes gelang es ohne größere Schwierigkeiten, das Reich wieder zu einen. Dabei half ihm, wenn auch unfreiwillig, der Khedive von Ägypten. Um von innenpolitischen Problemen abzulenken und sich neue Einnahmequellen zu erschließen, griff Ismail Pascha Äthiopien von

Norden her an. Sämtliche Provinzfürsten eilten zu Yohannes' Unterstützung herbei – mit Ausnahme Meneliks! Dennoch konnten die Äthiopier die Invasion der Ägypter zurückschlagen.

Yohannes war nicht bereit, Meneliks Fernbleiben, das er als mangelnde Loyalität gegenüber dem Kaiser auslegte, zu entschuldigen. Er forderte von ihm die bedingungslose Unterwerfung, und als diese ausblieb, zog er mit seiner Armee gegen Shoah. Um einen erneuten Bürgerkrieg zu verhindern, vermittelte die äthiopische Kirche, die in dem christlichen Land stets eine bedeutende Stellung innehatte. Menelik hielt es für das klügste, in dem Konflikt nachzugeben und sich Yohannes' Autorität, wenn auch widerwillig, zu beugen:

»Menelik näherte sich Yohannes zu Fuß, einen Felsbrocken um den Hals, den Blick zum Boden gesenkt, als traditionelles Zeichen seiner Unterwerfung. In dem Moment, als er seinen Fuß auf die Teppiche im kaiserlichen Zelt setzte, donnerten Yohannes' Kanonen zwölfmal, um das Ende der Unabhängigkeit Shoas zu verkünden.«[3]

Später zeigte sich Yohannes versöhnlich und verhalf Menelik sogar wieder auf den Thron in Ankobar, den er aufgrund seines Ansehensverlustes vorübergehend eingebüßt hatte. Dieser gab sich mit seinem Vasallenstatus jedoch nicht zufrieden. Sein Ziel war und blieb, Kaiser von Äthiopien zu werden. Äußerst günstig für sein Vorhaben schien sich die geopolitische Lage am Horn von Afrika auszuwirken. Während Yohannes die Freundschaft zu den Briten pflegte, näherte sich Menelik Italien und Frankreich an. Beide europäischen Mächte hatten an der somalischen Küste in Verfolgung ihrer imperialistischen Expansionsziele erste Stützpunkte errichtet und waren auf Warenlieferungen aus dem äthiopischen Hinterland angewiesen. Die reiche Provinz Shoah konnte diese Wünsche erfüllen und erhielt als Gegenleistung modernste Waffen. Diese wiederum nutzte Menelik, um sein Reich nach Süden hin zu expandieren und von den Nomadenstämmen Tributzahlungen in Form von Rindern zu erzwingen, die er den Italienern und Franzosen verkaufte.

Yohannes war im Norden vollauf damit beschäftigt, die Italiener nach ihrer Landung in Massaua in Schach zu halten. Der Küstenstreifen hatte für einen traditionellen Binnenstaat wie Abessinien zwar keine große Bedeutung, doch fürchtete Yohannes nicht zu Unrecht ein weiteres Vordringen der Europäer auf seine Kosten. Unmittelbar nach dem Ansturm der Mahdisten und dem Tod Yohannes' nutzte Italien die sich bietende Gelegenheit. Am 10. August 1889 besetzten seine Truppen Asmara, das wenig später Hauptstadt der italienischen Kolonie Eritrea wurde.

Bereits zuvor hatte Rom mit dem neuen starken Mann in Abessinien – Menelik sollte erst am 3. November zum Kaiser gekrönt werden – ein Übereinkommen getroffen, das den italienischen Einfluß in dieser Region Afrikas sichern sollte. Im Vertrag von Wichale (italienisch: Uccialli) schworen sich beide Länder ewige Freundschaft; die Äthiopier erkannten zudem den italienischen Hoheitsanspruch über Eritrea an. Diese Vereinbarung führte jedoch bald zu Mißverständnissen, da von dem Vertrag eine italienische und eine amharische Fassung existierte. Die italienische Lesart des Artikels XVII leitete einen Protektoratsanspruch über Abessinien ab, den Menelik jedoch nicht akzeptierte, da seine amharische Version des Vertrags lediglich vorsah, sein Land *könne* sich bei der Kontaktaufnahme mit europäischen Mächten italienischer Vermittlung bedienen, *müsse* dies aber nicht.

Trotz dieser Differenzen entwickelte sich das italienisch-äthiopische Verhältnis sehr positiv. Vor allem der Handel florierte: Die Äthiopier lieferten Elfenbein, Gold und Moschus, im Gegenzug kauften sie Waffen. Menelik war dennoch nicht wohl angesichts der italienischen

Großmachtansprüche und der Unklarheiten des Artikels XVII. In nicht allzuferner Zukunft, so argwöhnte er, würde es zum Krieg zwischen beiden Ländern kommen. Aus diesem Grund intensivierte Menelik die Wirtschaftsbeziehungen zu Frankreich, und in erster Linie tätigte er in Europa Waffenkäufe.

Wie die meisten Italiener wirklich über die Äthiopier dachten, ist aus einem Vorschlag des Obersten Luciano erkenntlich, Eritrea mit Wehrbauern zu besiedeln, die auf der Stelle für eine Invasion des Nachbarlandes bereitstünden. Luciano warnte vorsorglich vor einer Vermischung der Europäer mit den Einheimischen, da diese zu einem Niedergang und Zerfall der erhabenen Rasse führen würde:

»Ich hege keinerlei Absicht, die abessinische Rasse herabzumindern, denn sie sind die stärksten und edelsten unter allen eingeborenen Völkern [*Afrikas*], aber ich bestehe darauf, daß wir ihnen in vielen Bereichen überlegen sind, insbesondere was die Zivilisation betrifft, und daß wir die Überlegenheit der weißen Rasse über diese Völker nicht aufgeben sollten.«[4]

Die Italiener richteten ihre Abessinienpolitik nach der Maxime *divide et impera* aus: Wie sie es zuvor bereits erfolgreich bei Yohannes und Menelik praktiziert hatten, versuchten sie jetzt, einen Keil zwischen den Kaiser und einige unbotmäßige Provinzfürsten zu treiben. Gleichzeitig bemühten sie sich um eine außenpolitische Isolierung Äthiopiens. Es half Menelik nichts, daß er in diplomatischen Noten an die Hauptstädte der europäischen Großmächte auf die Verschiedenheit beider Versionen des Abkommens von Wichale hinwies. Deutschland und Österreich hielten ihrem Dreibundpartner zu, und auch Großbritannien sah in Italien einen potentiellen Verbündeten gegen den Erzrivalen Frankreich. Ebensowenig wurde Meneliks Kündigung des Vertrags, dessen Laufzeit zunächst auf fünf Jahre begrenzt war, von den Italienern akzeptiert. Als sich schließlich eine Einigung zwischen

Rom und Paris in der seit langem strittigen Tunesienfrage abzeichnete – Italien verzichtete auf seine Ansprüche dort; im Gegenzug ließ Frankreich die Äthiopier fallen –, wußte Menelik, daß er jetzt handeln mußte.

Am 17. September 1895 ordnete er die Generalmobilmachung an, die einer Kriegserklärung an Italien gleichkam. Die Regierung in Rom sah diese Entwicklung nicht ungern. Ministerpräsident Francesco Crispi hoffte, mit Erfolgen in der Kolonialpolitik von internen Problemen abzulenken: Sein Verbot aller sozialistischen Vereinigungen, einhergehend mit willkürlichen Verhaftungen, hatte das politische Klima in Italien vergiftet; fast gleichzeitig war die Republik durch einen handfesten Bankenskandal an den Rand des finanziellen Ruins geraten. In Rom glaubte man an einen leichten Sieg über die »afrikanischen Barbaren« und machte sich diesbezüglich wenig Sorgen, wie sich der ehemalige Ministerpräsident Giovanni Giolitti erinnert:

»Um einen Begriff zu geben von der Art, wie Crispi den Krieg betrieb, sei ein Telegramm erwähnt, das er wenige Monate vor dem Zusammenbruch an *[den Oberbefehlshaber der Truppen in Eritrea, General Oreste]* Baratieri richtete und worin er anfragt, welche Ersparnis durch die Zurücknahme zweier Bataillone gemacht werden könne, und Baratieri zugleich ermahnt, den Krieg doch nach Napoleonischen Methoden zu führen, das heißt mit dem Geld der Besiegten und also das Dilemma zwischen den Erfordernissen des Krieges und dem Mangel an Mitteln zur Kriegführung durch Erschließung der eigenen Hilfsquellen der Kolonie Erythrea und der eroberten Gebiete zu lösen. Erst im letzten Augenblick, als Menelik mit der gesamten Heeresmacht Abessiniens heranrückte, erkannte Crispi die furchtbare Gefahr der Lage, und es wurde beschlossen, ihr mit allen Mitteln zu begegnen ...«[5]

Der Krieg begann für Baratieri sehr verheißungsvoll. Nach einem mühelosen Sieg in der Auftaktschlacht bei

Debra Haila konnte er sogar die Provinz Tigre der Kolonie Eritrea einverleiben. Dies veranlaßte Menelik zu ersten Konzessionen: Sein Land sei bereit, eine Garantie für Eritrea abzugeben, wenn Italien das Gebiet von Tigre wieder herausgeben würde. Crispi legte dieses Friedensangebot jedoch als Schwäche aus und wies Baratieri an, solange weiter vorzurücken, bis Menelik das italienische Protektorat über Abessinien bedingungslos anerkannte. Baratieri hätte eine defensivere Vorgehensweise bevorzugt. Die Erfahrung der Vergangenheit sagte ihm, daß sich die taktisch unerfahrenen Äthiopier an modernen europäischen Befestigungsanlagen oftmals die Zähne ausgebissen hatten. Doch der hochmütige Crispi, der mit unverhohlenem Rassismus auf die Äthiopier herabblickte, zeigte wenig Geduld. Praktisch über Nacht berief er Baratieri ab und ersetzte ihn durch General Antonio Baldissera. Als Baratieri diese Nachricht erreichte, hatte er seine Armee bereits in Marsch gesetzt.

Am 1. März 1896 traf das italienische Expeditionsheer bei Adua nahe der Grenze zu Eritrea auf die Streitmacht Meneliks. In der bis dahin größten Schlacht der afrikanischen Kolonialgeschichte standen 9000 Italiener und 11 000 afrikanische Askari 80 000 Äthiopiern gegenüber. Ein solches Kräfteverhältnis war bei militärischen Auseinandersetzungen zwischen europäischen Invasoren und einheimischen Verteidigern durchaus üblich; und fast immer setzte sich am Ende die technische und materielle Überlegenheit der Kolonialmacht durch. Doch in diesem Fall hatten die Italiener ihre eigenen Kräfte gründlich überschätzt.

Den britischen Spionen allerdings war im Vorfeld der Schlacht von Adua nicht entgangen, daß Woche für Woche an die hundert Karawanen den Hafen von Djibouti in Richtung Landesinneres verließen. Durch die ausgiebigen Waffenkäufe in Frankreich und Rußland – selbst Italien hatte bis ein Jahr vor der Schlacht von Adua fleißig geliefert –

hatte Menelik aus einem rückständigen Bauernheer eine fortschrittliche Armee geformt. So war nahezu jeder Äthiopier, der bei Adua kämpfte, mit einem modernen Repetiergewehr der Marke Glas, Wetterley, Remington oder Berdar ausgerüstet. Hinzu kamen Dutzende Hotchkiss-Schnellfeuerkanonen und Maxim-Drehgewehre. Die Schlacht von Adua dauerte nur einen einzigen Tag. An dessen Ende waren drei Viertel der italienischen Soldaten und eine große Anzahl Askari gefallen; 470 Italiener wurden verwundet, 1865 gerieten in Gefangenschaft.

In Italien reagierte man geschockt angesichts dieser ersten Niederlage einer kolonialen über eine zu kolonisierende Macht. Ministerpräsident Crispi reichte sofort nach Bekanntwerdungen des Desasters seinen Rücktritt ein. Doch konnte die italienische Öffentlichkeit mit solchen Maßnahmen kaum beruhigt werden. Vor allem das Schicksal der Überlebenden beschäftigte die Gemüter auf der Apenninenhalbinsel.

Der neue Gouverneur von Eritrea, Baldissera, berichtete nach Rom, dreißig Überlebende seien in grausamer Weise ihrer Männlichkeit beraubt worden. Kaiser Menelik gebot den Exzesssen der ersten Tage nach der Schlacht rasch Einhalt und bestrafte die Schuldigen. Er war Pragmatiker genug, um sich eine sinnvollere Verwendung der italienischen Gefangenen zu überlegen.

Baldissera waren Gerüchte zu Ohren gekommen, Menelik wolle die Gefangenen zwingen, ihm eine europäische Stadt zu bauen. Wie allen italienischen Offizieren und Politikern ging ihm der Prestigeverlust viel näher als mögliche physische Qualen der Soldaten. Ihre Befürchtungen entsprangen dem Blickwinkel des hochmütigen Europäers, für den die bloße Vorstellung, daß ein Weißer sich in einem Abhängigkeitsverhältnis zu einem Schwarzen befand, bereits eine Katastrophe bedeutete:

»Die Tatsache, daß sie körperliche Arbeiten verrichten mußten, führte zu einem beträchtlichen Prestigeverlust der Italiener und der Ausländer im allgemeinen. Ausländische Reisende während dieser Zeit berichten, daß sie oft der Lächerlichkeit preisgegeben wurden, indem sie in herabsetzender Weise als ›Ali‹ tituliert wurden, eine Bezeichnung, die die Italiener in Nordäthiopien wahllos verwendet hatten, wenn sie zu ihren Dienern und Soldaten sprachen. Die Äthiopier rächten sich nun dafür und begrüßten fast jeden Europäer mit den Worten ›*Talyan* Ali‹ *[italienischer Ali]* oder ›*Faranje* Ali‹ *[fränkischer Ali].*«[6]

In der Tat wurden viele Italiener zum Bau von Straßen und Häusern vornehmlich in der Hauptstadt Addis Abeba eingesetzt. (Eher selten war die volkswirtschaftlich nutzlose Verwendung als Haussklaven wie im Fall des Herzogs Imma.) Addis Abeba, zu deutsch ›Neue Blume‹, war erst 1889 gegründet worden. Den kriegerischen äthiopischen Stammesfürsten war ursprünglich wenig daran gelegen, seßhaft zu werden und ihre Tage in prunkvollen Palästen zu verbringen. Deshalb sollte auch die neue Hauptstadt ein Provisorium bleiben. Mit dem Aufstieg Abessiniens zu einer unabhängigen Regionalmacht auf dem afrikanischen Kontinent setzte bei Menelik ein Umdenkprozeß ein. Er wollte von den Europäern als gleichberechtigt anerkannt werden, und dazu bedurfte es seiner Meinung nach auch einer repräsentativen Metropole. Nach dem Sieg von Adua wurde Menelik endlich auch von den europäischen Mächten ernst genommen. Sie beeilten sich, ihre Botschafter nach Addis Abeba zu entsenden, um weitere politische und wirtschaftliche Beziehungen zum neuen Gastland anzuknüpfen.

Unterdessen wurden in Italien alle Anstrengungen unternommen, einen Friedensvertrag mit Menelik abzuschließen. Vor allem die ungelöste Frage der Kriegsgefangenen lastete schwer auf der neuen Regierung. Der Armeemajor Cesare Nerazzini, Italiens Unterhändler in Abessinien, wurde angewiesen, die Forderungen Meneliks zu erfüllen, sofern sich der Gesichtsverlust Italiens in

Grenzen hielt und eine rasche Heimkehr der Kriegsgefangenen gewährleistet war. Am 26. Oktober 1896 unterzeichneten beide Staaten in Addis Abeba den Friedensvertrag. Um Mißverständnisse wie beim Abkommen von Wichale zu vermeiden, wurde die neue Vereinbarung auf Amharisch und auf Französisch abgefaßt. Die Bestimmungen von Addis Abeba – Italien kam ohne territoriale Verluste davon – waren erträglich für die Regierung in Rom – mit einer Ausnahme: Konnte die Annulierung des Vertrages von Wichale und die Anerkennung der äthiopischen Unabhängigkeit noch hingenommen werden, so bedeutete die Verpflichtung in Artikel 7 zur unverzüglichen Bekanntmachung des Vertrags gegenüber allen europäischen Großmächten eine tiefe Demütigung.

Die ebenfalls demütigende Frage der Unterhaltszahlungen für die Kriegsgefangenen wurde in einem Zusatzabkommen geregelt. Italien hatte eine einmalige Aufwandsentschädigung in Höhe von 10 Millionen Lire zu leisten. Dies entsprach dem Gegenwert von 1,6 Millionen Dollar oder 8 Millionen Mark, eine ungeheure Summe zu jener Zeit. Zwei Monate nach Unterzeichnung des Vertrags von Addis Abeba konnte Nerazzini erleichtert an Außenminister Emilio Visconti Venosta nach Rom kabeln:

»Die italienische Öffentlichkeit kann beruhigt sein: Kein einziger Gefangener, der in Abessinien vergessen worden wäre. [...] Unsere Soldaten sind komplett eingekleidet und mit sämtlichem Material versorgt. Alle erfreuen sich bester Gesundheit. Sie bewahren Disziplin und legen eine tadellose militärische Haltung an den Tag.«[7]

Nach der Abwehr des italienischen Imperialismus begab sich Menelik an den Aufbau eines modernen zentralisierten Staatswesens. Dabei halfen ihm die Neuerungen der modernen Technik. Die Mängel des unzureichenden Straßennetzes wurden weitgehend dadurch ausgeglichen, daß Telefonverbindungen von Addis Abeba zu allen bedeutenden Provinzstädten gelegt wurden. Der Bau einer Eisenbahnlinie wurde mit Hilfe des seit Jahrzehnten im Land lebenden Schweizer Ingenieurs Alfred Ilg in Angriff genommen, wegen diverser Schwierigkeiten jedoch erst 1917 fertiggestellt. Ein regelmäßiger Postdienst wurde eingerichtet; die früher oft willkürlich erhobenen Steuern stellte Menelik auf eine gesetzliche Basis; in Addis Abeba entstand eine äthiopische Nationalbank; ein wenn auch rudimentäres Gesundheitswesen wurde ins Leben gerufen und ein mehrzweigiges Schulsystem aufgebaut, das jungen Äthiopiern die Möglichkeit bot, europäische Sprachen zu lernen, aber auch ihre handwerklichen Fähigkeiten weiterzuentwickeln. Viele Ausländer kamen ins Land, um die Äthiopier beim Aufbau eines modernen Staates zu unterstützen. Dennoch blieb Meneliks Abessinien ein Feudalstaat, der mit einem aufgeschlossenen europäischen Gemeinwesen kaum zu vergleichen war.

Menelik setzte sein Reformwerk bis etwa 1906 fort, als er einen Schlaganfall erlitt, dem in den Jahren danach weitere folgten. Teilweise gelähmt, beschränkte er sich auf die Regelung seiner Nachfolge. Mit seinem Enkel Leg Iyasu traf er keine glückliche Wahl. Als Menelik am 12. Dezember 1913 starb, drohte Äthiopien erneut ins Chaos zu versinken. Im September 1916 erklärten die in Addis Abeba versammelten Provinzfürsten Leg Iyasu für abgesetzt, wählten Meneliks Tochter Zawditu zur Kaiserin und bestimmten Tafari Makonnen, den Fürsten der Provinz Harar, als Regenten. Unter dem Namen Haile Selassie folgte er Zawditu im Oktober 1928 auf den Thron und wurde zwei Jahre später zum Kaiser von Äthiopien gekrönt.

Die wohl größte Leistung seines Vorgängers Menelik bestand darin, der Welt gezeigt zu haben, daß ein nichteuropäisches Land durchaus imstande war, der Aggression einer imperialistischen Macht zu trotzen und in der Folgezeit ohne großartige fremde Hilfe ein funktionierendes

Staatswesen mit einem bescheidenen Wohlstand fast aller Einwohner aufzubauen. Sogar eine Handvoll italienischer Soldaten einfacher Herkunft zog es vor, in Abessinien zu bleiben, anstatt in die Heimat, die ihnen viel weniger zu bieten hatte, zurückzukehren.

Nicht nur in Europa, auch in Afrika und sogar in der Neuen Welt war man nach den Ereignissen von Adua auf Abessinien aufmerksam geworden. Als der italienische Botschafter in Rio de Janeiro an das Außenministerium in Rom über die Spannungen zwischen Italien und Brasilien im Verlauf der großen Kaffeekrise von 1896 berichtete, kam er vor allem anderen auf die antiitalienischen Kundgebungen in der brasilianischen Hauptstadt zu sprechen:

»Die Situation ist ernst. Die feindlichen Demonstrationen dauern an. Rufe ertönen: ›Tod den Italienern! Es lebe Menelik!‹ Die Demonstranten tragen Transparente mit Meneliks Porträt. Die Italiener werden bedroht und angegriffen; jemand wurde verwundet. Die Polizei ist machtlos.«[8]

Vier Jahrzehnte sollten vergehen, bis Italien die ›Schmach von Adua‹ endgültig überwunden hatte. Am 3. Oktober 1935 marschierten Mussolinis Soldaten ohne vorherige Kriegserklärung in Äthiopien ein. Die Regierung Haile Selassies protestierte beim Völkerbund, dessen Mitglied Äthiopien seit 1923 war – vergeblich! Zwar verfügte die Staatengemeinschaft ein Waffenembargo, das aber für beide Staaten galt und die Äthiopier weit härter traf als die hochgerüsteten und auf den Krieg vorbereiteten Italiener. Großbritannien und Frankreich konnten sich zu keiner Unterstützung der angegriffenen Nation durchringen, da man Mussolini als möglichen Bundesgenossen gegen Hitler nicht verprellen wollte. So wurde weder der Suezkanal für italienische Schiffe gesperrt noch wurden Italien kriegswichtige Rohstofflieferungen vorenthalten. Die Vereinigten Staaten verdreifachten die Erdölexporte nach Italien; die Kohlelieferungen Nazideutschlands stiegen sogar um das Vierfache. Bis zum Ende auf eine Intervention des Völkerbundes hoffend, zog sich der Widerstand der Äthiopier noch über ein halbes Jahr hin. Kurzfristig konnten sie die Italiener sogar wieder zurückdrängen; doch als kriegsentscheidend wirkten sich die Bombardements der italienischen Luftwaffe – die Äthiopier verfügten lediglich über sieben Passagierflugzeuge – und der Einsatz von Giftgas aus, der zwar gegen die Genfer Konvention verstieß und auch von der Weltöffentlichkeit als verabscheuungswürdig empfunden, von den Regierungen der westlichen Großmächte jedoch ignoriert wurde. Am 6. Mai 1936 schließlich besetzten italienische Truppen Addis Abeba; drei Tage später verkündete Mussolini vor einer begeisterten Menschenmenge in Rom das äthiopisch-italienische Kaiserreich.

Emiliano Zapata (1879–1919)

Robin Hood in Mexico

Am 4. Januar 1994 erschien eine kurze Nachricht auf der Titelseite der *Süddeutschen Zeitung*: Im Süden Mexikos, nahe der Grenze zu Guatemala, hatten indianische Rebellen sechs Rathäuser vorübergehend besetzt und im Verlauf ihrer scheinbar spontanen Aktion vier Polizisten getötet:

»Das spektakuläre Auftauchen einer bislang unbekannten Guerilla-Bewegung indianischer Herkunft im südmexikanischen Bundesstaat Chiapas hat die Behörden des Landes offenbar völlig überrascht. Doch diejenigen, die das Elend der Nachfahren der Mayas im Süden Mexikos kennen und die um deren Ausbeutung durch eine kleine

Zahl von Großgrundbesitzern wissen, haben schon seit langem mit einer solchen Möglichkeit gerechnet.«[1]

Über die näheren Umstände der Guerillaaktion schrieb die Mittelamerikakorrespondentin derselben Zeitung zwei Wochen später:

»Erst seit wenigen Tagen ist das Städtchen Ocosingo im südlichen mexikanischen Bundesstaat Chiapas wieder zugänglich. In der Neujahrsnacht hatten mindestens 600 Guerilleros den Ort im Handstreich genommen. Sie legten Feuer im Bürgermeisteramt, überfielen die Kommandantur der Stadtpolizei schräg gegenüber und erschossen den Kommandanten. Sie stürmten die Bank nebenan und zerschossen die fünf Fahrzeuge der staatlichen Agrarbehörde, die gleich um die Ecke parkten. Dann befreiten sie die Gefangenen im Justizgebäude und vernichteten sämtliche Akten. Sie plünderten den staatlichen Supermarkt, durchsiebten die Fassade des Hauses eines höheren Angestellten der staatlichen Ölgesellschaft PEMEX mit ihren Maschinenpistolen und besetzten das Einfamilienhaus, das den Rundfunksender der Regierung beherbergt, um über Radio der Bevölkerung ihre Ziele mitzuteilen. Ihre Forderungen unterscheiden sich kaum von denen, die schon vor 75 Jahren der legendäre Revolutionär Emiliano Zapata gestellt hatte, auf den sich die Guerilleros mit ihrem Namen berufen. Sie wollen Freiheit, Land, Gerechtigkeit, Erziehung, Gesundheit, Brot, Wohnung und Demokratie.«[2]

Die Rebellen der von Subcomandante Marcos angeführten *Zapatistischen Nationalen Befreiungsarmee* (EZLN) sollten noch monatelang in den Schlagzeilen der Weltpresse vertreten sein; nicht zuletzt deshalb, weil die mexikanische Regierung, zuallererst besorgt um ihre ausländischen Investoren, in einem mit äußerster Brutalität geführten Gegenschlag 12 000 Soldaten sowie Panzer und Kampfflugzeuge einsetzte, um den Aufstand möglichst schnell zu unterdrücken. Am Ende blieben mehr als 400

Tote zurück, darunter viele Opfer von Massenhinrichtungen, für die internationale Menschenrechtsorganisationen den mexikanischen Präsidenten Carlos Salinas de Gortari persönlich verantwortlich machten.

Subcomandante Marcos war, wie sich später herausstellte, kein in Chiapas ansässiger Indianer, sondern der Sohn eines wohlhabenden Möbelhändlers aus der Hauptstadt Ciudad de México. Er hing den Idealen eines mexikanischen Revolutionärs an, der aus dem südlich an den Hauptstadtdistrikt grenzenden Bundesstaat Morelos stammte und acht Jahrzehnte zuvor die Regierung des Landes gestürzt hatte. Sein Name stand Pate, als Marcos und seine indianischen Gefährten der EZLN die Guerillabewegung von Chiapas aus der Taufe hoben.

Emiliano Zapata wurde am 8. August 1879 in dem kleinen, etwa vierhundert Einwohner zählenden Dorf Anenecuilco geboren. Sein Vater besaß ein Stück Land, das er in Eigenregie bebaute und das genug für die Familie abwarf; in schlechten Zeiten besserte er sein Einkommen als Maultiertreiber und Pferdehändler auf. Gabriel Zapata gehörte also nicht zum sozial unterprivilegierten Teil der Dorfbevölkerung; ebensowenig wie er hatten es seine Söhne Eufemio und Emiliano nötig, sich wie die meisten anderen Bewohner von Anenecuilco gegen schlechten Lohn als Landarbeiter auf dem größten Latifundium der Umgebung, der *Hacienda del Hospital*, zu verdingen.

Emiliano erbte vom Vater die Vorliebe für Rassepferde. Sein erstes Geld verdiente er sich als Zureiter und brachte es in dieser Kunst zu einigem Ansehen. Bald galt er als einer der besten Reiter in ganz Morelos. Seinen Lohn investierte er in neue Pferde, die er nach der Dressur an die *hacendados*, die Besitzer der umliegenden Latifundien, verkaufte. In wenigen Jahren erwuchs aus dem besseren Zeitvertreib ein schwunghafter Handel. Als Emiliano fünfzehn Jahre alt war, starb seine Mutter Cleofas; ein Jahr darauf folgte der Vater. Während Eufemio sein

Erbe verkaufte und sich als Geschäftsmann versuchte, blieb Emiliano gemeinsam mit seinen beiden Schwestern María de Jesús und María de Luz auf dem elterlichen Hof.

Bereits in früher Jugend wurde Emiliano Zeuge immer wiederkehrender Konflikte in seinem Dorf. Hacendados und Dorfbevölkerung stritten sich vor allem um Wasser: Die Latifundienbesitzer benötigten es für ihre großflächigen Plantagen, die Dorfbewohner zum Bewässern ihrer Felder. Aber nicht nur das Wasser, auch das Land war knapp und somit Gegenstand eines immerwährenden Interessenkonflikts. Die Folge war eine Flut von juristischen Auseinandersetzungen, bei denen es stets nur um eine Frage ging: Gehörte das Land der indianischen Dorfgemeinschaft, die es seit Jahrhunderten bebaute, oder den spanischstämmigen Hacendados, die es vermessen und ins Grundbuch eintragen ließen? Dieser Konflikt bestand in Mexiko seit dem Eintreffen der ersten Eroberer; auch die Unabhängigkeit des Landes im Jahre 1821 hatte daran nichts geändert. Im Gegenteil, je weiter sich Mexiko wirtschaftlich entwickelte, desto stärker wurde die Konkurrenz zwischen der traditionellen kollektiven Subsistenzwirtschaft und den modernen, rein gewinnorientierten Produktionsbetrieben.

Soziale Unruhen waren oft die Folge. Die größten Aufstände fanden noch in vorkolonialer Zeit, in den Jahren 1811 und 1815, statt; Anführer waren jeweils spanischstämmige Geistliche: die Priester Miguel Hidalgo y Costillo und Jose Morelos, die nach den Niederlagen ihrer Bauernheere von den Kolonialherren hingerichtet wurden.

Auch nach dem Befreiungskrieg gegen die Spanier blieben die gesellschaftlichen Verhältnisse in Mexiko unangetastet. Fünfunddreißig verschiedene Regierungen in ebenso vielen Jahren machten eine vernünftige Politik unmöglich; hinzu kam die verheerende Niederlage im Krieg gegen die Vereinigten Staaten, an dessen Ende im

Jahr 1848 Mexiko mehr als die Hälfte seines Staatsgebietes, nämlich die heutigen Bundesstaaten Kalifornien, Nevada, Utah, Arizona, New Mexico und Texas sowie Teile von Wyoming, Colorado und Kansas an den Nachbarn im Norden verloren hatte. Erst mit der Präsidentschaft Benito Juárez' (1858–1872) kehrte etwas mehr Stabilität in das Land ein, das beinahe französische Kolonie geworden wäre: In Juárez' Amtszeit fiel das kuriose Intermezzo des von Napoleon III. als mexikanischer Kaiser inthronisierten Habsburgers Maximilian, der nach einem kurzen Bürgerkrieg von Juárez wieder abgesetzt und am 19. Juni 1867 in Querétaro hingerichtet wurde.

Die wirtschaftliche Situation des von solchen Wirren geschüttelten Landes besserte sich erst in der langen Regierungszeit des Caudillos Porfirio Díaz, der mit einer vierjährigen Unterbrechung von 1876 bis 1911 als Diktator in Mexiko herrschte. Er zeichnete für die rasche Industrialisierung des Landes verantwortlich, die allerdings überwiegend mit Hilfe ausländischen Kapitals ermöglicht wurde und nicht allen Teilen der Bevölkerung gleichermaßen zugute kam. Díaz stützte seine Macht auf eine Gruppe einflußreicher Bankiers und Industrieller, den *Científicos*, die das Wirtschaftsleben in Mexiko kontrollierten. Im Namen des ökonomischen Fortschritts verwandelten sie das Land nach kurzer Zeit in einen Selbstbedienungsladen des Großbürgertums. Aus diesem ungezügelten Wirtschaftsliberalismus heraus entwickelten sich krasse soziale Gegensätze:

»1910 besaßen kaum mehr als achthundert Großgrundbesitzer, unter ihnen viele Ausländer, fast das gesamte Territorium des Landes. Es waren vornehme Herren aus der Stadt, die in der Hauptstadt oder in Europa lebten und nur hier und da die Umgebung ihrer Latifundien besuchten, wo sie, hinter hohen, von schweren Strebebogen gehaltenen Mauern aus dunklem Stein verschanzt schliefen. Auf der anderen Seite der Mauern wohnten die Knechte, in Schuppen zusammengepfercht, in elenden Räumen aus Erdziegeln. Zwölf Millionen Menschen waren – bei einer Gesamtbevölkerung von fünfzehn Millionen – auf die Landlöhne angewiesen. Die Löhne wurden fast ausschließlich in den den Gütern angehörenden Kaufläden in Form von Bohnen, Mehl und Schnaps bezahlt, wobei märchenhaft hohe Preise für die Waren festgesetzt waren. Das Gefängnis, die Kaserne und die Sakristei hatten die Aufgabe, gegen die natürlichen Defekte der Indianer anzukämpfen, die, wie ein Mitglied einer prominenten Familie dieser Epoche sich ausdrückte, als ›Faulpelze, Trunkenbolde und Diebe‹ zur Welt kamen.«[3]

Gegen Ende der Regierungszeit Díaz' setzte eine schwere Wirtschaftskrise ein. Ausgehend von den Vereinigten Staaten traf sie bald auch das ökonomisch total abhängige Mexiko. In der Folge häuften sich Arbeiterstreiks und Bauernrevolten, die die Krise noch verschärften. Daraufhin zogen sich die amerikanischen Investoren zurück; viele einheimische Banken machten Pleite, mangelnde Kredite trieben auch viele Industriebetriebe in den Bankrott. Als Folge der Krise regte sich in der mexikanischen Oberschicht erstmals Widerstand gegen Díaz.

Francisco Ignacio Madero, ein liberaler Großgrundbesitzer aus dem Norden, wurde mit einem Programm, das sich in der strikten Abkehr vom ›Porfirismus‹ fast ausschließlich gegen die Wiederwahl von Amtsträgern richtete und eher nebenbei auch Verbesserungen für die Bauern und Arbeiter vorsah, zum Herausforderer des scheinbar auf ewige Zeiten regierenden Präsidenten. Díaz fürchtete trotz der Dürftigkeit von Maderos Konzept ernsthaft um seine Wiederwahl. Einen Tag vor dem Urnengang ließ er den Herausforderer und Zehntausende seiner Anhänger verhaften. Danach war Díaz' Wahlsieg nur noch Formsache. Madero konnte schließlich aus dem Gefängnis von San Luis Potosí in die Vereinigten

Staaten fliehen. Aus dem texanischen Exil rief er die Mexikaner zum bewaffneten Widerstand gegen ihren Diktator auf.

Opposition gegen Díaz regte sich vor allem in Zapatas Heimat. Im Staat Morelos lebten 1910 immer noch drei Viertel der bäuerlichen Bevölkerung in freien Dorfgemeinschaften, während im übrigen Mexiko bereits die Hälfte allen Landbesitzes in die Hände von Hacendados übergegangen war. Die meisten Felder in Morelos gehörten seit vorkolonialer Zeit als *Ejido*, als Allmendebesitz, den indianischen Dorfbewohnern und wurden kollektiv bewirtschaftet. Während des Porfiriats hatten die staatlichen Beamten mehrmals versucht, die Ejidos aufzulösen. Grundlage ihres Vorgehens war ein von Díaz erlassenes Landvermessungsgesetz, das den Katastrierungsgesellschaften ein Drittel des von ihnen ausgemessenen Landes zusprach, sofern es sich bei diesem um Brachland oder Staatseigentum handelte. Dabei kam es naturgemäß immer wieder zu Streitigkeiten zwischen den Gesellschaften und den Dorfgemeinden, die anders als die Großgrundbesitzer oft keinen Nachweis erbringen konnten, daß das von ihnen bebaute Land auch tatsächlich ihnen gehörte. Auseinandersetzungen dieser Art gingen in Morelos, wo sich innerhalb der letzten vier Jahrzehnte die Zuckerproduktion verfünffacht hatte, meist mit dem Streit um Wassernutzungsrechte einher. Die Hacendados bauten ihr Zuckerrohr auf riesigen Feldern an, die intensiv bewässert werden mußten, und zweigten das für die Produktionssteigerung notwendige Wasser einfach von den Ejidos ab. In den meisten Fällen deckten die Gerichte ihr Vorgehen, zumal die Richter obendrein noch bestochen waren.

Ein solcher Streit um Land- und Wasserrechte zwischen Zapatas Heimatdorf Anenecuilco und der Hacienda del Hospital eskalierte im Sommer 1910, kurz nach der umstrittenen Präsidentschaftswahl. Die Hacienda hatte sich

Land von der Dorfgemeinschaft einverleibt und hinderte die Bauern an der Aussaat. Zapata, zu diesem Zeitpunkt gerade dreißig Jahre alt geworden, wurde von den Dorfangehörigen zum Gemeindepräsidenten gewählt. Ihm, der sich bei den Land- und Wasserstreitigkeiten mit den Hacendados stets auf die Seite der kleinen Bauern gestellt hatte, obwohl er dieser Schicht sozial längst entwachsen war, trauten sie am ehesten zu, ihre Interessen wirksam zu vertreten.

Angeführt von ihrem Gemeindepräsident nahmen sich die Bauern das umstrittene Land mit Waffengewalt und begannen unverzüglich mit der Bebauung. Daraufhin riefen die Hacendados die Ordnungsmacht um Hilfe. Als eine Abteilung der *Rurales*, der berüchtigten berittenen Polizeitruppe des Diktators, in Anenecuilco eintraf, mußte sie angesichts der geballten bewaffneten Bauernmacht unverrichteter Dinge den Rückzug antreten. Auf Verstärkung konnten die Rurales nicht mehr hoffen, da zur gleichen Zeit im Norden Mexikos ein Aufstand losbrach.

Die Anführer der Rebellen im größten mexikanischen Bundesstaat Chihuahua waren Pascual Orozco und Francisco Villa. Orozco gehörte als Kaufmann der zahlenmäßig geringen Mittelschicht an; ›Pancho‹, wie Villa überall genannt wurde, war der Sohn eines mittellosen Landarbeiters. Schon früh von der Hacienda, auf der sein Vater arbeitete, ausgerissen, hatte er sich lange Jahre als Viehdieb durchgeschlagen. In der Folgezeit gründete er eine Bande und erwarb sich bei der bäuerlichen Bevölkerung den Ruf eines Robin Hood, der die reichen Hacendados bekämpfte und die Armen und Entrechteten unterstützte. Er sollte später eine bedeutende Rolle in der mexikanischen Revolution einnehmen.

Villa und Orozco hatten zu Beginn ihrer Rebellion nur einige hundert Bewaffnete zur Verfügung. Mit wechselndem Erfolg unternahmen sie Angriffe auf isolierte Polizeiposten und Armeestützpunkte und besetzten gelegentlich für ein paar Stunden das Rathaus einer Kleinstadt. Größeren Auseinandersetzungen mit Regierungstruppen wichen sie aus, indem sie sich immer wieder in das unwegsame Gebirge der Sierra Madre Occidental zurückzogen. Ein Ziel erreichten sie mit ihren Aktionen: Die Bauern im Norden Mexikos erfuhren, daß der Regierung Díaz Widerstand geleistet wurde, und diese Kunde drang bis ins texanische San Antonio. Dort organisierte Madero die mexikanische Opposition. Er warb Söldner unter seinen in den Vereinigten Staaten arbeitenden Landsleuten an und schleuste sie zur Unterstützung Villas und Orozcos in die Sierra Madre.

Auch Zapata nahm Kontakte zu Madero auf. Der Oppositionsführer versprach im Falle eines Sieges seiner Bewegung den mexikanischen Bauern die Rückgabe sämtlichen Grundbesitzes, den sich die Hacendados unberechtigterweise angeeignet hatten. Daraufhin stellte sich Zapata wie zuvor Villa und Orozco in den Dienst Maderos, den alle gemeinsam als neuen Präsidenten anerkannten. Der 20. November 1910 markiert den Beginn der mexikanischen Revolution, deren Ziel der Sturz der Diktatur Díaz' und die Etablierung eines gerechteren Gesellschaftssystems war.

Im Frühjahr 1911 wurde die Lage für Díaz bedrohlich. Anfang Mai besetzte Zapata, dessen Guerillatruppe mittlerweile auf 5 000 Köpfe angewachsen war, die Hauptstadt von Morelos, Cuernavaca. Fast gleichzeitig eroberte die Nordarmee unter Villa und Orozco die strategisch wichtige Stadt Ciudad Juárez an der Grenze zu Texas. Die Vereinigten Staaten entsandten Kriegsschiffe in den Golf von Mexiko, um den Druck auf Díaz zu verstärken. Ein angeschlagener Diktator war für die amerikanische Regierung kaum noch von Nutzen; in Washington war man, allein schon wegen der eigenen wirtschaftlichen Interessen, an der Wiederherstellung der politischen Stabilität im südlichen Nachbarland sehr interessiert. Als schließlich sogar seine engsten Berater ihm dringend zum Rücktritt rieten, sah sich Díaz gezwungen, sein Amt niederzulegen. Am 25. Mai verließ der Diktator auf dem unter deutscher Flagge fahrenden Dampfer ›Ypiranga‹ sein Land und ging ins Exil nach Paris. Unterdessen kehrte Madero als gefeierter Retter des Landes nach Ciudad de México zurück und wurde im Oktober zum neuen Präsidenten gewählt.

Einmal an der Macht, dachte Präsident Madero jedoch nicht daran, das in seinem Regierungsprogramm schriftlich niedergelegte Versprechen gegenüber den Bauern einzulösen und das Land an seine früheren Besitzer zurückzugeben. Alles blieb beim alten; die Hacendados kehrten auf ihre Latifundien zurück und beschlagnahmten sogar neues Land von den Dorfgemeinden. Rückendeckung erhielten sie von den Regierungstruppen, die in Morelos stationiert wurden.

Zapata forderte den Präsidenten auf, endlich ein neues Agrargesetz zu erlassen und dem Treiben der Latifundienbesitzer Einhalt zu gebieten. Madero lehnte diese Forderungen ab und erwartete seinerseits von den Aufständischen in Morelos die bedingungslose Akzeptanz der neuen Regierung. Als Zapata dies im Namen seiner Anhänger ablehnte, kam es zum endgültigen Bruch zwischen ihm und Madero.

Die Zapatisten entwarfen ein eigenes Aktionsprogramm, den *Plan de Ayala*, in dem sie ihre Positionen darstellten und der als Grundlage ihrer weiteren politischen Arbeit dienen sollte. Zapata selbst und der Dorfschullehrer Otilio Montano waren die Verfasser; zu den neununddreißig Erstunterzeichnern zählte auch Zapatas Bruder Eufemio. Sie warfen Madero vor, sich selbst als Diktator aufzuspielen, die korrupten Beamten der Díaz-Verwaltung in ihren Ämtern belassen zu haben und entgegen der zu Beginn der Revolution gegebenen Zusagen die Unterdrückung der

Bauern nicht rückgängig gemacht, sondern weiter vorangetrieben zu haben:

»Auf Grund dieser Überlegungen erklären wir den obengenannten Francisco I. Madero als unfähig, die Versprechen, deren Urheber er war, zu verwirklichen, weil er die Grundsätze verraten hat, mit Hilfe derer er den Volkswillen zum besten gehalten hat und zur Macht aufsteigen konnte; unfähig zu regieren, weil er überhaupt keine Achtung hat für das Gesetz und das Recht der Gemeinden; als einen Landesverräter, weil er Mexikaner, die Freiheiten erlangen wollen, mit Blut und Feuer demütigt, um so den Científicos, Hacendados und Unterdrückern zu gefallen, die uns unterjochen, und ab heute fangen wir an, die von ihm begonnene Revolution weiterzuführen, bis es uns gelingt, die bestehenden diktatorischen Mächte zu stürzen. [...] Die Anerkennung von Francisco I. Madero als Chef der Revolution und als Präsident der Republik wird zurückgezogen ...«[4]

Neben dieser Kriegserklärung an den amtierenden Präsidenten enthielt der *Plan de Ayala* Bestimmungen über die Rückgabe aller von den Hacendados beschlagnahmten Ländereien einschließlich des Wassers an die Dorfgemeinden. Gegen Zahlung einer Entschädigung sollte ein Drittel des gesamten Großgrundbesitzes enteignet und das Land denjenigen übergeben werden, die es bebauten. Im Weigerungsfalle war vorgesehen, daß den Latifundienbesitzern ihr gesamtes Vermögen entschädigungslos entzogen wurde.

Der *Plan de Ayala* bezog sich ausschließlich auf den landwirtschaftlichen Bereich. Vom zahlenmäßig noch sehr schwachen Industrieproletariat war überhaupt noch nicht die Rede. Im weiteren Verlauf der mexikanischen Revolution wurde der *Plan de Ayala* mehrfach modifiziert, stellte aber während der gesamten Periode eine Art Grundsatzprogramm der Zapatisten dar. Die darin enthaltenen sehr gemäßigten Formulierungen wichen später härteren, eindeutig sozialistisch geprägten Tönen.

Madero lehnte den *Plan de Ayala* rundweg ab, was nicht weiter verwunderlich ist, da die Zapatisten statt seiner den Befehlshaber der Nordarmee, Pascual Orozco, als neuen Leiter der Staatsgeschäfte vorschlugen. Als Reaktion auf die offene Kampfansage der Zapatisten ließ Madero in Morelos verstärkt Landumverteilungen zuungunsten der aufsässigen Dorfbewohner durchführen. Solche Aktionen brachten auch die letzten noch mit Madero sympathisierenden Bauern auf die Seite Zapatas. Lieber wollten sie in einer Partisanenarmee gegen die Regierung des Landes kämpfen, als für die Hacendados zu arbeiten. Die Folge war ein permanenter Bürgerkrieg in Morelos, der sich über zwei Jahre hinstreckte, ohne daß eine der beiden Seiten als Sieger aus der Auseinandersetzung hervorging. Die Bundesarmee behielt in den wenigen Städten die Oberhand; die Zapatisten kontrollierten weiterhin die Dörfer. Zapata forderte von den Hacendados eine Kriegssteuer; wenn sie sich weigerten, ließ er die Zuckerrohrplantagen zerstören und die Felder verbrennen. Diese Taktik ließ seine Kriegskasse beträchtlich anschwellen. Außerdem füllte sie seine Reihen mit Soldaten, da die arbeitslos gewordenen Landarbeiter nur zu gerne ihre Geräte gegen Gewehre eintauschten, um ihren Familien weiterhin den Lebensunterhalt zu sichern.

Zu Beginn des Jahres 1912 kam es auch im Norden Mexikos zu einem Aufstand. Anführer war Pascual Orozco, der über das Ausbleiben sozialer Reformen unter der Madero-Administration enttäuscht war. Orozco erkannte den *Plan de Ayala* an; doch war die soziale Struktur in den nördlichen Bundesstaaten eine ganz andere als in Morelos. Hier gab es kaum freie Dörfer und auch kein Ejido-System. Fast die gesamte in der Landwirtschaft tätige Bevölkerung lebte auf Haciendas, die sich im Norden auf Viehzucht spezialisiert hatten. Weitere Erwerbszweige waren das durch den Eisenbahnbau florierende Transportwesen und der Silberbergbau. Neben der Landarbeiterklasse hatte sich ein Industrieproletariat entwickelt; beide waren für revolutionäre Parolen sehr empfänglich. Als hemmender Faktor dagegen erwiesen sich die zahlreichen Armeeoffiziere, die nach der Vertreibung der Hacendados häufig als Anerkennung für ihre militärischen Leistungen mit geschenkten Landgütern belohnt wurden. Überhaupt gewann im Norden die Armee eine ständig größere Bedeutung, da ein immenser Bedarf an Soldaten vorhanden war und überdies der Nachschub an Waffen aus den Vereinigten Staaten nie zu versiegen schien.

Doch waren es nicht die Aufstände im Norden und Süden des Landes, die Maderos Ende herbeiführen sollten. Die größte Gefahr für den Präsidenten kam aus den eigenen Reihen. Bezeichnenderweise spielte die Armee die Hauptrolle beim Sturz des Präsidenten. Anfang Februar 1913 putschte in Ciudad de México das Militär unter Führung des Generals Victoriano Huerta. Dieser handelte nicht nach einem politischen Programm, sondern ganz in der Tradition der lateinamerikanischen Caudillos aus reinem Machtstreben. Seine Soldaten nahmen das Zentrum der Hauptstadt unter Artilleriebeschuß und zwangen Madero zum Rücktritt. Am 19. Februar wurde Huerta neuer Präsident; drei Tage später ließ er – übrigens unter der stillschweigenden Zustimmung des amerikanischen Botschafters Henry Lane Wilson – seinen Amtsvorgänger Madero ermorden.

Wilson war als Botschafter noch unter der Administration des Ende 1912 abgewählten Präsidenten William H. Taft eingesetzt worden. Sein Nachfolger, der Demokrat Woodrow Wilson, leitete einen Kurswechsel der amerikanischen Außenpolitik ein. Wilson forderte Huerta öffentlich zum Rücktritt auf; in den folgenden Monaten verschlechterte sich das Verhältnis zwischen den beiden Nachbarn rapide.

Zunächst drohte dem neuen mexikanischen Präsidenten noch keine akute Gefahr. Maderos größter Gegner im

Norden, Orozco, wechselte sogar auf die Seite Huertas über, da er sich endlich den Regierungsposten erhoffte, den Madero ihm zeitlebens verweigert hatte. Nicht nur die Zapatisten kündigten Orozco daraufhin die Freundschaft. Auch sein alter Mitstreiter Pancho Villa wandte sich von ihm ab und suchte einen neuen Bundesgenossen. Er fand ihn in der Person des Gouverneurs des nordöstlichen Bundesstaates Coahuila, Venustiano Carranza.

Carranza hatte bereits unter Díaz Karriere gemacht. In seinen politischen Vorstellungen unterschied er sich kaum von Madero. Seinen Widerstand gegen Huerta begründete er in erster Linie mit der Art und Weise, mit der sich der neue Präsident an die Macht geputscht hatte. Als Gouverneur eines an die Vereinigten Staaten angrenzenden Bundesstaates verfügte Carranza über ausgezeichnete Verbindungen nach Washington. Gegen Villas Revolutionäre hatte er allein deswegen nichts einzuwenden, da sie aufgrund reichlicher amerikanischer Waffenlieferungen über eine beträchtliche Kampfkraft verfügten und sich zu einem ernstzunehmenden Gegner für die mexikanische Bundesarmee gemausert hatten.

Auch für die Revolutionäre im Süden verlief die Entwicklung nicht ungünstig. Die Zapatisten von Morelos erhielten unerwarteten Zulauf aus dem Nachbarstaat Guerrero. Gemeinsam starteten die Partisanen eine neue Offensive gegen die Regierungstruppen, eroberten im März 1914 die Provinzhauptstadt Chilpancingo und belagerten anschließend Cuernavaca. Zapatas Guerillaarmee stand jetzt nur noch fünfzig Kilometer vor Ciudad de México.

Vollends unhaltbar wurde Huertas Lage durch den Zwischenfall von Veracruz. Die Vereinigten Staaten hatten ein Waffenembargo gegen Mexiko verhängt. Um eine Lieferung von Kriegsmaterial durch ein deutsches Schiff zu verhindern, entsandte die amerikanische Regierung ein Geschwader in den Golf von Tampico. Ohne auf die Proteste Huertas zu achten, besetzte eine amerikanische

Einheit den Hafen von Veracruz. Obwohl weder die Vereinigten Staaten noch Mexiko einen Krieg vom Zaun brechen wollten, zogen sich die amerikanischen Truppen nicht zurück. Erst auf die Intervention Argentiniens, Brasiliens und Chiles hin wurde der Konflikt beigelegt. Er führte jedoch der ganzen Welt und vor allem den mexikanischen Revolutionären die akute Schwäche des Huerta-Regimes vor Augen; ein Effekt, der dem amerikanischen Präsidenten nicht unwillkommen gewesen sein dürfte.

Von Süden rückte Zapata, von Norden Villa, von Nordwesten und Nordosten in einer Zangenbewegung der in Carranzas Diensten stehende General Alvaro Obregón auf die Bundeshauptstadt vor. Die Lage war für Huerta unhaltbar geworden. Ohne Unterstützung von außen sah er sich drei mächtigen Gegnern im Innern des Landes gegenübergestellt. Als sich der Belagerungsring um Ciudad de México am 15. Juli 1914 immer enger zusammenzog, gab Huerta auf. Er trat als Präsident zurück und floh mit demselben Dampfer, der *Ypiringa,* aus Mexiko, der bereits seinen Vorgänger Díaz ins Exil befördert hatte.

Jetzt endlich schien der Weg frei für die Revolutionäre – wenn sie sich einig gewesen wären! Hatten bestehende Differenzen bis zu diesem Zeitpunkt noch hinter dem gemeinsamen Ziel, dem Sturz Huertas, zurückstehen müssen, so traten sie nun offen zutage. Zapata stellte klar, daß er eine neue Regierung nur dann akzeptieren könne, wenn sie seinen *Plan de Ayala* in ihr Programm aufnehmen würde. Carranza, dem wohlhabenden Bürgertum entstammend, wollte sich sein Regierungsprogramm nicht von einem Bauern diktieren lassen. Villa, der sich bis dahin dem Nordstaatler Carranza stärker verbunden fühlte als dem Führer der südlichen Revolutionsarmee, war von der ersten persönlichen Begegnung mit Carranza bitter enttäuscht:

»Mein erster Impuls war Respekt gegenüber diesem alten Herrn, welcher der Repräsentant jener Ehre und Gerechtigkeit war, für die unsere Leute auf dem Schlachtfeld ihr Leben hingaben. Ich umarmte ihn in großer Gemütsbewegung, aber schon nach wenigen Worten begann mein Blut zu erstarren, denn ich begriff, daß ich ihm mein Herz nicht würde öffnen können, da ich für ihn kein Freund, sondern ein Rivale war. Niemals schaute er mir direkt in die Augen und seine ganze Konversation beschränkte sich darauf, mir immer unsere unterschiedliche Herkunft deutlich zu machen [...]. Ich hatte den Eindruck, einen Notar und keinen Volksführer vor mir zu haben, den Besitzer einer Hacienda, aber nicht den Bannerträger der Hoffnungen der Landarbeiter. Zwischen diesem Mann und mir gab es keine Gemeinsamkeiten: er war ein Politiker und ich ein bescheidener Kämpfer, er strebte mit allen Fasern nach der Präsidentschaft und ich wollte viele Dinge für mein Land, die er nicht verstehen konnte.«[5]

Zwar gelang es Villa und Carranza noch einmal, ihre Interessengegensätze zu überbrücken, doch war klar, daß ein solcher Kompromiß nur von kurzer Dauer sein konnte. Auch wenn Villas Bewegung konservativer war als die Zapatas, so vertrat er doch entschieden die Interessen der Bauern gegen die Hacendados: Villa sprach sich für eine Aufteilung des Latifundienbesitzes aus; Zapata wollte mit dem *Plan de Ayala* das Ejido-System etablieren, Carranza war allenfalls an moderaten Reformen interessiert und wollte in der Landfrage im wesentlichen alles beim alten belassen.

Einen Monat nach Huertas Abdankung übernahm Carranza mit Zustimmung Villas und Zapatas bis zur Wahl eines neuen Präsidenten die Regierungsgeschäfte in Ciudad de México. Huertas Bundesarmee hatte ausdrücklich nur gegenüber Carranzas Truppen kapituliert und ihnen so den Einzug in die Hauptstadt ermöglicht. Die Lage in Mexiko war nach wie vor äußerst instabil, mit einem Präsidenten, der nur eine Mehrheit der Bevölkerung hinter sich wußte, und zwei Revolutionsarmeen, die vor den Toren der Hauptstadt lagerten.

Carranza berief eine Konferenz in die nordmexikanische Stadt Aguascalientes ein, auf der die politischen Weichen für die Zukunft des Landes gestellt werden sollten. Es kam jedoch nicht zu einer Übereinkunft, sondern zu einem offenen Bruch zwischen den rivalisierenden Gruppen. Villa und Zapata traten im Bewußtsein ihrer militärischen Überlegenheit forsch auf und wollten Carranza ihre Bedingungen diktieren. Als dieser nicht akzeptierte, forderten sie unverblümt den Abzug von Carranzas Truppen aus der Hauptstadt.

Dem Interimspräsidenten blieb keine andere Wahl. Er gab seinem General Obregón den Befehl, Ciudad de México vollständig zu räumen. Vorher erklärte Obregón den Villistas noch den Krieg, zog sich dann aber widerstandslos zurück und verlegte seine Einheiten nach Veracruz, das soeben von den Amerikanern geräumt worden war. Am 26. November rückten die Partisanen Zapatas, zwei Tage später die Truppen Villas in die Hauptstadt ein.

Eine alte Photographie zeigt eine dicht gedrängte Menschenmenge im Nationalpalast von Ciudad de México. Soldaten in Galauniform stehen neben bewaffneten Partisanen mit über der Brust gekreuzten Patronengurten, Zivilisten präsentieren sich im Sonntagsanzug, zwischen ihnen recken vorwitzige Kinder ihre Hälse. Die meisten schauen etwas befangen drein, so als gehörten sie nicht an diesen Ort. Doch scheinen alle gemeinsam einen Wunsch zu haben: Sie wollen unbedingt auf dieses Bild! Denn es handelt sich um eine historische Aufnahme (sie wurde am 6. Dezember 1914 angefertigt): Der kräftige, pausbäckige, neunzig Kilo schwere Villa hat, in Uniform, mit einem jovialen Lächeln auf dem Präsidentenstuhl Platz genommen, aber er wirkt dennoch unsicher. Offenbar fühlt er sich in seiner neuen Rolle nicht wohl, wie seine Hände vermuten lassen, die nervös an seiner

Militärkappe herumspielen. Zu seiner Linken sitzt der schmächtige Zapata, noch deplazierter als Villa, starren Blicks, mit einem riesigen Schnauzbart im ernsten, mißmutig erscheinenden Gesicht, auf den Knien einen unförmigen Sombrero. Sehen so Männer aus, die nach vier Jahren Bürgerkrieg die Zukunft eines Landes in ihren Händen halten?

Um ihre Position zu sichern und Mexiko dauerhaft zu regieren, hätten Villa und Zapata Carranza dauerhaft besiegen müssen. Dazu waren sie jedoch nicht imstande. Es fehlte ihren Truppen an militärischer Organisation, um dem strategisch genialen Obregón die entscheidende Niederlage zufügen zu können. Zapatas Partisanen leisteten Außergewöhnliches bei der Befreiung ihrer Heimat, doch außerhalb der Grenzen von Morelos mangelte es ihnen an jeglicher Motivation, für die nationale Sache zu kämpfen. Weder Zapata noch Villa war es gelungen, die Arbeiter in Ciudad de México auf ihre Seite zu ziehen. Mißtrauisch beobachteten die traditionell antiklerikal eingestellten Gewerkschaften die fremden Bauernsoldaten, die sich, scheinbar politisch ungebildet, abergläubig, zum Zeichen ihrer tiefen Religiosität ein großes Holzkreuz am Halse baumelnd, in der Hauptstadt breitmachten. Obregón, im Gegensatz zu Carranza mit einem ausgeprägten sozialen Bewußtsein ausgestattet, überzeugte seinen Verbündeten, endlich neben politischen auch soziale Forderungen in seinem Programm festzuschreiben. Dadurch gelang es ihnen, die Industriearbeiter auf ihre Seite zu ziehen. Da Obregón mit dem Hafen von Veracruz eine exzellente Nachschubbasis zur Verfügung stand und er seine Reihen mit ehemaligen Huerta-Soldaten auffüllte, machte er seine militärischen Defizite gegenüber Villa und Zapata bald wieder wett.

Entscheidend für den weiteren Verlauf der Revolution wirkte sich Zapatas Weigerung aus, gemeinsam mit Villa gegen Obregón nach Norden zu ziehen. Seine Bauernsoldaten wollten nach Hause zurück, um ihre Felder zu bestellen und in der Heimat ihre neugewonnene Freiheit genießen. Sollten sich Villa und Obregón weit entfernt im Norden um die nationale Vorherrschaft streiten – Hauptsache war, daß die Revolution in Morelos endlich Früchte tragen sollte.

So war Villa im Entscheidungskampf gegen Carranza und Obregón auf sich allein gestellt. Den Ausschlag in der Auseinandersetzung gab das strategische Geschick des Generals. Obregón wendete moderne Taktiken an. Gleich den Armeen im fernen Europa, die zur selben Zeit auf den Schlachtfeldern Frankreichs und Belgiens den Ersten Weltkrieg ausfochten, ließ Obregón seine Soldaten Schützengräben ausheben, um die wild attackierenden Reitertruppen Villas mit Maschinengewehrfeuer zu empfangen. Nach vier schweren Niederlagen im Sommer 1915 mußte sich Villa mit seiner stark dezimierten Armee nach Chihuahua zurückziehen. Anfang August eroberten Obregóns Truppen die Bundeshauptstadt zurück; zwei Monate später saß Carranza wieder auf demselben Präsidentenstuhl, der Villa so unbehaglich erschienen war. Am 19. Oktober erfolgte die offizielle Anerkennung der Regierung Carranza durch die Vereinigten Staaten.

Die Zapatisten hatte sich unterdessen wieder in ihre Heimat zurückgezogen. Während der Bürgerkrieg im Norden ganze Landstriche verheerte und auch Ciudad de México ins Chaos stürzte, erlebte Morelos einen ungewohnten wirtschaftlichen Aufschwung:

»In Morelos ging die Revolution mit voller Kraft weiter. Im Frühling begannen die Erntearbeiten – die erste Frucht, die die Reform in den Dörfern abwarf. Was die Bauern jetzt einbrachten, waren nicht mehr Zuckerrohr und Reis von den Haciendas, sondern ihre altvertrauten Nahrungsmittel wie Mais und Bohnen. […] Im Laufe des Sommers türmten sich auf den Distriktmärkten von Morelos wieder ganze Berge von Bohnen, Mais, Kichererbsen, Tomaten, Zwiebeln, Chili und sogar von Hähnchen. Während die Bundeshauptstadt am Rande einer Hungersnot stand, hatten die einfachen Leute in Morelos mehr zu essen als 1910.«[6]

Zapata nutzte die günstige Situation, um sein sozialpolitisches Reformprogramm zu verwirklichen, das er in einem neuen Landwirtschaftsgesetz festgelegt hatte. Es bestand aus fünfunddreißig Artikeln und sah vor, den Dorfgemeinden und Privatpersonen alles Land zurückzugeben, das ihnen von den Großgrundbesitzern geraubt worden war. Jeder sollte soviel besitzen, wie er selbst bebauen konnte oder zur Deckung der Bedürfnisse seiner Familie benötigte. Das dazu notwendige Land erhielten die Bauern durch Enteignungen der Hacendados, die im Gegenzug für den Verlust entschädigt wurden. Der Landbesitz sämtlicher »Feinde der Revolution« sollte allerdings entschädigungslos enteignet und später kleinen Pächtern übertragen werden. In Artikel 5 wurden Höchstgrenzen für landwirtschaftlichen Besitz festgelegt – je nach Bodenqualität und Klimazone zwischen 100 und 1 500 Hektar. Die Artikel 32 und 33 erklärten Wasser zum nationalen Eigentum, bei dessen Nutzung die Landwirtschaft Vorrang vor der Energiegewinnung haben sollte.

Nach dem Sieg über Villa gab sich Carranza mit der Eroberung des Hauptstadtdistriktes nicht zufrieden. Er hatte Zapata die Schmach von Aguascalientes nicht vergessen und drängte seinen General, nun endlich gegen Morelos vorzurücken. Zunächst kam Obregóns Armee nur sehr langsam voran. Gegen gut ausgebildete, unabhängig voneinander operierende Partisaneneinheiten auf deren Heimatboden zu kämpfen, stellte sich gegenüber einer offenen Feldschlacht wie etwa gegen Villas Armee als wesentlich kompliziertere Angelegenheit heraus.

Bis ins Jahr 1916 hinein verlief das Leben in Morelos recht ruhig. Wie die meisten übrigen Bewohner genoß auch Zapata diese vorher nie gekannte Periode des Friedens:

»Zapata hatte sein Büro in einer alten Reismühle am Nordrand der Stadt *[Tlaltizapán]* eingerichtet. Dort hörte er sich Tag für Tag Gesuche von Bauern an, […] legte Strategie und Politik fest, erteilte Befehle und Anweisungen. Den Abend verbrachte er mit seinen Mitarbeitern auf der Plaza. Er trank ein Bier, stritt sich über mutige Hähne und unberechenbare, schnelle Pferde, diskutierte mit den Bauern, die sich zu ihm gesellten, über die Regenfälle und die Preise und rauchte, wie gewohnt, eine gute Zigarre. Dann kehrte er mit einer Frau aus der Stadt ins Hauptquartier zurück; während seiner Zeit in Tlaltizapán zeugte er mindestens zwei Kinder.«[7]

Die Zapatisten verfolgten weiterhin die Umsetzung ihrer Ideale und legten ein neues politisches Programm vor, das sich erstmals nicht auf den rein landwirtschaftlichen Bereich beschränkte. Zapata hatte erkannt, daß er die Revolution unmöglich auf Morelos beschränken konnte. Wenn er langfristig wirksame Reformen durchführen wollte, mußten diese für ganz Mexiko gelten. Vor allem war es ihm nun daran gelegen, auch die Industriearbeiter auf seine Seite zu ziehen. So forderte er die Einführung einer Unfall- und Rentenversicherung, die Bildung unabhängiger Gewerkschaften, die Festlegung der Arbeitszeit, die Abschaffung der Bezahlung mit Gutscheinen, die nur in firmeneigenen Läden eingelöst werden konnten, und die Garantie des Streikrechts. Sein Programm sah weiter die Einführung des parlamentarischen Systems mit einem direkten Wahlsystem vor, das Wahlfälschungen unmöglich machen sollte. Im ganzen Land sollten die »Feinde der Revolution« enteignet, ihr Besitz in Gemeineigentum überführt, Monopole aufgelöst, die Privilegien der Großbetriebe abgeschafft, ausländische Betriebe wirksam kontrolliert werden. Es propagierte eine Rechtsreform mit einer unabhängigen Justiz und die Ersetzung des kirchlichen durch ein staatliches Schulsystem.

»Von allen Programmen und Plänen, die von den revolutionären Gruppen bis zu diesem Zeitpunkt veröffentlicht worden waren, war dieses Reformprojekt das bei weitem radikalste und detaillierteste […]. Es ging zum ersten Mal eindeutig über den agrarischen Bereich hinaus und versuchte, alle Bereiche der Gesellschaft zu erfassen. Es betonte ausdrücklich die Interessen der Arbeiter, Handwerker und kleinen Gewerbetreibenden, deren soziale und politische Lage verbessert werden sollte. Es war weder utopisch noch radikal-sozialistisch, sondern wollte durch gesetzliche und administrative Maßnahmen die Bevölkerung vor Ausbeutung und Unterdrückung schützen. Eine Schicht allerdings sollte mit aller Macht ausgelöscht werden, die Schicht der ländlichen Großgrundbesitzer, denen im Weltbild der Zapatistas kein Existenzrecht zukam.«[8]

Zapatas politische Einsicht war jedoch zu spät gekommen. Obregóns Armee rückte in Morelos unaufhaltsam vor, so daß sich die Zapatisten aus allen größeren Orten in Morelos zurückziehen und sich auf die Führung eines reinen Guerillakrieges beschränken mußten. Im Frühjahr 1917 wendete sich das Blatt noch einmal, als in Morelos eine Typhusepidemie ausbrach und auch die Reihen der Regierungssoldaten lichtete. Obregón war gezwungen, sich vollständig aus Morelos zurückzuziehen.

Zu diesem Zeitpunkt befand sich der Staat Morelos aufgrund der anhaltenden Kriegssituation und Carranzas und Obregóns Politik der verbrannten Erde am Rande des wirtschaftlichen Ruins. Selbst bei eingefleischten Zapatisten ließ der revolutionäre Elan der früheren Jahre spürbar nach. Zwar gelang es ihnen, im vom Bürgerkrieg verwüsteten Morelos eine rudimentäre Verwaltung wiederaufzubauen, aber die Situation war nicht mehr mit der von 1915 zu vergleichen, als in Morelos die Landreform engagiert in Angriff genommen wurde. Die Zapatistas glaubten nicht mehr recht an ihre Chance, da sie sich militärisch auf Dauer der Bundesarmee nicht gewachsen sahen.

In dieser Zeit kehrten viele desillusionierte Mitstreiter Zapatas der Bewegung den Rücken zu. Sie hofften auf einen Kompromiß mit der Regierung, die vielleicht den

Status quo in Morelos anerkennen würde. Immer öfter kam es zu Konflikten innerhalb der Bewegung. Eufemio Zapata, der in der Armee der Zapatisten einen Generalsrang bekleidete, starb bei einem Streit mit einem seiner Offiziere; Otilio Montana, Mitverfasser des *Plan de Ayala*, wurde sogar des Hochverrats bezichtigt, von einem ›Revolutionstribunal‹ zum Tode verurteilt und hingerichtet. Versuche, neue Kontakte zu Villa herzustellen, der in seinem Heimatstaat Chihuahua weiter einen verzweifelten Guerillakrieg führte, schlugen ebenso fehl wie Bemühungen, die Regierung der Vereinigten Staaten für eine Unterstützung der Partisanen zu gewinnen.

Am 1. Mai 1917 trat eine neue mexikanische Verfassung in Kraft, die noch heute in ihren wesentlichen Teilen gültig ist. Für die Zapatistas war der die Agrarfrage regelnde Artikel 27 von entscheidender Bedeutung. Einige Mitglieder der Kommission, die die Verfassung ausgearbeitet hatte, stimmten in der Agrarfrage durchaus mit den Zapatistas überein. Der Artikel 27 erklärte alles Land und Wasser als ursprünglich dem Staat zugehörig: Dieser konnte dann seine Eigentumsrechte auf Privatpersonen übertragen. In dem Artikel wurde auch die Möglichkeit einer Übertragung des Großgrundbesitzes – gegen Entschädigung – sowohl auf kleine Pächter als auch auf die *Ejidos* gewährt. Ebenso sah der Artikel ein Grundbesitzverbot für Kirchen und Aktiengesellschaften vor.

Die Radikalität des Artikels 27 war unbestritten dem Einfluß zu verdanken, den Obregón auf Carranza ausübte. Dennoch handelte es sich bei dem Passus, der eine Umverteilung des Bodens vorsah, lediglich um eine Kann-Bestimmung. Letzten Endes lag es an der jeweiligen Regierung, die zur Durchführung dieser Bestimmung notwendigen Gesetze zu erlassen.

Zapata dachte nicht daran, die Waffen zu strecken. Der Teil seiner Anhängerschaft, der ihm immer noch treu ergeben war, beherrschte den Guerillakrieg meisterhaft.

Sein hartnäckiger Überlebenskampf wirkte zunehmend verunsichernd auf die Regierung Carranza. Der Präsident machte Obregón für die militärischen Mißerfolge verantwortlich; dieser ließ sich solche Vorwürfe nicht gefallen und warf wiederum Carranza Unfähigkeit vor. Der Streit der Bündnispartner eskalierte in einem Maße, daß Obregón Carranza die Gefolgschaft aufkündigte und selbst seinen Anspruch auf die Präsidentschaft anmeldete. Daraufhin versuchte Zapata, noch einmal in die mexikanische Politik einzugreifen. In einem offenen Brief an Carranza vom 17. März 1919 wandte sich Zapata »nicht an den Präsidenten der Republik, den ich nicht anerkenne und nicht an den Politiker, dem ich mißtraue, sondern an den Mexikaner, an den Menschen des Gefühls und des Verstandes«[9] und forderte den Präsidenten, dem er eine ähnliche Mißwirtschaft wie seinem Vorgänger Porfirio Díaz vorwarf, zum Rücktritt auf:

»Niemals haben Sie auch nur den Gedanken gehabt, daß die Revolution für die breiten Massen Verbesserungen bringen solle, für jene gewaltige Legion der Unterdrückten, die Sie und die Ihren mit Ihren Predigten aufwiegelten. [...] Im Agrarbereich sind die Haciendas an Generäle oder Günstlinge abgetreten oder verpachtet, die alten Latifundisten der Großbourgeoisie in nicht wenigen Fällen durch moderne Grundbesitzer ersetzt, welche Epauletten, Képi und eine Pistole am Gürtel tragen; die Dörfer sind in ihren Hoffnungen betrogen. Weder werden die Ejidos den Dörfern zurückgegeben, welche in ihrer überwiegenden Mehrheit enteignet bleiben, noch wird Land an die Werktätigen, die armen und wirklich bedürftigen Campesinos, verteilt.«[10]

Zapata beschreibt in seiner Anklage zwar treffend den Zustand des Landes im vierten Jahr der Regierung Carranza. Andererseits läßt der Brief auch deutliche Zeichen der Resignation Zapatas anklingen, der selbst wohl nicht mehr so recht daran glaubte, auf die Geschicke seines

Landes noch einmal Einfluß nehmen zu können. Um so erstaunlicher ist die Tatsache, daß Carranza die Vorwürfe ernst nahm und Vorbereitungen traf, um seinen hartnäckigsten Widersacher loszuwerden. Inwieweit Carranza tatsächlich an Zapatas Ermordung beteiligt war, läßt sich nicht mehr nachvollziehen; sicher aber ist, daß Kontakte zwischen dem Präsidenten und Jesús Guajardo, einem Offizier der Bundesarmee, bestanden.

Guajardo hatte die Aufgabe, Zapata in einen Hinterhalt zu locken. Unter dem Vorwand, zu den Partisanen überlaufen zu wollen, suchte er den Revolutionär in seinem Hauptquartier auf und lud ihn auf die Hacienda Chinameca im Süden von Morelos ein, um dort weitere Einzelheiten zu besprechen. In der Absicht, sein Opfer zu täuschen, hatte er am Tag zuvor mit anderen angeblichen Meuterern in Zapatas Namen die Stadt Jonacatepec an der Grenze zum Staat Puebla besetzt.

Am 10. April 1919 erschien Zapata mit 150 Gefolgsleuten in Chinameca. Die Verhandlungen fanden vor der Hacienda statt. Nachdem einige Stunden vergangen waren, schlug Guajardo vor, Zapata solle mit ihm in der Hacienda zu Mittag essen. Nichts Böses argwöhnend, akzeptierte dieser die Einladung. Was danach geschah, schildert einer seiner Begleiter:

»Unsere zehn folgten ihm, wie er befohlen hatte. Die anderen blieben (vor den Mauern), ruhten sich im Schatten der Bäume aus und fühlten sich so sicher, daß sie die Gewehre zusammengestellt hatten. Guajardos Leute hatten sich in Reih' und Glied wie eine Ehrengarde aufgestellt. Dreimal blies das Signalhorn den Ehrensalut; und als der letzte Ton verklang und der Chefgeneral die Schwelle des Tors erreichte ... legten die Soldaten, ohne ihm auch nur Zeit zu lassen, seine Pistolen zu ziehen, aus nächster Nähe die Gewehre an und feuerten zwei Salven ab, und unser unvergeßlicher General Zapata fiel, um nicht wieder aufzustehen.«[11]

Mit dem Tode Zapatas hatte die revolutionäre Bewegung in Morelos ihre treibende Kraft verloren. Unter dem neuen Anführer Gildardo Magana vollzogen die Zapatisten eine politische Wende. Sie traten in einen Dialog mit Obregón und beschlossen, im bevorstehenden Präsidentschaftswahlkampf für ihn Partei zu ergreifen. Als Carranza ganz im Stil Diaz' die Kandidatur Obregóns hintertrieb, wurde er von diesem unter tatkräftiger Mithilfe Maganas gestürzt. Diesmal stand kein Schiff für den Ex-Präsidenten bereit. Ein Offizier bot sich Carranza als Fluchthelfer an. In Wirklichkeit hatte er nur die Absicht, ihn zu beseitigen; am 21. Mai 1920 setzte er seinen Mordplan in die Tat um.

Obregón wurde am 5. September 1920 zum Präsidenten gewählt. Mit dem Beginn seiner Amtszeit endete auch die mexikanische Revolution. Obregón zeigte sich den neuen Zapatisten gegenüber dankbar und ermöglichte einigen von ihnen, darunter auch Magana, politische und militärische Karrieren. Nicht so gnädig verfuhr er mit seinem alten Widersacher Pancho Villa, der inzwischen resigniert den Guerillakampf aufgegeben hatte. Als Villa am 20. Juli 1923 während einer Spazierfahrt von einem Scharfschützen erschossen wurde, hatte Obregón vermutlich seine Hand im Spiel. Doch auch Obregón sollte es nicht besser ergehen: Er starb am 17. Juli 1928 in einem Restaurant durch die Kugel eines radikalen Katholiken. Als Grund gab der Attentäter Obregóns antiklerikale Politik an.

Emiliano Zapata wird heute immer noch als Held der mexikanischen Revolution verehrt. Die Aufständischen von Chiapas hinterlassen bei ihren Streifzügen stets Wandparolen mit ihrem Kürzel EZLN, dem sie ein ›Viva Zapata!‹ hinzufügen. Dennoch haben sich die Zeiten geändert. Subcomandante Marcos griff auf keine Photographie zurück, um die Welt über seine Revolution zu informieren. Er verkündete den Beginn seines Aufstands direkt aus dem tiefsten Dschungel von Chiapas heraus: via Internet.

Nestor Machno (1889–1934)

Der Erfinder des modernen Partisanenkrieges

Der Mann, der am 16. März 1934 in das Pariser Armen-
hospital Tenon eingeliefert wurde, sah viel älter aus als
die vierundvierzig Jahre, die in seinem Pass angegeben
waren. Er stammte aus der Ukraine, sprach nur schlecht
Französisch, war völlig mittellos und litt an Tuberkulose
im Endstadium. Freunde hatte er keine; Besuch erhielt er
nur von seiner Frau und seiner Tochter. Zweimal wurde er
an der Lunge operiert, doch konnten ihm die Ärzte nicht
mehr helfen. Frühmorgens am 25. Juli 1934 schloß er für
immer die Augen. Seine sterblichen Überreste wurden
zum nahegelegenen Friedhof Père Lachaise gebracht und
dort verbrannt.

Bei der Beerdigung stellte sich heraus, daß Nestor
Machno doch nicht ganz in Vergessenheit geraten war.
Mehr als vierhundert Trauergäste, darunter viele russische

Exilanten und führende Anarchisten aus Frankreich, Spanien und Italien, gaben ihm das letzte Geleit. Auch einige Pariser Zeitungen, an erster Stelle das KP-Organ *L'Humanité*, veröffentlichten ausführliche Nachrufe. Ganz und gar ungewöhnlich war die Würdigung des Verstorbenen im Mitteilungsblatt des französischen Außenministeriums, *Le Temps*. Dessen Moskauer Korrespondent Pierre Berland schrieb über den Toten:

»Gewiß hatten an der Niederlage Denikins *[im Russischen Bürgerkrieg gegen die Bolschewiki]* die aufständischen Bauern unter Machnos schwarzer Fahne größeren Anteil als Trotzkis reguläre Armee. Machnos Partisanen sorgten letztendlich dafür, daß das Pendel zugunsten der Roten ausschlug. Auch wenn Moskau diese Tatsache heute sorgfältig verschweigt, wird die unvoreingenommene Geschichtsschreibung sie in Erinnerung behalten.«[1]

Nestor Machno wurde am 27. Oktober 1889 im südukrainischen Guljaj-Pole geboren, einer im Dreieck Dnjepr – Donezbecken – Asowsches Meer gelegenen Kleinstadt. Sein Vater Iwan arbeitete als Kutscher im Dienst eines reichen Kaufmanns und Fabrikanten. Als er starb, war Nestor gerade elf Monate alt. Bereits mit sieben Jahren mußte er die Kühe und Schafe der Dorfbauern hüten, um zum Lebensunterhalt der Familie beizutragen. Die Schule konnte er daher nur während einiger Wintermonate besuchen. Als er zehn Jahre alt war, verließ Nestor die Schule, um als Hirte bei einem deutschstämmigen Gutsbesitzer zu arbeiten. Nach einem kurzen Intermezzo als Anstreicher und Verkäufer bei einem Weinhändler verdingte er sich in einer Eisengießerei. Als in Rußland die erste Revolution ausbrach, arbeitete der inzwischen Fünfzehnjährige als Knecht, unter anderem auf den Feldern seiner Mutter und seiner vier Brüder.

Ausgelöst wurde die Revolution am 9. Januar 1905 durch den Petersburger ›Blutsonntag‹: Der beim einfachen Volk durchaus beliebte Zar Nikolaus II. ließ eine

Demonstration unzufriedener Arbeiter vor seinem Winterpalast gewaltsam auflösen; nach den Schüssen der Wachmannschaften blieben mehr als hundert Tote zurück. Der überraschend verlorene Krieg der Großmacht Rußland gegen das aufstrebende Japan tat ein übriges, um alle gesellschaftlichen Gruppen gegen den Zaren aufzubringen. Erst als Nikolaus in einem Manifest bürgerliche Freiheiten und die Einführung eines Parlaments, der Duma, versprach, beruhigte sich die Volksseele wieder einigermaßen. Einen nächsten Ansturm aber, darüber waren sich alle Russen mit Ausnahme ihres der Realität bereits recht weit entrückten Staatsoberhauptes einig, würde die Zarenherrschaft nicht überstehen.

Mit der Umsetzung seiner Versprechen ließ sich das Regime Zeit, nicht aber mit Vergeltungsmaßnahmen gegen die revolutionären Bevölkerungsgruppen. Nach der blutigen Unterdrückung der Arbeiterschaft im Herbst litten in den folgenden beiden Jahren auch die Bauern schwer unter den Repressalien. Die Kluft zwischen Zar und Volk blieb bestehen, bald herrschte in Rußland trotz der Einführung der Duma wieder die gleiche Stimmung wie vor 1905.

Nestor Machno war durch den Ausbruch der Revolution erstmals mit politischen Angelegenheiten in Berührung gekommen. In der Südukraine hatten sich die Gegensätze zwischen kleinen Bauern, die ihre Felder noch in der Dorfgemeinschaft bebauten und auf Selbstversorgung abgestimmt waren, und modernen Gutsbesitzern, deren Landwirtschaft sich allein auf die Erzielung von Gewinnen ausrichtete, besonders stark entwickelt. Beide konkurrierten miteinander beim Landerwerb. Da eine intensive Bebauung des Bodens nicht möglich war – es fehlte an modernen Saat- und Dreschmaschinen; selbst Zugtiere waren Mangelware –, blieb der Kauf von zusätzlichem Land die einzige Möglichkeit, die Ernteerträge zu steigern. Zwar bildete sich durch die Reformen des russischen

Ministerpräsidenten Stolypin im Jahre 1906, die den Landerwerb kleiner Bauern begünstigten, auch eine zahlenmäßig starke Schicht mittlerer Bauern heraus, doch verbesserte sich die Lage der ländlichen Unterschicht keineswegs. Die Bodenpreise stiegen immer höher, so daß bald nur noch die kapitalstarken Großbauern in die Landwirtschaft investieren konnten. Um dieser Entwicklung entgegenzuwirken, schlossen sich die ärmeren Bauern in Genossenschaften zusammen. Viele Mittelbauern, die mit den Großen nicht mithalten konnten, fühlten sich entsprechend von der Regierung im Stich gelassen.

Machno kam in Kontakt zu einer Gruppe von Anarchisten in Guljaj-Pole, die den Kulaken, den Großbauern und Gutsbesitzern, den Kampf angesagt hatte. Aber auch den Stolypinschen Reformen, deren Rücknahme sie forderte, galt ihr Augenmerk. Machno verbreitete die Flugblätter der Gruppe und nahm später an ihren Aktionen teil.

Zur Finanzierung ihrer Aktivitäten verübten die Anarchisten eine Reihe kleinerer Überfälle auf Kaufleute und Industrielle. Bei einem Angriff auf einen Postwagen wurden zwei Bewacher getötet. Daraufhin verstärkte die Polizei ihre Ermittlungen. Im Juni 1908, kurz vor einem geplanten Bombenattentat auf einen Polizeiposten, wurde Machno zusammen mit vierzehn Komplizen verhaftet. Das Gericht in Jekaterinoslaw (dem heutigen Dnjepropetrowsk) verhängte gegen Machno die Todesstrafe. Das Urteil wurde kurz darauf in lebenslange Zwangsarbeit umgewandelt, weil er zum Zeitpunkt der ihm zur Last gelegten Taten noch keine zwanzig Jahre alt war. Auch die Zwangsarbeit in einem sibirischen Lager brauchte Machno nicht anzutreten, da die Behörden es für ratsamer hielten, ihn wegen seines angegriffenen Gesundheitszustands – er hatte sich kurz zuvor mit Typhus infiziert – nach Moskau zu verlegen.

Im Butyrki-Gefängnis verbrachte Machno die Zeit zwischen 1910 und 1917. Dort zog er sich die Tuberkulose zu, an der er im Pariser Exil zugrunde gehen sollte; und dort schloß er auch Freundschaft mit einem Menschen, der ihn lange Jahre hindurch begleiten und später sein Biograph werden sollte. Peter Arschinow, ein gelernter Schlosser, hatte sich selbst durch Lesen eine gewisse Bildung angeeignet. Erbittert durch die Repressalien nach der gescheiterten Revolution hatte er sich einer anarchistischen Terrorgruppe angeschlossen, um den zaristischen Polizeistaat zu bekämpfen. Bei einem Bombenanschlag auf ein Polizeirevier tötete die Gruppe zwei Offiziere und einen Wachsoldaten. Später erschoß Arschinow aus Rache den Chef der Eisenbahnwerke in Alexandrowsk, weil dieser über hundert an einem bewaffneten Aufstand beteiligte Arbeiter vor ein Kriegsgericht gebracht hatte. Seiner Verhaftung entzog er sich durch Flucht ins Ausland. Als er beim Waffenschmuggel an der russischen Grenze erwischt wurde, lieferten ihn die österreichischen Behörden aus. Wie Machno wurde er zu lebenslanger Zwangsarbeit verurteilt. Über die gemeinsame Haftzeit schreibt Arschinow:

»So schwer und hoffnungslos das Leben in der Katorga *[Zwangsarbeit]* auch war, war Machno dennoch bemüht, seinen Aufenthalt dort zur Förderung seiner Bildung zu benutzen, und er legte in dieser Hinsicht einen ungemeinen Eifer an den Tag. Er lernte russische Grammatik, beschäftigte sich mit Mathematik, mit russischer Literatur, Kulturgeschichte und politischer Oekonomie. Die Katorga war recht eigentlich die einzige Schule, in der Machno sich seine historischen und politischen Erkenntnisse erworben hat, die ihm dann späterhin in seiner revolutionären Wirksamkeit eine sehr wesentliche Hilfe waren. Das Leben, die Tatsachen des Lebens waren die andere Schule, die ihm Menschenkenntnis und Urteil für die gesellschaftlichen Ereignisse beibrachte.«[2]

Am 1. August 1914 erklärte das Deutsche Reich, am 6. August Österreich-Ungarn dem Zarenreich den Krieg.

Bereits ein Jahr später war abzusehen, daß Rußland diesen Krieg verlieren würde. Als zwei Jahre später das Transportwesen völlig zusammenbrach, zog dies in fast allen Städten des russischen Reiches eine schwere Hungersnot nach sich. Die Folgen waren Demonstrationen aller Bevölkerungsschichten, die sich rasch zu einem allgemeinen Aufstand ausweiteten. Am 26. Februar 1917 telegrafierte der Parlamentspräsident Rodsjanko an den Zaren:

»In der Hauptstadt herrscht Anarchie. Regierung gelähmt. Lebensmittel- und Brennstoffzufuhr völlig zusammengebrochen. Allgemeine Unzufriedenheit wächst. Auf den Straßen chaotische Schießereien. Teile der Truppen schießen aufeinander. Sofort notwendig, einen Mann allgemeinen Vertrauens mit Regierungsneubildung zu beauftragen. Kein Zaudern. Weiteres Hinausschieben tödlich. Ich bete zu Gott, in dieser Stunde möge Verantwortung nicht auf den Träger der Krone fallen.«[3]

Zar Nikolaus II. soll darauf nur geantwortet haben: »Der dicke Rodsjanko hat mir wieder mal allen möglichen Unsinn geschrieben, auf den ich nicht einmal antworten werde.«[4] Das brauchte er auch nicht, denn einen Tag später war die Macht bereits in den Händen der Aufständischen, und am 3. März unterschrieb der Zar seine Abdankungsurkunde.

Die Februarrevolution von 1917 öffnete für alle politischen Gefangenen im russischen Reich die Zellentore. Machno verließ am Abdankungstag des Zaren Moskau, um in seine alte Heimat zurückzukehren. In Guljaj-Pole wurde er als Held empfangen. Ein kleines Häuflein übriggebliebener Anarchisten, die unter der Repression des Zarenregimes harte Jahre erlebt hatten, nahmen den Heimkehrer mit offenen Armen auf. Von dem ehemaligen politischen Häftling erwarteten sie, daß er eine Führungsrolle bei der Verwirklichung ihrer gemeinsamen revolutionären Ziele übernehmen würde.

Machno enttäuschte seine alten Mitstreiter nicht. Umgehend begab er sich an die Gründung einer Interessenvertretung für die kleinen Bauern, der sich bald auch die Mittelbauern anschlossen. Niemand in Guljaj-Pole hinderte sie an ihrem Vorgehen; die zaristische Verwaltung war vollständig zusammengebrochen, das entstandene Machtvakuum mußte nur noch ausgefüllt werden.

Anfang August 1917 fand in Jekaterinoslaw, der Hauptstadt des gleichnamigen Gouvernements, ein regionaler Kongreß aller Bauernvereinigungen statt. Machno erschien als Delegierter von Guljaj-Pole. Die Versammlung beschloß, die bisherigen Vereinigungen in Räte umzuwandeln. Ziel dieser Sowjets sollte es sein, die Großgrundbesitzer zu enteignen, das Land an die Bauern zu verteilen und die Macht in allen lokalen Regierungskomitees zu übernehmen.

In Guljaj-Pole brachten Machno und seine Anhänger in den nächsten Monaten die Lage unter ihre Kontrolle. Auf freiwilliger Basis gegründete Bauernkommunen in einer Stärke von jeweils 50 bis 200 Mitgliedern bewirtschafteten jetzt das früher den Großbauern gehörende Land. Auch Machno arbeitete in einer solchen Kommune.

Die gesamtpolitische Situation änderte sich plötzlich, als in der Ukraine, die bis zum Sturz Nikolaus II. Teil des Zarenreiches war, eine bürgerlich-nationalistische Regierung die Macht übernahm. Die in Kiew ansässige Zentralrada konnte jedoch nur wenig Einfluß auf die örtlichen Räte ausüben, die – wie in Guljaj-Pole – die eigentliche Politik bestimmten. In ihrer Herrschaft angefochten und militärisch bekämpft wurde die Rada allerdings von den ukrainischen Bolschewiki, die im Dezember 1917 in Charkow eine provisorische Sowjetregierung einsetzten. Um einen Zusammenschluß ukrainischer und russischer Bolschewiki zu vermeiden, proklamierte die Rada die Unabhängigkeit der Republik Ukraine von Rußland. Als ersten Schritt einer eigenständigen Politik schloß sie am

9. Februar 1918 einen Separatfrieden mit den Mittelmächten ab. Gleichzeitig ersuchte die neue ukrainische Regierung Deutschland und Österreich-Ungarn um militärische Hilfe im Bürgerkrieg gegen die immer weiter vorrückenden Bolschewiki, deren Verbände bereits im Januar die Hauptstadt Kiew eingenommen hatten. Im Frühjahr besetzten deutsche und österreichisch-ungarische Truppen die gesamte Ukraine.

Als erste Maßnahme erklärten die neuen Machthaber die Rada für abgesetzt, weil sie die Enteignungen der Großgrundbesitzer und die Umverteilung des Landes an die Bauern gutgeheißen hatte. An ihrer Stelle richteten sie ein Marionettenregime unter dem Oberbefehlshaber der ukrainischen Armee, Pavel Skoropadski, ein. Der Hetman sorgte in einem Erlaß umgehend dafür, daß in der Ukraine das gesamte von den Bauern in Beschlag genommene Land an die früheren Besitzer zurückgegeben wurde.

Damit waren in der Ukraine die Verhältnisse wiederhergestellt, wie sie vor der Februarrevolution geherrscht hatten. Die Bauern fanden sich nicht mit der neuen Politik Skoropadskis ab. Sie durchschauten, daß hinter der Figur des Hetmans der militärische Befehlshaber der Besatzungsarmee, Hermann von Eichhorn, stand. Um die Versorgung der fremden Soldaten zu sichern, wurden die Bauern zur Herausgabe ihrer gesamten Ernte gezwungen, die der Hetman kurzerhand als Staatseigentum deklarierte. Es kam zu vereinzelten Ausschreitungen der Bauern; die Soldaten antworteten mit spontanen Vergeltungsaktionen. Von Eichhorn mahnte ein effizienteres Vorgehen an:

»Es muß hier rücksichtslos durchgegriffen werden. Einige statuierte Exempel werden bei dem Charakter der Bevölkerung Wunder wirken. […] Diese unsauberen, hetzerischen und gefährlichen Elemente müssen unter allen Umständen unschädlich gemacht und im Interesse des Landes sowohl wie der deutschen Autoritäten aus den

Dörfern entfernt werden. Bei Widerstand ist nach Kriegs-
gebrauch zu verfahren … Es muß absolut vermieden werden, daß durch törichte Maßnahmen wie Mißhandlungen
oder Niederbrennen von Dörfern das deutsche Ansehen
geschädigt wird. Es hat entweder Festnahme oder Exekution zu erfolgen.«[5]

Mit diesem Befehl hatte sich von Eichhorn jedoch zu
weit aus dem Fenster gelehnt. Nur wenige Wochen später,
am 30. Juli 1918, fiel er in Kiew einem Bombenanschlag
zum Opfer.

Guljaj-Pole war im Verlauf der deutsch-österreichisch-
ungarischen Operation ebenfalls von fremden Truppen
besetzt worden. Angesichts der starken militärischen Präsenz schien Machno ein militärischer Widerstand nicht
ratsam. Er beschloß, zunächst abzuwarten und sich ruhig
zu verhalten. Um die Zeit zu nutzen und um sich aus nächster Nähe die Errungenschaften der bolschewistischen
Oktoberrevolution anzuschauen, reiste er nach Moskau.
Er wurde jedoch enttäuscht. Vor allem die Moskauer
Anarchisten erschienen ihm desillusioniert und mutlos.
Der Grund lag auf der Hand: Nach einer Durchsuchung
ihrer Zentrale durch Polizei und Militär im Frühjahr
waren viele von ihnen verhaftet worden, erinnert sich
Voline, ein bekannter russischer Anarchist, der sich wie
Arschinow später der Machno-Bewegung in der Ukraine
anschloß:

»Trotzki, der seit zwei Wochen den Anschlag vorbereitet und persönlich in den Regimentern eine hemmungslo-
se Propaganda gegen die ›Anarcho-Banditen‹ betrieben
hatte, konnte mit Genugtuung seine berühmte Erklärung
abgeben: ›Endlich befreit die Sowjetmacht Rußland mit
eisernem Besen vom Anarchismus.«[6]

Bei einem Treffen mit Lenin, der den jungen Revolutionär aus dem Süden unbedingt kennenlernen wollte,
fragte Machno diesen nach dem Grund der Verhaftungen. Lenin antwortete lapidar, die Anarchisten hätten in

ihrer Zentrale Banditen beherbergt. Machno setzte noch einige Male an, mußte aber bald erkennen, daß er Lenin rhetorisch nicht gewachsen war. Er fühlte sich wie ein Schuljunge seinem Lehrer gegenüber – und war erleichtert, als er den Kreml wieder verließ.

Machno nahm aber auch angenehme Erinnerungen aus Moskau mit nach Hause. Dazu zählte sein Treffen mit Peter Kropotkin, der ebenso wie Michail Bakunin zu den Vätern der anarchistischen Bewegung in Rußland gerechnet werden muß. Kropotkin, dessen Werke Machno im Gefängnis gelesen hatte, ermunterte den ernüchterten Idealisten, trotz der Übergriffe der Bolschewiki gegen die Moskauer Anarchisten seinen einmal eingeschlagenen Weg konsequent fortzusetzen:

»Man muß sich, lieber Genosse, immer in Erinnerung rufen, daß bei unserem Kampf kein Platz für Sentimentalitäten ist. Aber wenn wir weiter unneigennützig mit der Kraft unseres Willens und unseres Herzens unser Ziel weiterhin verfolgen, werden wir alle Hindernisse aus dem Weg räumen.«[7]

Machno nahm diese Worte seines Mentors sehr ernst. Zurück in Guljaj-Pole, organisierte er unverzüglich den Widerstand gegen das Hetmanregime und die fremden Besatzer. Dabei kamen ihm seine alten Verbindungen zu den Anarchistenkreisen sehr gelegen. Um Geld für Waffenkäufe zu beschaffen, überfiel er mit einigen Genossen eine Bank und erbeutete bei dieser Aktion 44 000 Rubel. Machno stellte eine kleine Partisanenarmee aus Anarchisten und einheimischen Bauern zusammen und organisierte Überfälle auf isolierte Einheiten der Hetmanarmee. Stets ließ er die gefangenen Mannschaften frei; stellte ihnen aber auch anheim, sich ihm anzuschließen. Die in seine Hände geratenen Offiziere wurden allerdings ohne Pardon erschossen. In den erbeuteten Uniformen tauchte Machno mit seinen Partisanen bei Großbauern auf, die mit den Besatzern sympathisierten. Sie ließen sich bewirten und gaben sich schließlich zu erkennen. Im Namen der unterdrückten Bauern übten sie dann ihre Rache. Nach jeder Vergeltungsaktion verschwanden Machno und seine Begleiter ebenso plötzlich, wie sie gekommen waren. Sie versteckten ihre Waffen, gingen zurück auf ihre Felder und verrichteten ihr Tagwerk.

Einmal wurde Machno nach einem solchen Überfall von deutschen Truppen verfolgt und in einem Wald nahe dem Dorf Dibriwka eingekesselt. Die Lage schien ausweglos für die Partisanen. In dieser Situation faßte Machno den scheinbar verrückten Plan, mit dreißig seiner Leute das Dorf selbst, in dem österreichische Truppen einquartiert waren, anzugreifen. Seine Mitstreiter willigten ein, da sie sich ohnehin verloren glaubten. Die Partisanen schlichen sich bis auf 100 Meter an die gerade mit Exerzierübungen beschäftigten Soldaten im Dorf heran und eröffneten aus ihren Lewis-Maschinengewehren das Feuer. Anstatt sich zu sammeln und einen Gegenschlag auszuführen, stürmten die Österreicher in wilder Flucht davon, viele Tote und Verwundete zurücklassend. Die Bauern des Dorfes, die den Überfall mitbekommen hatten, jagten mit Äxten, Sensen und Mistgabeln hinter ihnen her. Die Panik der fliehenden Soldaten griff auch auf die Einheiten über, die Machno eingekesselt hatten. In der völlig unübersichtlich gewordenen Situation war es für ihn und seine Mitstreiter schließlich kein Problem, unversehrt zu entkommen. Durch diesen Handstreich wurde Machno im ganzen Gouvernement Jekaterinoslaw bekannt. Militärisch bedeutete der Sieg nicht viel, aber er brachte eine Vielzahl von Bauern, die ihre Angst vor den Besatzern verloren hatten, auf die Seite der Aufständischen.

In der Zeit nach dem Gefecht von Dibriwka ließ die Kampfmoral der Besatzungstruppen rapide nach. Dies lag nicht nur an den Partisanen, sondern vor allem an den schlechten Nachrichten von der Westfront, die im Herbst 1918 fast täglich in der Ukraine eintrafen. Am 3. November kapitulierte Österreich-Ungarn, acht Tage darauf unterzeichnete auch das Deutsche Reich ein von den Alliierten diktiertes Waffenstillstandsabkommen. Die deutschen und österreichischen Einheiten rückten aus der Ukraine ab und ließen einen hilflosen Skoropadski zurück. Das Hetmanregime sollte bald durch ein der ehemaligen Zentralrada nahestehendes Direktorium unter dem Nationalisten Simon Petljura abgelöst werden.

In Guljai Polje traf Machno auf keine weiteren Widerstände. Mit seinen Partisanen rückte er in das Städtchen ein, das für das nächste halbe Jahr von kriegerischen Aktionen verschont bleiben und von einem Arbeiter- und Bauernrat regiert werden sollte. Diese Periode relativer Ruhe und Sicherheit gab der Machno-Bewegung zum ersten und einzigen Mal während des gesamten Bürgerkriegs in der Ukraine die Möglichkeit, für einen längeren Zeitraum – wenn auch nur auf einem sehr begrenzten Gebiet – eine zivile Regierung zu bilden.

Wie lief das Leben in Guljaj-Pole in dieser Zeit ab? Peter Arschinow, der wie viele andere russische und ukrainische Anarchisten zu den Aufständischen im Süden gestoßen war, beschreibt seine Eindrücke:

»Einen klaren, bestimmten Aufbauplan für ein freies Leben der Arbeiter und Bauern schien die Bewegung noch nicht zu haben. Jedoch brachte sie allmählich im weiteren Verlauf ihrer Entwicklung ihre ausgesprochene Eigenart heraus. [...] Es war das die gewaltigste und größte Periode der revolutionären Aufstandsbewegung, unter dem Namen ›Machnowstschina‹ bekannt. Besonders charakteristische und spezifische Seiten dieser Bewegung waren: tiefes Mißtrauen zu den nicht werktätigen oder privilegierten Gruppen der Gesellschaft; mißtrauisches Verhalten zu den politischen Parteien; Ablehnung der Diktatur irgend welcher Organisation über das Volk, Ablehnung des Prinzips der Staatlichkeit; vollkommenen Selbstverwaltung der Werktätigen an jedem Orte. Als konkrete und primäre Form dieser Selbstverwaltung sollten freie, werktätige Sowjets der Arbeiter- und Bauernorganisationen organisiert werden.«[8]

Mit anderen Worten: Sämtliches Land gehörte den Bauern, alle Fabriken den Arbeitern. Allein der Dorfversammlung kam das Recht zu, darüber zu entscheiden, wie die einzelnen Grundstücke verteilt werden sollten. Die Bauern schlossen sich zu Genossenschaften und Kommunen zusammen. Zwangskollektivierungen, wie sie die Bolschewiki vornahmen, wurden in der Südukraine nicht durchgeführt. Die Zusammenschlüsse erfolgten in der Tat auf freiwilliger Basis; jeder, der sein eigenes Land ganz allein bebauen wollte, konnte dies auch tun. In den wenigen Fabriken wählten die Arbeiter Betriebskomitees, die die Leitung der Firma übernahmen. Die Geldwirtschaft in den südukrainischen Gouvernements sollte auf lange Sicht durch freien Warenaustausch ersetzt werden, was im Fall der Industriearbeiter problematisch war, da sie in dieser agrarisch dominierten Region nicht genügend produzieren konnten, um ausreichend Lebensmittel einzutauschen. Rede-, Presse-, Versammlungs- und Vereinigungsfreiheit wurden – ein Novum im Russischen Reich! – garantiert. Die verhaßte Polizei wurde abgeschafft und durch eine zivile Selbstschutzorganisation ersetzt; desgleichen die Gerichte, an deren Stelle sogenannte Revolutionstribunale traten.

Dreimal fanden im ersten Halbjahr 1919 in Dibriwka und in Guljaj-Pole Arbeiter- und Bauernkongresse statt, zu denen Delegierte aus allen Teilen der Gouvernements Jekaterinoslaw, Cherson und Taurien erschienen. Insgesamt waren auf den Treffen rund zwei Millionen Menschen repräsentiert. Standen auf dem ersten Kongreß fast ausschließlich militärische Fragen auf der Tagesordnung, wurden bei der zweiten Versammlung Beschlüsse über die lokale und regionale Verwaltung und zu wirtschaftlichen Fragen gefaßt.

Auch der unter der bäuerlichen Bevölkerung der Ukraine weit verbreitete Antisemitismus kam zur Sprache. Viele Mitglieder in Machnos Partisanenarmee waren jüdischen Bekenntnisses; sie widerlegten das gängige Klischee, alle Juden seien reich, reaktionär und die schlimmsten Unterdrücker der Bauern. Die große Mehrheit der Delegierten erteilte diesen tradierten rassistischen Ansichten eine ebenso klare Absage wie dem Antisemitismus im allgemeinen. Ausschreitungen und Übergriffe jeglicher Art gegen die jüdische Bevölkerung wurden unter schwerste Strafen gestellt, die auch konsequent angewandt wurden.

Auf dem dritten Kongreß stellte sich heraus, daß das größte Problem für die Anhänger Machnos die Bolschewiki waren. Die Partisanen operierten nach dem Abschluß eines Bündnisses mit ihnen als selbständige Einheit in der Roten Armee. Ihr Erkennungszeichen war die schwarze Fahne der Anarchisten. Die gut organisierten Partisanentruppen erwiesen sich als sehr wirksam im Kampf gegen die Petljura-Regierung und die Weißgardisten, eine Freiwilligenarmee, in der sich sämtliche Gegner der Oktoberrevolution wiederfanden. Sobald jedoch die militärische Bedrohung für die Rote Armee weniger akut war, gingen die politischen Kommissare der Bolschewiki daran, Machno und seine Anhänger unter ihre Botmäßigkeit zu zwingen. Sie erklärten den dritten Kongreß der Machnowstschina für konterrevolutionär und verboten ihn einfach. Das Treffen wurde dennoch wie geplant abgehalten. In einer Resolution distanzierten sich die Teilnehmer scharf vom Vorgehen der Bolschewiki:

»Fahrt fort, alle für konterrevolutionär zu erklären, die als erste das Banner des Aufstandes, der sozialen Revolution in der Ukraine aufgerollt haben und ohne Eure Erlaubnis überall vorrückten, und zwar nicht genau nach Eurem Programm, sondern ein wenig mehr nach links. [...] Erklärt alle revolutionären Kongresse, die ohne Eure Erlaubnis tagen, für konterrevolutionär und ungesetzlich, wisset aber, daß die Gewalt von der Wahrheit besiegt wird, und der Sowjet wird trotz Eurer Drohungen auf die Erfüllung der ihm auferlegten Pflichten nicht verzichten, da ihm hierzu kein Recht zusteht, und da ihm auch nicht das Recht zusteht, die Rechte des Volkes zu usurpieren.«[9]

Der Konflikt mit den Bolschewiki spitzte sich zu, als Leon Trotzki, der als Volkskommissar für Verteidigung das Oberkommando über die Rote Armee innehatte, seinen Befehl Nr. 1824 hinsichtlich der Teilnahme an dem für den 4. Juni anberaumten vierten Regionalkongreß erließ:

»I) Der obengenannte Kongreß ist verboten und kann auf gar keinen Fall gestattet werden.

 II) Die gesamte Arbeiter- und Bauernbevölkerung muß mündlich und schriftlich gewarnt werden, daß die Teilnahme am Kongreß als Hochverrat an der Sowjetrepublik und an der Sowjetfront betrachtet werden wird.

III) Alle Abgeordneten, die zu dem genannten Kongreß gewählt wurden, sind sofort zu verhaften und dem revolutionären Kriegstribunal ... einzuliefern.«[10]

Arschinow kommentierte den Befehl Trotzkis mit dem lakonischen Vorschlag, daß jeder, der sich mit dem Studium der russischen Revolutionsgeschichte abgebe, dieses Dokument auswendig lernen sollte, als Beispiel, wie die Revolution eines Volkes von einer elitären Gruppe von Berufsrevolutionären vereinnahmt werde. Tatsächlich wurden fünf Angehörige der Machnowstschina unter der Beschuldigung, gegen den Befehl Nr. 1824 verstoßen zu haben, von den Bolschewiki festgenommen und hingerichtet. Machno selbst wurde von Trotzki als Oberbefehlshaber seiner Partisanenarmee abgesetzt.

Unterdessen rückten die Weißgardisten unter dem Kommando des Generals Anton Denikin von Westen her auf das Gouvernement Jekaterinoslaw vor. Machno, nunmehr ganz auf sich allein gestellt, mußte seine Heimatstadt Guljaj-Pole räumen. Dennoch gab er den Kampf nicht auf. Eine offene Feldschlacht gegen Denikins überlegene Streitmacht konnte er nicht riskieren. Statt dessen verlegte er sich auf die altbewährte Partisanentaktik.

Machno beherrschte die Guerillastrategie meisterhaft. Er konnte ohne feste militärische Stützpunkte operieren, verstand sich auf taktische Rückzugsgefechte ebenso wie auf Überraschungsangriffe und gab sich auch bei der Führung großer Truppenkontingente kaum eine Blöße. Seine wichtigste Erfindung im Partisanenkrieg war die Verwendung der Tatschanka zu militärischen Zwecken. Der viersitzige, gefederte, von zwei Pferden gezogene Wagen war bei den Bauern der Krim und des Gebiets nördlich des Asowschen Meeres sehr beliebt. Das Gefährt war leicht, wendig, schnell und zudem robust. Machno verwendete es zunächst, um damit eine große Anzahl Soldaten möglichst schnell zu transportieren. Tagesleistungen von einhundert Kilometern waren keine Seltenheit. Später verfiel Machno auf die Idee, Maschinengewehre auf die Tatschankas zu montieren. Außer für den Schützen und den Fahrer war dort Platz für einen Infanteristen. Dank seiner ungewöhnlichen Mobilität gelang es Machno immer wieder, sich aus Umklammerungen des Gegners herauszuziehen und seinerseits unbeweglichere Teile der feindlichen Armee einzukreisen. Ein weiteres Plus der Machno-Armee war die Kampfmoral der Partisanen. Die Bauern waren keine Söldner im Dienste irgendeines Feldherrn, sondern kämpften um ihr Land und damit um ihre Existenz. Sie sahen Machno, der in ihrer Mitte aufgewachsen war, als einen der ihren an und akzeptierten seine Führung als naturgegeben. Selbst die Anarchisten, die Autoritäten prinzipiell mißtrauten, machten in dieser Beziehung keine Ausnahme.

Während der Sommermonate kam es nur zu unbedeutenden Gefechten zwischen den Einheiten Machnos und Denikins. Die entscheidende Schlacht fand Ende September 1919 in der Nähe des Dorfes Peregonowka statt. Obwohl Machnos Armee an Zahl und Bewaffnung unterlegen war, gelang ihr aufgrund der überlegenen Taktik und der weitaus größeren Mobilität ein Sieg, mit dem vorher niemand gerechnet hatte.

Denikins Kampfkraft war dennoch ungebrochen, obwohl er weiterhin einen Zweifrontenkrieg führen mußte. Im Norden rückte er gegen die Rote Armee vor, nahm am 13. Oktober die Stadt Orel ein und stand nur noch dreihundert Kilometer entfernt von Moskau. Die Lage für die Bolschewiki wurde bedrohlich, denn jenseits der ukrainischen Karpaten stand auch die polnische Armee bereit, um jederzeit in den Konflikt einzugreifen. Denikins Schwachpunkt war die Südflanke. Hier griff ihn Machno unentwegt an, nahm Krivoj Rog ein, eroberte ein paar Tage später Alexandrowsk, das heutige Saporoschje, und als Denikin siegreich in Orel einrückte, stand Machnos Armee am Asowschen Meer.

Jetzt hatte Machno wieder den gesamten Süden der Ukraine unter Kontrolle. Denikin mußte Truppen aus dem Norden abziehen, um den Nachschub zur Fortsetzung seiner Offensive zu sichern. Diese Schwächung wiederum nutzte die Rote Armee, um sich aus der Umklammerung der Weißen zu befreien und ihrerseits eine Gegenoffensive zu starten. Denikins Armee wurde aufgerieben; der General nahm kurz darauf seinen Abschied und ging ins Exil.

Nach der Niederlage Denikins hatten die Bolschewiki vorerst keinen Gegner in der Ukraine zu fürchten. Die Polen befanden sich noch in der Vorbereitungsphase ihres Angriffs auf Kiew, und auch General Peter Wrangel, der Nachfolger Denikins, ließ sich mit seiner Offensive gegen die Rote Armee noch Zeit. Was viele Anarchisten, die die Moskauer Säuberungen noch gut in Erinnerung hatten, seit langem befürchteten, trat jetzt ein. Die Bolschewiki rüsteten Anfang Januar 1920 unter der Parole »Tod dem Anarchismus« zur Abrechnung mit der Machno-Bewegung. Mit dem Hinweis auf das formal noch bestehende Bündnis zwischen Roter Armee und Machnos Truppen beorderte Trotzki die Partisanen an die polnische Front. Machno argwöhnte, die Bolschewiki würden seine Abwesenheit ausnutzen, um sich die Ukraine einzuverleiben, und weigerte sich, dem Befehl Folge zu leisten. Sein Verhalten wurde ihm als Desertation ausgelegt.

Mit dieser Begründung starteten die Bolschewiki eine Offensive gegen die Machnowstschina. Trotzki ließ alle von der Roten Armee eroberten Dörfer in der Südukraine von Anarchisten säubern; im Klartext bedeutete dies, daß jeder Anhänger Machnos ohne viel Federlesens erschossen wurde. Im Gegenzug ließ Machno alle Offiziere der Roten Armee, die ihm in die Hände fielen, ebenfalls sofort hinrichten; die Mannschaften ließ er frei.

Im Sommer 1920 sandte General Wrangel überraschend einen Unterhändler in das Hauptquartier der Partisanen, um Machno zu einem gemeinsamen Bündnis gegen die Bolschewiki zu bewegen. Machno lehnte dies rundweg ab; er fühlte sich den Roten politisch immer noch wesentlich näher als den Weißen. Um seine Einstellung auch Trotzki zu signalisieren, ordnete er die Erschießung von Wrangels Unterhändler an.

Tatsächlich unterzeichneten die feindlichen Brüder daraufhin noch einmal einen Vertrag über eine militärische Zusammenarbeit, dem auch ein politisches Abkommen beigefügt war. Darin wurde den Verfolgungen der Anhänger Machnos Einhalt geboten; außerdem garantierten die Bolschewiki den Anarchisten völlige politische Meinungs- und Betätigungsfreiheit.

Militärisch war die wiederaufgenommene Zusammenarbeit sehr erfolgreich. Wrangels Freiwilligenarmee wurde vollständig besiegt und bis auf die Halbinsel Krim zurückgedrängt, ein Erfolg, an dem Machnos Partisanenheer wieder großen Anteil hatte. Mit der Eroberung der

Krim durch die Rote Armee im November 1920 wurden schließlich die letzten Verbände der Weißen für immer aus der Ukraine vertrieben.

Der Anarchist Voline erinnerte sich einer Begegnung mit Trotzki, bei der sich beide über die Zukunft der Anarchisten in einem von der Zarenherrschaft befreiten Rußland unterhielten:

»Im April 1917 traf ich in New York mit Trotzkij in einer Druckerei zusammen, die vor allem für verschiedene russische Organe der Linken arbeitete [...]. Natürlich sprachen wir über die Revolution. Alle beide bereiteten wir uns vor, in Kürze Amerika zu verlassen, um uns ›dorthin‹ zu begeben. Einmal sagte ich zu Trotzkij: ›Alles erwogen, bin ich völlig sicher, daß ihr, die Links-Marxisten, schließlich in Rußland die Macht an euch reißen werdet [...]. Und dann: Wehe uns Anarchisten! [...] So bald eure Herrschaft gefestigt sein wird, werdet ihr uns zu verfolgen beginnen, und schließlich werdet ihr uns wie die Rebhühner abknallen.‹ – ›Na, na, na, Genosse!‹, erwiderte Trotzkij. ›Starrsinnige und unverbesserliche Phantasten seid ihr: Was trennt uns denn im Augenblick eigentlich? Eine kleine Frage der Methode, die völlig nebensächlich ist. Ihr seid genau wie wir revolutionär; wir sind genau wie ihr schließlich und endlich Anarchisten. Nur wollt ihr eure Anarchie sofort ohne Vorbereitung und Übergang errichten, während wir Marxisten glauben, daß es nicht möglich ist, mit einem Satz ins libertäre Reich hinüberzuspringen. [...] Im Grunde sind wir einander sehr nahe; wir sind Waffenbrüder. [...] Und selbst wenn wir nicht übereinstimmten, so übertreibt ihr wirklich, wenn ihr annehmt, wir Sozialisten würden rohe Gewalt gegen die Anarchisten anwenden! [...] Nein, wie könnt ihr nur einen einzigen Augenblick eine solche Absurdität annehmen!‹« [11]

Leider sollte Voline recht behalten. Sobald die Gefahr durch Wrangel und seine Weißgardisten nicht mehr drohte, begab sich Trotzki an die Liquidierung der Machno-Anhänger. Unterstützung erhielt er dabei per Telegramm von allerhöchster Stelle:

»Zahl der Anarchisten Ukraine feststellen, besonders Machno-Gegend. – LENIN.«

Einige Tage darauf folgte ein zweites Telegramm:

»Alle Anarchisten streng überwachen. Möglichst viele Dokumente von kriminellem Charakter, nach denen sich Anklage erheben läßt, vorbereiten. Befehle und Dokumente bereithalten, notwendige Anweisungen überallhin schicken. – LENIN.«

In einem dritten Schreiben hieß es schlicht:

»Alle Anarchisten verhaften und anklagen. – LENIN.«[12]

Am 23. November 1920 wandte sich General Michail Frunse, als Kommandeur der Südfront sozusagen Trotzkis verlängerter militärischer Arm, mit einem Befehl an Machno, seine Partisanenarmee aufzulösen und alle Soldaten der Roten Armee zur Verfügung zu stellen. Eine solche Bestimmung widersprach eindeutig der im Bündnisvertrag garantierten Selbständigkeit der Machno-Armee. Diese dachte auch gar nicht daran, sich aufzulösen, sondern war bereit, den Bolschewiki Widerstand zu leisten.

Der Bürgerkrieg zwischen Roten und Schwarzen zog sich noch über ein dreiviertel Jahr hin. Immer wieder versuchten die Bolschewiki, Machnos Person habhaft zu werden, genauso häufig entkam ihnen der Partisanenführer. Es gelang ihm sogar, der Roten Armee einige empfindliche Niederlagen zuzufügen; aber schließlich mußte er der Übermacht doch Tribut zollen, da er seine Reihen nicht wie der Gegner mit frischen Kräften auffüllen konnte. Vor dem Bruch mit den Bolschewiki waren vier seiner dreizehn Unterführer gefallen, in den folgenden sechs Monaten verlor er die restlichen neun. Machno selbst wurde mehrfach verwundet und erkrankte zudem am Fleckfieber. Das einzige, was er und seine letzten Getreuen noch tun konnten, war ihre eigene Haut zu retten, wie Machno in einem Brief an seine Freunde schreibt:

»Da ich schwere Wunden hatte, wurde Anfang August 1921 beschlossen, daß ich mit einigen Kommandeuren ins Ausland reisen sollte, um uns dort heilen zu lassen. […] Am 13. August 1921 rückte ich mit einer Kavalleriehundertschaft nach der Dnjeprrichtung vor und setzte am 16. August desselben Jahres im Morgengrauen auf siebzehn Fischerboten [*sic!*] zwischen Orlik und Krementschug über den Dnjepr. Am selben Tage wurde ich sechsmal verwundet, aber nicht schwer. […] Am 22. August war ich es wieder, der überflüssigerweise zu schaffen machte, eine Kugel hatte mich rechts unterm Hinterkopf getroffen, und war zur rechten Backe herausgefahren. Wieder liege ich im Karren. Aber dadurch wird unser Marsch nur beschleunigt. Am 26. hatten wir wieder einen Kampf mit den Roten, und da fielen unsere treuesten Freunde und Kämpfer: Petrenko-Platonow und Iwanjuk. Ich ändere die Route und am 28. August 1921 setzen wir über den Dnjestr. Ich bin im Auslande …«[13]

In Rumänien wurden Machno und seine Begleiter, darunter auch seine Frau Galina, in einer mittelalterlichen Zitadelle im siebenbürgischen Brasov interniert. Die Bolschewiki verlangten von der Bukarester Regierung die Ausweisung des Partisanen; diese lehnte jedoch ab, da mit der Sowjetunion kein Auslieferungsabkommen bestand. Sie legte Machno aber nahe, das Land zu verlassen. Im April 1922 begab sich Machno nach Polen. Auch dort wurde er interniert, später sogar wegen angeblicher konspirativer Tätigkeit verhaftet und in ein Warschauer Gefängnis gesteckt. Im November 1923 fand der Prozeß gegen Machno und seine Mitangeklagten statt, der mit einem Freispruch endete. Bis zum Sommer 1924 blieb Machno noch in Polen. Anschließend ging er nach Danzig, das im Versailler Vertrag den Status einer Freien Stadt erhalten hatte und unter dem Schutz des Völkerbundes stand. In Danzig verweigerten ihm sowohl der deutsche als auch der französische Konsul ein Visum. Erst durch die Hilfe einflußreicher Freunde, darunter auch Arschinow und Voline, die seit dem Untergang der Machnowstschina in Berlin lebten, gelang ihm die illegale Ausreise in die deutsche Hauptstadt. Nach einem dreimonatigen Aufenthalt in Berlin emigrierte er nach Paris, der letzten Station seines Lebens.

Die Jahre im Pariser Exil waren von Krankheit und permanenten Geldsorgen geprägt. Machno lebte von den Spenden französischer und spanischer Anarchisten. Der fast vergessene Held längst vergangener Tage wurde zunehmend verbittert. Seine zahlreichen Kriegswunden wollten einfach nicht heilen, seine Tuberkulose verschlimmerte sich. Er verfiel immer stärker dem Alkohol und überwarf sich mit seinen Freunden Arschinow und Voline, die es inzwischen auch nach Paris verschlagen hatte. Der bekannte Anarchist Alexander Berkman war einer der letzten, der Machno in seinem Elend besuchte:

»Sein Äußeres machte mich betroffen. Die kräftezehrende Anspannung seines jahrelangen Kampfes, verbunden mit körperlichem und seelischem Leiden, hatten aus dem kräftigen, untersetzten Partisanenführer einen Schatten seiner selbst gemacht. Sein Gesicht und sein Körper waren von den Narben seiner Verwundungen gezeichnet, sein kaputter Fuß machte ihn für immer lahm. Doch sein Kampfgeist war ungebrochen, und er träumte davon, in sein Heimatland zurückzukehren und den Kampf für politische Freiheit und soziale Gerechtigkeit wiederaufzunehmen. Das Leben im Exil war ihm unerträglich geworden; er fühlte sich total entwurzelt und sehnte sich nach seiner geliebten Ukraine zurück.«[14]

Valentín González (El Campesino)
(1909–1983)
Gegen Franco, Mussolini, Hitler und Stalin

»An Bord der *Pola*, auf meinem Weg nach Libyen, habe ich Ihre Nachrichten erhalten über die große Schlacht, die um Guadalajara entbrannt ist. Ich verfolge alle Einzelheiten dieser Schlacht mit unerschütterlicher Zuversicht, denn ich bin sicher, daß die Kampfkraft und der Wagemut unserer Legionäre den Widerstand des Feindes brechen wird. Die Zerschlagung der Internationalen Streitkräfte wird ein großer Erfolg sein, auch in politischer Hinsicht. Richten Sie den Legionären aus, daß ich mich stündlich über ihre Operationen informiere und daß ihre Anstrengungen mit dem Sieg belohnt werden.«[1]

Diese Zeilen hatte Mussolini am 13. März 1937 an General Mancini telegraphiert, den Oberbefehlshaber der sogenannten Freiwilligentruppen im Spanischen Bürgerkrieg. Alle italienischen Soldaten, die auf der Seite der Monarchisten und Faschisten gegen die Republik kämpften, erhielten eine Kopie. Vier Tage später waren viele von ihnen in der Schlacht von Brihuega, 80 Kilometer nordöstlich von Madrid, gefallen. Noch vor den Internationalen Streitkräften, die Mussolini hatte zerschlagen wollen, marschierte eine spanische Brigade, angeführt von Valentín González, der in ganz Spanien nur unter dem Namen *El Campesino* [der Bauer] bekannt war, in Brihuega ein. González' Soldaten fanden Mussolinis Schreiben in den Brusttaschen der Gefallenen. Sie hielten den Beweis in Händen, daß es sich bei den italienischen Soldaten keineswegs um Kriegsfreiwillige handelte, wie Außenminister Galeazzo Ciano stets behauptet hatte; vielmehr waren sie von allerhöchster Stelle, auf Befehl des Duce, nach Spanien entsandt worden.

Herbert Matthews, Korrespondent der *New York Times*, erreichte Brihuega im Gefolge der Internationalen Brigaden. Überrascht stellte er fest:

»Den ganzen Tag lang, in jedem Ort, in dem wir Halt machten, egal, mit wem wir sprachen und wohin wir auch blickten, alles war mit einem italienischen Stempel versehen: die Leichen der Gefallenen, die Gefangenen, die Ausrüstungsgegenstände der verschiedensten Art, die Männer, die Brihuega kurzfristig besetzt hielten und dann geflohen waren; hier stammte alles aus Italien – ohne Ausnahme!«[2]

Der Bürgerkrieg, der seit einem knappen Jahr zwischen Monarchisten und Faschisten auf der einen und der rechtmäßig gewählten Regierung auf der anderen Seite tobte, war längst keine rein spanische Angelegenheit mehr. Mussolini und Hitler unterstützten die von dem General Francisco Franco y Bahamonde angeführten Feinde der Republik und testeten ihre Waffen und Soldaten. 50 000 Italiener und 16 000 Deutsche waren in Spanien im Einsatz und sammelten erste militärische Erfahrungen für eine noch größere kriegerische Auseinandersetzung, die bereits ihren langen Schatten vorauswarf. Aus ganz Europa und aus Nordamerika waren über 40 000 Freiwillige nach Spanien geströmt, die mit der linken Volksfrontregierung sympathisierten und Seite an Seite mit loyal gebliebenen einheimischen Truppen die Republik verteidigten. Die demokratischen Regierungen der ganzen Welt verhielten sich wie schon bei Mussolinis Intervention in Äthiopien neutral. Selbst das linke Frankreich unter Léon Blum wagte es nicht, gegen den Willen Großbritanniens und der Vereinigten Staaten im befreundeten Nachbarland einzugreifen. Nur die Sowjetunion und Mexiko, letzteres wegen der geographischen Entfernung allerdings nur in bescheidenem Maße, halfen den Republikanern mit Waffen und Munition aus. Dabei handelten die Sowjets alles andere als uneigennützig: Das spanische Gold, mit dem russische Panzer- und Flugzeuglieferungen bezahlt werden mußten, erzielte auf dem Weltmarkt sehr hohe Preise.

Entgegen mancher Erwartungen hielten sich die republikanischen Truppen gegen die feindliche Übermacht recht gut. Als im Juli 1936 überall im Land das Militär unter der Führung der rechtsgerichteten Generäle putschte, die Republikfeinde binnen weniger Tage ein Drittel des gesamten spanischen Territoriums eroberten und Hitler und Mussolini ihren Bewunderer Franco großzügig unterstützten – die Italiener schickten 763 Flugzeuge, Hitler entsandte die gefürchtete *Legion Condor* –, schien es nur eine Frage der Zeit zu sein, bis die Republik endgültig zusammenbrach. Widerstand gegen die Putschisten regte sich aber vor allem im sozialistisch und anarchistisch dominierten Katalonien, im benachbarten Aragón, im Baskenland und in Andalusien. Besonders heftig wurde um Madrid gekämpft; hier gelang es dem kommunistischen General José Miaja, trotz großer Verluste unter seinen schlecht ausgerüsteten Soldaten die

Hauptstadt gegen alle Angriffe der rechten Nationalisten zu verteidigen.

Der Sieg der Republikaner bei Brihuega verhinderte eine Einkesselung Madrids. Es war das erste Mal, daß in einer militärischen Auseinandersetzung Antifaschisten über Faschisten siegten. Anschließend machten die Republikaner den großen Fehler, diesen Erfolg überzubewerten. Sie hatten nicht gegen Franco gewonnen, sie hatten der rechtsnationalistischen Bewegung noch nicht einmal ernsthaften Schaden zugefügt; sie hatten lediglich über eine ausländische Legionärstruppe triumphiert. Die Schlachten, die Spaniens Schicksal entscheiden sollten, standen erst noch bevor.

Die wichtigsten Anführer der Nationalisten waren neben Franco die Generäle José Sanjurjo und Emilio Mola. Beide Rivalen sollten den Krieg nicht überleben. Sanjurjo starb bereits am 20. Juli 1936, als sich das Flugzeug, das ihn aus dem portugiesischen Exil nach Spanien zurückbringen sollte, kurz nach dem Start in einen Acker bohrte. Der General war ein Opfer seiner Eitelkeit geworden: Trotz der Bedenken des Piloten, die Maschine werde überladen, hatte Sanjurjo darauf bestanden, eine schwere Kiste mit Orden für seine tapferen Soldaten an Bord zu nehmen. General Mola dagegen wurde ein Opfer von Francos Machtbesessenheit. Wie Sanjurjo starb er bei einem Flugzeugunglück; am 3. Juni, drei Wochen nach der Katastrophe von Brihuega, explodierte seine Maschine auf dem Flug nach Burgos, wo sich das Hauptquartier der Nationalisten befand. Unbekannte hatten eine Bombe im Flugzeug versteckt.

Auf Seiten der Republikaner gewannen die Kommunisten, die bei den Parlamentswahlen im Februar 1936 kaum eine Rolle gespielt hatten, immer mehr an Einfluß. Dieser schlug sich – begünstigt durch die umfangreichen Waffenlieferungen der Sowjetunion – vor allem im Kriegsministerium nieder. Hier hielt der kommunistische General Miaja die Fäden in der Hand. Auch in den Streit-kräften profitierten die Kommunisten von der Hilfe des Großen Bruders. So wurde El Campesino, obwohl er weder lesen noch schreiben konnte, allein wegen seiner Parteizugehörigkeit vom Partisanenführer zum General befördert.

Ernest Hemingway, der als Reporter über den Spanischen Bürgerkrieg berichtete, hatte González in Madrid kennengelernt. In seinem Buch *Wem die Stunde schlägt* schildert er den Campesino aus der Sicht seines Romanhelden Robert Jordan, einem Amerikaner, der in einer republikanischen Bauernguerilla kämpft:

»Im *Gaylord* begegnete man den berühmten spanischen Kommandeuren aus dem Arbeiter- und Bauernstande, die zu Kriegsbeginn ohne vorhergehende militärische Ausbildung aus dem Volke selbst zu den Waffen kamen […]. Im *Gaylord* zum Beispiel konnte man erfahren, daß Valentin Gonzalez, genannt ›El Campesino‹ oder ›Der Bauer‹, niemals Bauer gewesen war, sondern als Sergeant in der spanischen Fremdenlegion gedient hatte […]. In so einem Krieg braucht man Bauernführer, und zwar sehr schnell, und ein echter Bauernführer würde vielleicht allzu sehr unserem Pablo *[Jordans Guerillachef]* ähneln. Man kann nicht warten, bis der wirkliche Bauernführer erscheint, und *wenn* er dann erscheint, hat er vielleicht allzuviel bäuerliche Eigentümlichkeiten an sich. Also muß man sich einen zurechtmachen. Übrigens, soweit er diesen Campesino kannte, mit dem schwarzen Bart, den dicken Negerlippen und den fiebrigen starren Augen, dürfte er seiner Umgebung wohl ebensoviel Scherereien bereiten wie ein echter Bauernführer. Als er ihn zuletzt sah, schien er bereits auf seine eigene Reklame hereingefallen zu sein und sich selber für einen Bauern zu halten. Er war ein tapferer und zäher Bursche, es konnte keinen tapfereren geben. Aber, du lieber Gott, wie ihm das Mundwerk ging! Und wenn er aufgeregt war, dann schwatzte er drauflos, unbekümmert um die Folgen seiner Indiskretion. Solche Folgen hatte es schon genug gegeben. Aber er war ein ausgezeichneter Brigadekommandant in Situationen, in denen es aussah, als sei alles verloren. Er wußte nie, wann alles verloren war, und auf jeden Fall schlug er sich durch.«[3]

El Campesino war nicht bäuerlicher Herkunft; gleichwohl entstammte er einer armen Familie. Geboren 1909 – das genaue Datum ist nicht bekannt –, wuchs er in dem kleinen Dorf Malcocinado auf, an der Grenze der Extremadura zu Andalusien. Beide Landstriche waren durch extreme Rückständigkeit und Armut geprägt. Drei Viertel des gesamten Landbesitzes waren in den Händen weniger Latifundienbesitzer konzentriert. Diese hatten ihren Wohnsitz in der Stadt und ließen ihre Güter durch Verwalter kontrollieren. Arbeit gab es nur im Frühjahr und im Sommer. In Erntezeiten waren die schlechtbezahlten Tagelöhner oft zwölf Stunden im Einsatz; in den Wintermonaten hatten sie überhaupt kein Einkommen.

Valeníns Vater Antonio entfloh der Misere und verdingte sich bei der Bergwerksgesellschaft Penarroya, die in der Sierra Morena Kohle abbaute. Dort arbeitete er sich zum Steiger hoch und trat in die anarchistische Gewerkschaft *Confederación Nacional del Trabajo* (CNT) ein. Nach der Niederschlagung eines Streiks, den er organisiert hatte, landete El Campesinos Vater im Gefängnis:

»In solch schwerer Zeit wusch meine Mutter, um durchzukommen, für ein bißchen Geld die Wäsche der Arbeiter. Es reichte gerade, um ein Stück Brot zu kaufen. Ein mit Olivenöl eingeriebener Brotkanten diente der ganzen Familie als Mahlzeit. So waren ein Stück Ziegenkäse oder eine Scheibe Chorizo mit Brot ein Festgelage. Die kleinen González – Bruder Teofilo und Schwester María, beide jünger als ich – hatten oft Hunger. Unsere Spielgefährten befanden sich übrigens in einer ziemlich ähnlichen Lage.«[4]

Sohn Valentín vernachlässigte die Schule. Bereits als Fünfzehnjähriger befreundete er sich mit der gleichaltrigen Juana Rodriguez, einem Mädchen aus der Nachbarschaft; später sollten aus der Verbindung drei Kinder, Manuel, Rosario und Cathy, hervorgehen. Politisch schlug Valentín die gleiche Bahn ein wie sein Vater. Er schloß sich einer Gruppe von Anarchisten an, die sich einen Privatkrieg mit der *Guardia Civil*, Spaniens paramilitärischer Polizei, lieferte. Als die Bergwerkbesitzer bei einem Streik in den Gruben der Penarroya die Staatsmacht um Hilfe riefen und die Guardia Civil daraufhin in die Stadt einrückte, verübten die Anarchisten ein Attentat auf einen Polizeiposten. Valentín war maßgeblich an dem Anschlag beteiligt, bei dem fünf Zivilgardisten ums Leben kamen. Sieben Monate lang wurde er daraufhin von der Guardia Civil gejagt, bevor er durch eine Unvorsichtigkeit entdeckt und verhaftet wurde. Aus jener Zeit stammt sein Spitzname:

»Man hat behauptet, der Name El Campesino sei mir zu Beginn des Bürgerkrieges von russischen Agenten gegeben worden, um die Landbevölkerung für unsere Sache zu gewinnen. Der Name hat einen ganz anderen Ursprung. Er stammt von der spanischen Polizei, die ihn mir bei meiner ersten Verhaftung gab. Als Sechzehnjähriger hatte ich an einem Bauernstreik teilgenommen. Ich habe mir den Namen redlich verdient und ihm auch stets Ehre gemacht.«[5]

González wurde zum Tode verurteilt, bald darauf aber durch eine Amnestie begnadigt. Später gelang ihm die Flucht nach Spanisch-Marokko, wo er mit gefälschten Papieren in die Fremdenlegion eintrat. Doch ein Neuanfang wollte ihm nicht gelingen. Bereits im Frühjahr 1926 saß er wieder im Gefängnis – dieses Mal als Deserteur, weil er zu den Truppen des Berberführers Abd el-Krim übergelaufen war. Durch einen Mitgefangenen kam er in Kontakt mit den spanischen Kommunisten. Nach seiner

Entlassung trat er in die KP ein, für die er als Aktivist in den Dörfern Andalusiens und der Extremadura neue Mitglieder warb. Seinen Lebensunterhalt verdiente er sich beim Straßenbau.

Die Weltwirtschaftskrise von 1929 traf Spanien schwer. Primo de Rivera, der das Land seit 1923 de facto als Militärdiktator regiert hatte, ging ins Exil; im März 1931 dankte König Alfons XIII. ab. Zum zweiten Mal nach 1873 war Spanien Republik. Doch das Land kam nicht zur Ruhe. Die Nationalisten versuchten, die Monarchie wiederherzustellen; die Arbeiter in den Industriezentren von Katalonien und Asturien antworteten mit Streik. General Franco sammelte erste zweifelhafte Meriten, als er einen Aufstand asturischer Arbeiter niederschießen ließ. Mehr als zweitausend Tote waren zu beklagen.

Die politische Lage schien sich zu verbessern, als bei den Wahlen zur *Cortes,* dem spanischen Parlament, die Volksfront aus Sozialisten, Kommunisten und Liberalen siegte. Doch nur fünf Monate später putschte Franco mit seinen Truppen in Spanisch-Marokko. Zahlreiche Kasernen auf dem Festland schlossen sich an.

El Campesino stellte einen Trupp Genossen aus Andalusien und der Extremadura zusammen und begab sich nach Madrid. In Kastilien schlossen sich ihm weitere Parteigänger an, so daß er bei seiner Ankunft in der Hauptstadt über fünf Bataillone verfügte. Aus diesen ging die 46. Division hervor, die durch ihre außergewöhnliche Kampfkraft bereits in den ersten Kriegsmonaten den Ruf einer Elitetruppe erwarb und großen Anteil daran hatte, daß die Nationalisten nicht ins Zentrum von Madrid vorrücken konnten.

Der Bürgerkrieg wurde auf beiden Seiten mit unvorstellbarer Grausamkeit geführt. Besonders die Zivilbevölkerung litt darunter. In den fast drei Jahre dauernden Kämpfen kamen 436 000 Menschen ums Leben, davon 126 000 durch politischen Mord. Nach der Eroberung von Badajoz im August 1936 etwa erschossen die Nationalisten täglich zwischen fünfzig und hundert Menschen: Republikaner, Sozialisten, Kommunisten, darunter auch Frauen und Kinder. Der berühmte Dichter Federico García Lorca wurde von einem faschistischen Kommando ermordet, weil er mit der Republik sympathisierte. Der Sohn des sozialistischen Ministerpräsidenten Francisco Largo Caballero wurde als Geisel festgehalten und später umgebracht. Die Republikaner erschossen den Sohn des Ex-Diktators Primo de Rivera. Der nationalistische General Manuel Goded, der in die Hände des Feindes fiel, erlitt das gleiche Schicksal. Auch El Campesino und seiner Einheit wurde später vorgeworfen, Racheakte an Nationalisten und Faschisten begangen zu haben, was dieser nicht bestritt.

Ein anschauliches Beispiel der Schrecken des Bürgerkriegs liefert die mehr als zweimonatige Belagerung des Alcázar von Toledo. In der Festung hatte sich der nationalistische Oberst José Moscardó mit 1 300 Soldaten verschanzt und gegen eine vielfache republikanische Übermacht ausgehalten. Als die Stadt am 27. September 1936 entsetzt wurde, ließ Moscardó 250 Geiseln der Linksparteien, die er vor der Belagerung gefangengenommen hatte, erschießen. Moscardós Fanatismus hatte sich bereits in seiner Reaktion auf die Forderung gezeigt, den Alcazár an die republikanische Miliz zu übergeben:

»Am Nachmittag des 23. Juli läutete das Telefon [...]. ›Ich gebe Ihnen zehn Minuten Zeit, um die Übergabe zu bedenken. Übergeben Sie nicht, so werde ich Ihren Sohn, der hier neben mir steht, erschießen lassen.‹ Ich sagte: ›Das glaube ich nicht.‹ Chef der Miliz: ›Überzeugen Sie sich selbst. Er kommt jetzt ans Telefon.‹ Sohn: ›Vater!‹ Ich: ›Was ist, mein Junge?‹ Sohn: ›Nichts, sie sagen, wenn du nicht übergibst, werden sie mich erschießen!‹ Ich: ›Gut, dann empfiehl deine Seele Gott und stirb, wie es sich für einen wahren Patrioten gehört, mit dem Ruf:

Es lebe Christus, unser Erlöser, und Spanien!‹ Sohn: ›Alles Gute, Vater!‹ Ich, zu dem Chef der Miliz: ›Die Frist von zehn Minuten können Sie sich sparen. Erschießen Sie meinen Sohn. Der Alcázar wird sich nicht ergeben!‹«[6]

Nach dem ersten Bürgerkriegsjahr hatte sich keine Seite entscheidende Vorteile verschaffen können. Die größten Erfolge der Nationalisten waren neben der Entsetzung des Alcázar die Einnahme Málagas. Die für den Nachschub wichtige Hafenstadt fiel erst nach massiven Bombardements deutscher Flugzeuge und italienischer Kriegsschiffe. Den Republikanern gab neben dem Sieg von Brihuega über die Italiener vor allem die erfolgreiche Verteidigung Madrids Hoffnung. Dabei hatte es lange Zeit so ausgesehen, als stünde der Fall der Hauptstadt unmittelbar bevor. General Mola, dessen Truppen bereits zum Campus der Universität vorgedrungen waren, hatte am 7. November im Radio vollmundig verkünden lassen, am folgenden Tag werde er seinen Kaffee auf der Terrasse des Molinero im Herzen Madrids trinken. Der Besitzer des Cafés ließ Mola, wiederum über den Rundfunk, am nächsten Morgen ausrichten, er solle sich beeilen, der Kaffee werde kalt. Seitdem stand für Mola jeden Tag eine Tasse bereit, bis zu seinem Tod Anfang Juni 1937.

Die Nationalisten stellten ihre Angriffe auf Madrid ein und konzentrierten ihre militärischen Aktivitäten auf den Norden Spaniens. El Campesinos 46. Division wurde ebenfalls aus der Hauptstadt an die neue Front versetzt. Am 26. April, einem Sonntag, der gleichzeitig ein Markttag war, bombardierten Flieger der deutschen *Legion Condor* das baskische Städtchen Guernica. Der strategische Wert des Ortes war unbedeutend; die Aktion diente einzig und allein der Demoralisierung der Zivilbevölkerung, die im Baskenland mehrheitlich pro-republikanisch eingestellt war. Mit seinem berühmten Bild verewigte Pablo Picasso die Schrecken jenes Sonntags, die Valentín González wie folgt beschreibt:

»Drei Stunden lang werfen Junker- und Heinkel-Maschinen in aufeinanderfolgenden Wellen viele Tonnnen von Bomben auf die Stadt. Fliehende Menschen, wahnsinnig vor Schrecken, werden erbarmungslos beschossen. Guernica brennt wie eine Fackel. Die ganze Stadtmitte ist zerstört, brennt, in Asche verwandelt. Die Operation verursachte zweitausend Tote und neunhundert Verwundete. Urheber sind deutsche Piloten der *Legion Condor*. Die Begründung: ein nützliches Experiment systematischer Zerstörung, das der NS-Luftwaffe während des Zweiten Weltkrieges als Modell dienen wird.«[7]

Es waren aber nicht nur die Angriffe deutscher und italienischer Faschisten, die der Republik zusetzten. In Barcelona entspann sich ein mörderischer Bruderkampf zwischen Kommunisten auf der einen und Anarchisten und Trotzkisten auf der anderen Seite. Unterstützt von politischen Kommissaren der Komintern, machten die Milizen der spanischen KP Jagd auf angebliche faschistische Spione und Saboteure, die sie in den Reihen der CNT und der *Partido Obrera de Unificación Marxista* (POUM) vermuteten. Die Beschuldigungen waren aus der Luft gegriffen und dienten einzig dem Vorwand, mögliche spätere Rivalen zu beseitigen. Nachdem der Kopf der Anarchisten, Buenaventura Durruti, bereits während der Kämpfe um Madrid gefallen war, starb der Anführer der Trotzkisten, Andrés Nin, während eines Verhörs durch die Geheimpolizei. Hunderte von Trotzkisten und Anarchisten landeten in Gefängnissen oder wurden »zur Bewährung« an besonders heikle Abschnitte der Front geschickt. Diese Ereignisse veranlaßten den Internationalen Brigadisten George Orwell, der in jenen Tagen in Barcelona von einer Schußwunde genas, die er an der Front erlitten hatte, endgültig mit den Kommunisten zu brechen und nach England zurückzukehren. Auch Valentín González überdachte seine bis dahin eher unkritische Haltung zu Moskau:

»Nach dem gigantischen Modell Rußlands wollte Stalin in Spanien eine genauso wirkungsvolle Arbeit vollbringen: endgültige Beseitigung aller Opponenten. Mit Hilfe von Waffen und Beratern trachtete er, seine blutigen ›Säuberungen‹ zu exportieren. Ich gebe zu, daß ihm dies in weitem Ausmaß gelang.«[8]

Largo Caballero wurde als Ministerpräsident durch Juan Negrín ersetzt, auf den die Kommunisten leichter Einfluß einzuüben glaubten. Der Sache der Republikaner half dieser Schachzug wenig. Ihre großangelegten Offensiven bei Brunete und Teruel scheiterten. Kurzzeitig gelang es den republikanischen Verbänden, verstärkt durch Internationale Brigaden, Teruel einzunehmen, doch bereits sechs Wochen später hatten die Nationalisten die Stadt zurückerobert. Valentín González mußte sich mit seiner Division durch die feindlichen Reihen schlagen, wollte er nicht in die Hände der Sieger fallen. Bei seinem Ausbruch aus Teruel verlor er einen Großteil seiner Soldaten, strickte aber weiter an der Legende, daß er aus jeder ihm gestellten Falle entkommen könne.

Nach dem Fall von Teruel zogen sich die republikanischen Truppen demoralisiert zurück. Die spanischen Kommunisten wußten auch diese Niederlage zu ihrem Vorteil zu nutzen. Ihre Führerin Dolores Ibarruri, bekannt als ›La Pasionaria‹, inszenierte in der linken Presse eine Schmutzkampagne gegen den sozialistischen Kriegsminister Indalecio Prieto, die im August 1938 in dessen Rücktritt gipfelte. Zu diesem Zeitpunkt hatten die Nationalisten zwei Drittel des Landes erobert und – wichtiger noch – durch einen breiten Korridor zum Mittelmeer Katalonien vom übrigen Spanien abgeschnitten. Es folgten vernichtende Angriffe der italienischen Luftwaffe auf Barcelona, die Mussolini zu der Bemerkung veranlaßten, daß die Italiener »einmal zur Abwechslung die Welt durch ihren Angriffsgeist in Schrecken setzen, statt sie immer mit Lautenspiel zu amüsieren.[9]

Eine letzte Offensive der Republikaner führte ihre Truppen über den Ebro. Vier Monate lang konnten sie ihre Brückenköpfe gegen alle Angriffe der Nationalisten behaupten. El Campesino hatte seine 46. Division mit neuen Soldaten aufgefüllt und nahm an den Kämpfen teil. Doch dieses Mal spielte er keine entscheidende Rolle. Bei einem Bombenangriff wurde er schwer verletzt und mußte die letzten Monate des Jahres 1938 im Hospital verbringen. Als er wieder entlassen wurde, hatten die Republikaner den Bürgerkrieg praktisch schon verloren.

Die Nationalisten rückten wieder über den Ebro vor. Auf einer Friedenskonferenz in Genf wurde der Abzug der Internationalen Brigaden sowie der deutschen und italienischen Truppen verhandelt. Diese Maßnahme traf die Republikaner weit härter. Die Nationalisten konnten sich weiterhin auf die Waffenlieferungen ihrer faschistischen Bündnispartner verlassen, während sich die Sowjetunion immer mehr aus dem Konflikt zurückzog. Stalin war auf einen Ausgleich mit Hitler bedacht, da er in nicht allzu ferner Zukunft einen deutschen Angriff auf die Sowjetunion befürchtete und bemüht war, wenn er diesen schon nicht verhindern konnte, zumindest dessen Zeitpunkt weiter hinauszuschieben. Valentín González war tief enttäuscht von der Politik des Landes, auf das er früher so große Hoffnungen gesetzt hatte:

»Wenn ich auch in jener traurigen Periode noch meinen Glauben an den Kommunismus bewahre als ein Mittel, die Menschen frei und für ihr Schicksal verantwortlich zu machen, mißtraue ich doch immer mehr den Russen und ihrer seltsamen ›Aufrichtigkeit‹. Seit mehreren Monaten hilft Stalin uns nur noch spärlich. Er hätte sich der internationalen Vereinbarung widersetzen können, die uns auf gefährliche Weise schwächt. Nichts hat er getan. Fast hätte er dem Abzug der Internationalen Brigaden mit beiden Händen Beifall geklatscht. Die Zurücknahme der von der

Komintern entsandten Streitkräfte paßt in die Pläne des Kreml. Was bedeutet letztlich das spanische Schlachtfeld angesichts des Weltkonfliktes, dessen bevorstehenden Ausbruch Stalin ahnt?«[10]

Am 26. Januar 1939 rückten die ersten Panzer der Nationalisten auf Barcelona vor. Bis zum Abend hatten sie die katalanische Hauptstadt vollständig besetzt, ohne auf nennenswerten Widerstand zu stoßen. Damit war die Entscheidung im Spanischen Bürgerkrieg endgültig gefallen. Die Kampfhandlungen zogen sich noch über zwei Monate hin; vor allem um Madrid wurde noch heftig gekämpft. In der Hauptstadt hatte sich ein neuer republikanischer Verteidigungsrat gebildet, dem alle Parteien und Gruppierungen außer den Kommunisten angehörten. Seine Hauptaufgabe war, mit den Nationalisten die Waffenstillstandsbedingungen auszuhandeln. Franco ging jedoch auf keinerlei Angebote ein. Er wollte die bedingungslose Kapitulation.

Am 28. März marschierten Francos Truppen in die Hauptstadt ein und schufen vollendete Tatsachen. Juan Negrín und die wichtigsten Führer der spanischen KP, unter ihnen Dolores Ibarruri, hatten rechtzeitig vor der Übergabe Madrids ausgehandelt, daß sie nach Frankreich ausgeflogen wurden. Weniger glücklich waren 200 000 Flüchtlinge, die sich mühsam ins Nachbarland durchschlagen mußten.

Am 1. April erkannten nach Frankreich und Großbritannien auch die Vereinigten Staaten die neue Regierung Franco offiziell an. Fünf Monate später brach der Zweite Weltkrieg aus.

Valentín González erlebte das Kriegsende in dem kleinen Hafenort Almuñecar auf halbem Weg zwischen Almería und Málaga. Nach seiner Entlassung aus dem Lazarett hatte er die ersten Wochen des Jahres 1939 in seiner Heimat Extremadura gekämpft. Dort erfuhr er, daß die Nationalisten seinen Vater und seine Schwester gehängt hatten. Nach dem Abflauen der Kämpfe in Extremadura begab sich El Campesino mit den Resten seiner 46. Division nach Madrid. Nach der Demission Negríns fürchtete er, als Kommunist von der neuen Verteidigungsjunta noch vor der Ankunft der Franco-Truppen verhaftet zu werden. Gemeinsam mit seinen letzten sechs Getreuen floh er in Richtung Valencia, wo er sich in die Berge zurückziehen wollte.

In Almuñecar kam die Gruppe bei González' Freund Bonavente und dessen Frau unter. Sie hatten sich gerade im Keller versteckt, als ein Suchtrupp der Nationalisten, der ihre Spur verfolgt hatte, das Haus zu durchkämmen begann. González beschloß, sich den Weg freizuschießen, so, wie er es gewohnt war: ohne Rücksicht auf eventuelle Opfer:

»Der Überraschungseffekt ist weniger groß, als ich es erwartet habe. Wir haben sie alle niedergemacht. Den Offizier und seine vier Mann. In dem Kampf hat einer der Feiglinge Bonaventes Frau, die er als eine Art Schild benutzte, vor sich hingeworfen, gerade in dem Moment, als eine Feuergarbe losging. Die Unglückliche war sofort tot. [...] Bonavente mit uns schleppend, den Schmerz und Angst anscheinend bewußtlos gemacht haben, stürzten wir zum Hafen, fest entschlossen, erbarmungslos jeden umzubringen, der sich uns in den Weg stellen sollte. Wir mußten recht furchterregend aussehen. Man wich rasch zurück, denn, den Weg freimachend, schossen wir um uns. Bei der Anlegestelle brauchten wir nur in ein großes Motorboot zu klettern, das sein Besitzer, erschreckt durch unseren wilden Ansturm, rasch verließ, um im Wasser unterzutauchen. Die Fahrt im Mittelmeer ging glatt. Einige Motorbarken nach Benzin durchsucht, einige Feuergarben, wenn ein Kapitän sich widerspenstig zeigte. Das ist alles. So gut wie nichts! Wir steuerten direkt auf Melilla zu, dann ging es die Küste Nordafrikas entlang bis Oran.«[11]

In Algerien war González in Sicherheit. Gemeinsam mit anderen Flüchtlingen reiste er später über Frankreich in die Sowjetunion aus. Dort erging es ihm nicht so gut. Der einstmals überzeugte Kommunist wurde zu einem erbitterten Regimegegner und landete schließlich in einem sibirischen Straflager. Nach zwei vergeblichen Versuchen gelang ihm 1949 die Flucht in den Iran.

Anschließend lebte er in Frankreich, ab 1966 in einem Altenheim in Metz. Nach Francos Tod spürte ihn ein spanischer Reporter, der nicht an die von den Faschisten in die Welt gesetzte Mär glaubte, El Campesino sei in Stalins Lagern gestorben, auf, um über dessen abenteuerliches Leben zu berichten. Der Artikel erschien in Spanien und führte schließlich eine Familie wieder zusammen: Juana und die Kinder waren nicht, wie González vermutet hatte, von den Faschisten ermordet worden. Im Juni 1977 sah El Campesino seine Kinder wieder, ein Jahr später heiratete er Juana auf dem Standesamt in Metz. Das wiedervereinte Paar zog nach Madrid. Bis zu seinem Tod am 20. Oktober 1983 blieb El Campesino der Politik verbunden. Er erteilte dem totalitären Kommunismus, wann immer sich ihm eine Gelegenheit dazu bot, eine klare Absage und rief alle Spanier dazu auf, die sozialistische Partei unter Felipe González zu wählen.

Niuta Tajtelbaum (1917–1943)

Die Apokalypse in Warschau

»Eines Tages näherte sich eine junge Frau den deutschen Wachtposten vor einem Gestapogebäude in Warschau. Den Blick verschämt auf den Boden gerichtet, flüsterte sie den Namen eines Gestapo-Offiziers und fügte hinzu: ›Ich muß ihn in einer persönlichen Angelegenheit sprechen.‹ Sie war 24 Jahre alt, aber ihre zierliche Statur, ihre langen, blonden Zöpfe und die geblümte Schleife in ihrem Haar ließen sie wie sechzehn aussehen. Sie war überaus attraktiv. Die Wachleute schmunzelten; sie wußten Bescheid. Sie wiesen ihr den Weg ins Gebäude und gaben ihr die Zimmernummer des Offiziers. Das Mädchen betrat das Zimmer, blieb aber zögernd in der Nähe der Tür stehen. Ein großgewachsener, eleganter Deutscher erhob sich von seinem Schreibtisch. Lange starrte er das Mädchen an, bevor er verwundert ausrief: ›Gibt es hier bei euch etwa auch eine Loreley?‹ Das Mädchen antwortete nicht. Statt dessen zog sie blitzschnell einen Revolver aus ihrer Handtasche und erschoß den Deutschen. Anschließend verließ sie das Zimmer und schritt in aller Ruhe auf den Ausgang zu. Als sie an den Wachtposten vorbeiging, lächelte sie verlegen und schlug wieder ihre Augen nieder. Dann war sie verschwunden.«[1]

Die junge Frau mit den mädchenhaften Zügen hieß Niuta Tajtelbaum. Sie war eine von einer halben Million jüdischer Bewohner, die die deutschen Besatzer im Warschauer Ghetto zusammengepfercht hatten. Die Tötung des Gestapo-Offiziers war keine spontane Verzweiflungstat, sondern eine minutiös geplante Aktion jüdischer und polnischer Widerstandskämpfer. Es folgten weitere Attentate auf deutsche Besatzer und polnische Kollaborateure – meist mit tödlichem Ausgang. An nicht wenigen war Niuta Tajtelbaum beteiligt. Einmal drang sie in die Privatwohnung eines deutschen Offiziers ein, während dieser noch in seinem Bett lag. Als er aus dem Schlaf aufschreckte und in die Mündung von Niutas Revolver blickte, versuchte er sich in Panik unter seinem Federbett zu verstecken. Doch half ihm dies ebensowenig, wie er Gnade von dem unschuldig aussehenden Racheengel erwarten konnte. Kaltblütig leerte die Partisanin ihr Magazin in die Daunendecke und verschwand ebenso rasch und unauffällig, wie sie gekommen war.

Die Deutschen wußten nicht viel über die ›Terroristin‹, die ihren Revolver offenbar ebenso geschickt einzusetzen verstand wie ihre weiblichen Reize. Sie kannten nicht einmal ihren Namen. Auf Steckbriefen ließen sie im jüdischen und im ›arischen‹ Teil von Warschau nach einer »kleinen Wanda mit den Zöpfen« suchen. So unbeholfen dieses Fahndungsunternehmen auch erscheinen mag, war von diesem Tag an das Leben Niuta Tajtelbaums ernsthaft in Gefahr. Auf ihren Kopf waren 150 000 Złoty ausgesetzt, die zu verdienen Tausende Bewohner der verelendeten polnischen Metropole bereit waren.

Niuta Tajtelbaum wurde am 31. Oktober 1917 in Lodz geboren. Sie stammte aus einer strenggläubigen jüdischen Familie, brach aber bald mit den orthodoxen Traditionen. Schon der Besuch des polnischen Gymnasiums bedeutete eine Abkehr vom überlieferten Rollenverständnis des Chassidismus hin zu einem aufgeklärten, weltoffenen Judentum. Die Loslösung vom Elternhaus war vollendet, als sich das Mädchen einer kommunistischen Jugendorganisation anschloß. Daraufhin wurde sie trotz glänzender Noten von der Schule verwiesen. Auch nach diesem herben Rückschlag gab sie nicht auf. Irgendwie schaffte sie ihr Abitur und später auch die Aufnahmeprüfung an der Warschauer Universität, wo sie sich für die Fächer Geschichte und Psychologie einschrieb.

Der Einmarsch der deutschen Wehrmacht in die polnische Hauptstadt einen Monat nach Ausbruch des Zweiten Weltkriegs hinderte Niuta Tajtelbaum an der erfolgreichen Beendigung ihres Studiums. Ein Jahr später, am 2. Oktober 1940, ordnete die deutsche Besatzungsmacht die Errichtung des Warschauer Ghettos an. Das Areal maß zweieinhalb Kilometer in der Länge und knapp eineinhalb Kilometer in der Breite; es reichte vom östlichen Rand der Altstadt bis zum Jüdischen Friedhof. Im Vorkriegs-Warschau hatten hier verarmte polnische und jüdische Arbeiterfamilien unter elenden Bedingungen gehaust – sieben Menschen im Schnitt mußten sich ein Zimmer teilen. Durch die Einrichtung des Ghettos wurden diese Zustände drastisch verschlimmert. Jetzt teilten sich durchschnittlich dreizehn Menschen einen Raum, nicht mitgezählt die Lagerhäuser, in denen 150 000 Juden, die aus der gesamten Region um Warschau ins Ghetto deportiert worden waren, in drangvoller Enge vegetierten.

In Spitzenzeiten – der Tod in Form von Seuchen und Mangelerkrankungen räumte kräftig unter den Bewohnern auf – lebten 500 000 Menschen im Ghetto; 80 000 Nichtjuden, die zuvor in dem Viertel ansässig waren, wurden Wohnungen im ›arischen‹ Teil Warschaus zugewiesen. Das Ghetto war durch eine drei Meter hohe und siebzehn Kilometer lange, mit Glasscherben und Stacheldraht überzogene Ziegelmauer von der Außenwelt abgeriegelt. Wer sich ihr von der ›arischen‹ Seite näherte, wurde verjagt; wer auf der jüdischen Seite näher als drei Meter heranging, wurde erschossen.

Jedem Ghettobewohner wurde eine monatliche Lebensmittelration von zwei Kilogramm Brot, dessen Hauptzutaten Kartoffelschalen und Sägemehl waren, und einem halben Pfund Zucker zugeteilt. Wer das Glück hatte, in einer deutschen Fabrik arbeiten zu dürfen, erhielt als Lohn sechs Złoty für zehn Stunden Schufterei. Die meisten Bewohner lebten von ihren Ersparnissen, die bei den märchenhaften Preisen für ins Ghetto geschmuggelte Lebensmittel bald aufgebraucht waren. Im April 1942 kostete ein Kilogramm Roggenbrot auf dem Schwarzmarkt zwischen 8 und 12 Złoty, ein Weißbrot 18 bis 25 Złoty; für ein Kilo Schweineschmalz mußten 250 Złoty hingelegt werden.

»Ein jüdischer Chronist meinte, daß am 30. Mai 1941 50 Prozent der Ghettobewohner buchstäblich am verhungern waren, 30 Prozent ›normal‹ hungerten, 15 Prozent nicht genug zu essen hatten und 10 000 gut lebten, zum Teil sogar besser als vor dem Krieg. Ein Jahr später, im April 1942, schloß die zur Regierungsdelegatur gehörende, notorisch antisemitische *Antyk*-Agentur in einem Bericht über die Situation im Ghetto, daß nur einige tausend Juden gut lebten – das heißt genug Geld besaßen zum Erwerb aller Nahrungsmittel, die sie wollten. Für die überwältigende Mehrheit war der Hunger so allgegenwärtig, daß es schon verwundern muß, daß es nur zu einem einzigen offiziell registrierten Fall von Kannibalismus gekommen ist. Im April 1942 hatte nämlich eine

Frau in der Krochmalna-Straße dreizehn Teile einer Kinderleiche gegessen.«[2]

Trotz dieser unsäglichen Bedingungen ertrugen die meisten Bewohner des Ghettos ihr Schicksal, ohne zu murren. Sie glaubten, den Deutschen noch einmal davongekommen zu sein, und fühlten sich in der Unübersichtlichkeit des Ghettos relativ sicher. Dies änderte sich, als Anfang 1942 auf der Wannseekonferenz die ›Endlösung‹ der Judenfrage beschlossen wurde. Im Frühjahr drangen Gerüchte nach Warschau, daß erste Deportationen von Juden in Konzentrationslager im Osten Polens bevorstanden. Der von der deutschen Besatzungsmacht eingerichtete Judenrat, ein willfähriges Instrument der Nazipolitik, stellte am 22. Juli den ersten, etwa 4000 Personen umfassenden Transport in das Vernichtungslager Treblinka zusammen. Von da an rollten während der ›Liquidation‹ des Ghettos täglich Güterzüge mit Tausenden von Bewohnern nach Osten. Am 12. September 1942, dem offiziellen Abschluß der Liquidation, waren in Warschau nur noch rund 70000 Juden, meist Arbeiter in kriegswichtigen Industrien, übriggeblieben. Das Ghetto hatten die Deutschen auf einige wenige Straßenzüge verkleinert, zu denen noch die Bürstenfabrik in der nordöstlichsten Ecke des Areals und vier Werke deutscher Fabrikanten im Zentrum hinzukamen, auf deren Gelände die jüdischen Arbeiter wohnten. Die deutschen Industriellen, die ihren Arbeitern nach Abzug der Verpflegung – zweimal am Tag wurde eine wäßrige Suppe ausgegeben – gerade mal zweieinhalb Złoty auszahlten, konnten mit der Produktion kriegswichtigen Materials in Warschau enorme Gewinne verbuchen.

Niuta Tajtelbaum hatte sich noch vor dem Beginn der Liquidation der *Gwardia Ludowa* angeschlossen. Die Volksgarde war die bewaffnete Widerstandsorganisation der kommunistischen Polnischen Arbeiterpartei, die innerhalb und außerhalb des Ghettos operierte. Wegen ihres deutschen Aussehens wurde Wanda, so ihr Deckname, zu Einsätzen auf die ›arische‹ Seite beordert. Ihre Aufgabe war es, Waffen in den abgeriegelten jüdischen Teil zu schmuggeln. Im Ghetto baute sie eine konspirative Zelle jüdischer Widerstandskämpferinnen auf und unterrichtete die Frauen im Gebrauch von Waffen, den sie selbst erst kurz zuvor erlernt hatte. Aus ihrer Abteilung gingen einige Partisaninnen, die später in den Reihen der Jüdischen Kampforganisation am Warschauer Aufstand teilnahmen, hervor. Ein Untergrundkämpfer, der eng mit Wanda zusammenarbeitete, erinnert sich:

»Niemand, der ihrem Unterricht beiwohnte, mochte glauben, daß sie bis vor kurzem keine Ahnung im Umgang mit Waffen hatte. Mit ihrem unschuldigen, freundschaftlichen Lächeln konnte sie selbst den mißtrauischsten Deutschen hereinlegen. Niemand war so geschickt wie Niuta, wenn es darum ging, Juden aus dem Ghetto herauszubefördern und Handgranaten und Schußwaffen vorbei an den wachsamen Augen der Aufseher ins Ghetto zu schmuggeln.«[3]

Während der Liquidation wurde es immer schwieriger, aus dem Ghetto hinauszukommen. Ein massiver Polizeikordon rund um die Mauer hatte das Viertel fast gänzlich von der Außenwelt abgeschnitten. Auch die Telephonverbindungen zur ›arischen‹ Seite waren gekappt worden. Niuta Tajtelbaum gelang es immer wieder, das Ghetto unerkannt zu verlassen, um an Sabotageakten der *Armia Krajowa* teilzunehmen. Die von General Wladyslaw Sikorski im Londoner Exil geführte Heimatarmee operierte seit einiger Zeit erfolgreich im Untergrund. Auf diese Weise gelang es ihr, deutsche Streitkräfte in Polen zu binden und die stark bedrängte sowjetische Rote Armee zu entlasten. Wandas Kommando sprengte in Zusammenarbeit mit der Armia Krajowa einen Eisenbahnknoten in die Luft und brachte einen deutschen Truppentransport zum Entgleisen. Am selben Tag glückten fünf weitere Anschläge auf Eisenbahnlinien im Raum Warschau und brachten den gesamten Zugverkehr zum Erliegen.

Die Deutschen reagierten auf dieses Signal des nationalen Widerstandes mit brutalen Vergeltungsmaßnahmen. Am 16. Oktober richteten sie fünfzig ›kommunistische Saboteure‹ ohne vorherige Gerichtsverhandlung hin und ließen sie zur Abschreckung einen ganzen Tag lang am Galgen hängen. Dies wiederum führte zu Racheaktionen der Gwardia Ludowa. Unter Führung Wandas drang ein Kommando der Volksgarde im Januar 1943 in das deutsche Offizierskasino im Zentrum Warschaus ein, tötete dabei vier Offiziere und verwundete zehn. Die Besatzungsmacht ordnete daraufhin die Verhaftung von fünfzig Geiseln an und forderte als Wiedergutmachung für die getöteten Offiziere eine Entschädigung von einer Million Złoty. Am 14. Mai organisierte Niuta Tajtelbaum mit einigen Kampfgenossen einen Überfall auf die Städtische Sparkasse im Zentrum Warschaus. Die Volksgardisten erbeuteten 1 052 443 Złoty. Den Betrag verteilten sie als Wiedergutmachung unter die Warschauer Bevölkerung, die das Lösegeld für die Geiseln inzwischen aufgebracht hatte.

Mitte Oktober hatte Heinrich Himmler Warschau besucht und befohlen, alle erforderlichen Maßnahmen zur vollständigen Räumung und Zerstörung des Ghettos zu treffen. Die Vorbereitungen dauerten dem ›Reichsführer SS‹ viel zu lange, und immer energischer drängte er auf die Erledigung der in seinen Augen lästigen Angelegenheit. Schließlich betraute er den SS-Brigadeführer Jürgen Stroop mit der Durchführung der Aktion. Der Experte für Partisanenbekämpfung hatte in Polen und in der Ukraine bereits reichlich Erfahrung bei der Terrorisierung der Bevölkerung gesammelt und sich durch außergewöhnliche Brutalität bis zum Generalmajor hochgedient. Am Abend des 17. April 1943 traf Stroop in Warschau ein.

Durch ihre vielfältigen Verbindungen zu polnischen Widerstandsorganisationen und zum polnischen Geheimdienst wußten die Kämpfer im Warschauer Ghetto von der bevorstehenden Räumung. Sie nutzten den ganzen Winter, um sich über Kuriere und Schmuggler Waffen zu beschaffen. Bald war jeder Widerstandskämpfer der auf 800 Männer und Frauen angewachsenen kommunistischen Jüdischen Kampforganisation mit einem Revolver oder einer Pistole und zusätzlich einer Handvoll Granaten und Molotowcocktails ausgerüstet. Doch fehlte es an Gewehren und automatischen Waffen. Die Jüdische Kampforganisation besaß nur ein einziges leichtes Maschinengewehr. Etwas besser ausgerüstet war der zionistische Jüdische Militärverband, dem 400 Kämpfer angehörten. Er verfügte über acht Maschinengewehre und 21 Maschinenpistolen. Zu den organisierten jüdischen Kampfverbänden kamen weitere Gruppen, darunter die kommunistische Volksgarde, in deren Reihen Niuta Tajtelbaum kämpfte, und zahlreiche Einzelkämpfer hinzu, so daß die Gesamtzahl der bewaffneten Männer und Frauen etwa 2000 betrug. Sie wurden durch unbewaffnete Leidensgenossen und Sympathisanten unterstützt, die gleichwohl ihr Leben riskierten, es aber vorzogen, kämpfend zu sterben als hinterher den Deutschen in die Hände zu fallen.

Die Ghettobewohner verbrachten die ihnen verbleibende Zeit damit, Gräben auszuheben und Barrikaden zu bauen. Tagsüber suchten sie auf den Straßen Bretter und Ziegelsteine zusammen, in der Nacht legten sie Gefechtsstände und unterirdische Schlupfwinkel an. Dabei nutzten sie vor allem das weitverzweigte Kanalisationssystem. Sie hofften, durch die genaue Kenntnis der sehr begrenzten Örtlichkeit einen Vorteil gegenüber den Angreifern zu gewinnen:

»Vor dem Aufstand wurden die Mansarden als wichtige Verbindungswege ausgebaut. Die Bewohner des Ghettos vermieden es so gut wie möglich, sich auf den Straßen zu zeigen, wo sie ihr Leben riskierten. Am liebsten verkehrten sie über die Dachböden, deren Mauern durchbrochen worden waren. So war es ihnen möglich, von einer Straße zur anderen zu gelangen und das Ghetto zu durchqueren. Diese Methode funktionierte bald derart zuverlässig, daß die Straßen leer waren, während die Dachböden von umherziehenden Menschen überfüllt waren. Nach und nach gewöhnten sie es sich völlig ab, auf die Straße hinunterzugehen. Anfänglich verirrten sie sich noch im komplizierten Labyrinth dieses Durchgangssystems und wußten nie genau, wo es enden würde. Aber mit der Zeit verstanden sie es, sich in diesem Irrgarten, der zu allen Punkten des Ghettos führte, zu orientieren.«[4]

Noch vor Tagesanbruch begann am 19. April die Säuberungsaktion der SS. Unterstützt wurden die Deutschen durch ukrainische, litauische und lettische Hilfstruppen und durch die polnische Polizei. Die Gendarmen hatten vorher die Ghettomauern umstellt; alle 25 Meter befand sich ein Wachtposten. Kein Bewohner sollte der Räumung entgehen.

Die Straßen im Ghetto waren wie ausgestorben. Mit gepanzerten Fahrzeugen drangen die SS-Soldaten Richtung Zentrum vor. Ihre Artilleriegeschütze hatten sie außerhalb der Ghettomauern gelassen, da sie nicht mit ernsthaftem Widerstand rechneten. Doch die Angreifer täuschten sich. Sobald sie die zentrale Kreuzung an der Ecke der Gesia- und der Nalewki-Straße erreicht hatte, eröffneten die Ghettokämpfer das Feuer auf sie. Binnen Minuten waren beide Straßen mit den Leichen gefallener SS-Leute und Hilfstruppen übersät. Stroop setzte zur Verstärkung Artillerie und Panzer ein. Auch diese Maßnahme half nicht, die Deutschen mußten sich am Abend ergebnislos aus dem Ghetto zurückziehen.

Am Morgen des 20. April – rechtzeitig zum Geburtstag des Führers sollte die Säuberungsaktion eigentlich beendet sein – stellte Stroop den Verteidigern ein Ultimatum: Wenn sie sich nicht sofort ergäben, würde das Ghetto dem Erdboden gleichgemacht. Da die Bewohner ohnehin nichts Besseres von den Deutschen zu erwarten hatten, ließen sie das Ultimatum verstreichen.

Niuta Tajtelbaum beteiligte sich von Beginn an an den Kämpfen. Ihre Gruppe, angeführt von dem polnischen Maler Franciszek Bartoszek, sollte eine mit einem Schweren Maschinengewehr (SMG) bestückte Stellung außerhalb des Ghettos ausschalten. Von dort aus konnte das Gelände der Bürstenfabrik, um das ein heftiger Kampf tobte, bestrichen werden. Die Stellung war mit deutscher SS bemannt und wurde von polnischen Polizisten, den ›Blauen‹, gesichert. Einer der Teilnehmer, Jerzy Duracz, schildert den Überfall:

»›Jacek‹, der das Kommando des Ausfalls übernahm, bestimmte vier [Mitwirkende]. So nahmen an der Aktion teil: ›Jacek‹ (Franciszek Bartoszek), ›Wanda‹ (Niuta Tajtelbaum), ›Tadek‹, ich und noch ein Kamerad (an den ich mich leider nicht erinnern kann). Zur festgelegten Zeit (es war gegen 18 Uhr) fanden wir uns am vorbestimmten Treffpunkt auf dem Krasínskich-Platz ein. ›Jacek‹ bestimmte, daß er die Granaten werfen werde, und wir sollten ihn decken. Wir machten uns auf den Weg und umrundeten das Aktionsgelände. Von der Nowiniarska-Straße aus war das SMG-Nest schon zu sehen. Die Bedienung bestand aus Soldaten der Waffen-SS, hinter ihnen ›Blaue‹. Das SMG feuerte in langen Serien. Auf der Straße gingen Menschen. Sogar einige Gaffer hatten sich versammelt. Wir näherten uns auf dieser Straßenseite. ›Jacek‹ schob sich nach vorne. ›Wanda‹ und ich standen in einiger Entfernung. Plötzlich forderte einer der ›Blauen‹, die auf der Straße patrouillierten, ›Jacek‹ auf, sich zu legitimieren. Da zog ›Jacek‹ blitzschnell seine Pistole und schoß. Der Schuß war für uns das Signal. Während ›Jacek‹ die Granaten auf die SMG-Stellung warf, schossen wir auf die ›Blauen‹. Die SS-Männer der SMG-Bedienung und die ›Blauen‹ fielen. Unter den

Gaffern brach Panik aus. In der Menge der Fliehenden untertauchend, konnten wir uns ohne Verluste zurückziehen.«[5]

Stroop setzte immer stärkere Truppenverbände gegen das Ghetto ein. Nach einigen Tagen forderte er sogar die Unterstützung der Luftwaffe an. Zunächst half ihm dies wenig. Die Nachrichten von der Unzulänglichkeit deutscher Soldaten und dem Heldenmut verzweifelt kämpfender jüdischer Verteidiger drang sogar bis nach Berlin. Am 1. Mai schrieb Propagandaminister Joseph Goebbels in sein Tagebuch:

»Die Berichte aus den besetzten Gebieten bringen nichts sensationell Neues. Bemerkenswert sind nur außerordentlich scharfe Kämpfe in Warschau zwischen unserer Polizei, zum Teil sogar unserer Wehrmacht, und den rebellierenden Juden. Die Juden haben es doch tatsächlich fertiggebracht, das Ghetto in Verteidigungszustand zu setzen. Es spielen sich dort sehr harte Kämpfe ab, die sogar dazu führen, daß die jüdische Oberleitung täglich Heeresberichte herausgibt. Allerdings wird der Spaß wahrscheinlich nicht lange dauern. Man sieht aber daran, wessen man sich seitens der Juden zu gewärtigen hat, wenn sie im Besitze von Waffen sind. Leider besitzen sie zum Teil auch gute deutsche Waffen, vor allem Maschinengewehre. Weiß der Himmel, wie sie daran gekommen sind.«[6]

Fünf Wochen lang hielten die Verteidiger der erdrückenden Übermacht der Deutschen stand. Schließlich ließ Stroop das Ghetto in Brand setzen und das unterirdische Kanalsystem fluten. Häuserblock um Häuserblock kämpften sich die deutschen Angreifer vor, bis sie schließlich das gesamte Ghetto unter Kontrolle hatten. Die Verteidiger waren zahlenmäßig klar unterlegen, mangelhaft bewaffnet und hatten mit enormen Versorgungsproblemen zu kämpfen. Sie litten an Hunger und Durst; die Hitze und der Qualm des Feuers machte ihnen zu schaffen, und die Aussichtslosigkeit des Kampfes zehrte an ihrer Moral. Vor allem waren sie völlig auf sich allein gestellt. Szmul Zygielbojm, jüdisches Mitglied der polnischen Exilregierung in London, warf den Alliierten Tatenlosigkeit angesichts des Völkermordes in Warschau vor. Durch seinen tragischen Selbstmord wollte der verzweifelte Politiker der Welt ein Zeichen setzen:

»Innerhalb der Ghettomauern spielt sich gegenwärtig der letzte Akt einer Tragödie ab, wie sie die Geschichte noch nicht verzeichnet hat. Die Verantwortung für das Verbrechen der Ermordung der gesamten jüdischen Bevölkerung in Polen tragen in erster Linie die Mörder selbst, indirekt aber lastet sie auch auf der gesamten Menschheit, auf den Völkern und Regierungen der verbündeten Staaten, die sich bisher nicht bemüht haben, konkrete Aktionen zur Einstellung dieses Verbrechens durchzuführen. Indem sie passiv der Ermordung von Millionen wehrloser, zu Tode gequälter Kinder, Frauen und Männer zugesehen haben, sind diese Länder zu Helfershelfern der Verbrecher geworden. [...] Durch meinen Tod möchte ich den schärfsten Protest gegen die Passivität zum Ausdruck bringen, mit der die Welt der Ausrottung des jüdischen Volkes zusieht und sie duldet.«[7]

Am Ende versuchten die überlebenden Warschauer Widerstandskämpfer, über die Kanalisation auf die ›arische‹ Seite zu fliehen. Einigen gelang dies auch, die meisten töteten sich jedoch selbst, bevor sie den Deutschen in die Hände fielen. Das Ghetto wurde nach dem Einmarsch der Deutschen dem Erdboden gleichgemacht. Mit der Sprengung der Warschauer Synagoge am 16. Mai 1943 um 20.15 Uhr war die Räumung des Ghettos offiziell beendet; 56 065 überlebende Bewohner wurden, wie Stroop an sein Hauptquartier in Krakau meldete, zur Vernichtung in die Konzentrationslager abtransportiert.

Niuta Tajtelbaum konnte zunächst ihren Häschern entkommen. Sie versäumte es, sich endgültig vor den Deutschen zu retten, und blieb trotz eindringlicher Warnungen ihrer Freunde in der vermeintlichen Sicherheit des ›arischen‹ Teils von Warschau wohnen. Sie begründete dies mit den Worten:

»Ich bin Jüdin und Kommunistin; mein Platz ist unter den aktiven Kämpfern gegen den Faschismus, für die Ehre meines Volkes, für die Unabhängigkeit Polens und für die Freiheit der Menschheit.«[8]

Niuta Tajtelbaum nahm auch nach der Niederschlagung des Ghettoaufstandes an weiteren Sabotageaktionen der kommunistischen Volksgarde im Raum Warschau teil. Irgendwann kamen ihr die Deutschen auf die Schliche. Am 19. Juli 1943 kehrte sie von einem ihrer Streifzüge in ihre Wohnung zurück. Dort wurde sie bereits von Gestapoangehörigen erwartet. Sie versuchte, sich durch Einnahme von Gift das Leben zu nehmen, doch es gelang ihr nicht, sich der Rache ihrer Verfolger zu entziehen. Sie wurde verhaftet und in einem Gestapokeller wochenlang verhört und gefoltert. Diese Tortur überlebte sie nicht.

Ein Jahr später, am 1. August 1944, erhob sich die gesamte Bevölkerung von Warschau gegen die deutsche Besatzungsmacht. Die Rote Armee, obgleich nur wenige Kilometer entfernt auf dem östlichen Weichselufer stationiert, griff nicht ein. Noch einmal gelang es den Deutschen, den Aufstand niederzuschlagen. Anschließend wurde nicht nur der jüdische Teil, sondern die gesamte Stadt völlig zerstört. Warschau konnte erst am 18. Januar 1945 von der deutschen Herrschaft befreit werden. Als die Rote Armee in der polnischen Hauptstadt einrückte, fand sie nur noch ein Trümmerfeld vor.

Am zweiten Jahrestag des Aufstandes im Warschauer Ghetto, am 19. April 1945, wurden fünfzig Widerstandskämpfer von der neuen polnischen Regierung mit hohen militärischen Auszeichnungen bedacht. Sieben von ihnen erhielten das höchste Ehrenzeichen, das Grunwald-Kreuz. Eine der sieben war Niuta Tajtelbaum.

Anmerkungen

Einleitung

1 Erich Fromm, Der Ungehorsam als ein psychologisches und ethisches Problem, Seite 9 u. 15. In: Über den Ungehorsam und andere Essays, S. 9–17

Jan Žižka (um 1360–1424).

Ein blindes Volk folgt seinem blinden Führer

1 Josef Macek, Die hussitische revolutionäre Bewegung, S. 58
2 Ebd., S. 59
3 Richard Friedenthal, Ketzer und Rebell. Jan Hus und das Jahrhundert der Revolutionskriege, S. 381
4 Laurentius von Brezová, kronika husitská (hussitische Chronik), in: Fontes Rerum Bohemicarum, Bd. V, S. 408f; s. auch Horst Bredekamp, Kunst als Medium sozialer Konflikte. Bilderkämpfe von der Spätantike bis zur Hussitenrevolution, S, 294f
5 Brief Žižkas an die südlichen Nachbarn von Tábor, geschrieben in Prachatice am 22. Nov. 1420, in: Frederick Heymann, John Zizka and the Hussite Revolution, S. 486
6 Nikolaus Ludwig von Zinzendorf, Materialien und Dokumente. Ergänzungsband: Zacharias Theobald, Hussitenkrieg. Hildesheim, New York 1981 (Erstdruck 1609)
7 Aeneas Sylvius, Historica Bohemia, Kap. 44, S. 89; s. auch Heymann, a.a.O., S. 256
8 Richard Friedenthal, a.a.O., S. 430

Michael Gaismair (um 1490–1532).

Der Traum von einer freien Bauernrepublik

1 Günther Franz, Der deutsche Bauernkrieg, S. 283
2 *Tiroler Landbote*, 1938, Folge 13, S. 6
3 Jürgen Bücking, Michael Gaismair: Reformer – Sozialrebell – Revolutionär, S. 147

4 Josef Riedmann, Geschichte Tirols, S. 97

5 Jürgen Bücking, a. a. O., S. 28, S. 50

6 Hartmann Ammann, Peter Passler, der Bauernrebell aus Antholz, S. 149 f

7 Jürgen Bücking, a. a. O., S. 65 f

8 Günther Franz, Der deutsche Bauernkrieg, S. 158

9 Walter Klaassen, Michael Gaismair: Revolutionary and Reformer, S. 36 f

10 Wilhelm Zimmermann, Großer Deutscher Bauernkrieg, S. 772

11 Ebd., S. 796

12 Hans Benedikter, Rebell im Land Tirol: Michael Gaismair, S. 251

Gerrard Winstanley (1609–1676).

Die Erde als gemeinsame Schatzkammer für alle

1 G. P. Gooch, The Antagonists of the Oligarchy: The Communists, S. 181 f

2 Henry Noel Brailsford, The Levellers and the English Revolution, S. 669

3 Hermann Klenner (Hg.), Gerrard Winstanley. Gleichheit im Reiche der Freiheit, S. 9

4 Ebd., S. 19

5 Ebd., S. 37 f

6 Christopher Hill, The World Turned Upside Down, S. 122

7 Ebd., S. 111

8 Christopher Hill, a. a. O., S. 125

9 Hermann Klenner, a. a. O., S. 146

10 Ebd., S. 147

11 Ebd., S. 157

12 Ebd., S. 272

13 Ebd., S. 239

14 Gernot Lennert, Die Diggers, S. 142 ff

José Gabriel Condorcanqui (Túpac Amaru) (1743–1781).

Mythos eines immer wiederkehrenden Aufstandes

1 Alain Labrousse, Die Tupamaros, S. 9
2 Scarlett O'Phelan Godoy, Rebellions and Revolts in 18th Century Peru and Upper Peru, S. 188
3 Documentos Inéditos del Archivo de Indias Reihe I, Bd. 8, S. 281, in: Lieselotte Engl / Theodor Engl (Hg.), Die Eroberung Perus, S. 383 f
4 Rainer Kornberger (Hg.), Peru, S. 61
5 Ernst Samhaber, Südamerika, S. 389
6 Die Neue Welt. Chroniken Lateinamerikas von Kolumbus bis zu den Unabhängigkeitskriegen, hrsg. v. Emir Rodríguez Monegal, S. 407 f
7 Ebd., S. 412 f
8 Eduardo Galeano, Die offenen Adern Lateinamerikas, S. 57
9 Rainer Kornberger, a. a. O., S. 62 f

François-Noël Babeuf (1760–1797).

Der letzte Held der Französischen Revolution

1 Philipp (Filippo) Buonarroti, Babeuf und die Verschwörung für die Gleichheit, S. 334
2 Karl Hans Bergmann, Babeuf. Gleich und Ungleich, S. 49 f
3 Ebd., S. 54
4 Gracchus Babeuf, Verschwörung für die Gleichheit, S. 32 f
5 Robert Barrie Rose, Gracchus Babeuf. The First Revolutionary Communist, S. 78
6 Karl Hans Bergmann, a. a. O., S. 168
7 Gracchus Babeuf, Manifest der Plebejer, S. 278, in: Walter Grab (Hg.), Die Französische Revolution. Eine Dokumentation, München 1973, S. 278–284
8 Ebd., S. 282
9 Gracchus Babeuf, Verschwörung für die Gleichheit, S. 50f
10 Philipp Buonarroti, a. a. O., S. 184
11 Ebd., S.193
12 Ebd., S. 170
13 Karl Hans Bergmann, a. a. O., S. 377 f
14 Gracchus Babeuf, Verschwörung für die Gleichheit, S. 99

José Gaspar Rodriguez de Francia (1766–1840).

Ein Diktator als Wohltäter seines Volkes

1 Günter Kahle, Ein südamerikanischer Diktator, Dr. Francia von Paraguay, im Spiegel der europäischen Geschichtsschreibung, in: Saeculum, Jahrbuch für Universalgeschichte, Bd. 15 (1964), S. 254

2 John Lynch, The Spanish American Revolutions 1808–1826, S. 110

3 John Parish Robertson/William Parish Robertson, Letters on Paraguay, Bd. I, S. 330ff

4 etwa Julio César Chaves, El Supremo Dictador. Biografía de José Gaspar de Francia, Buenos Aires 1942; oder Justo Pastor Benítez, La Vida Solitaria del Dr. José Gaspar de Francia, Dictador del Paraguay, Buenos Aires 1937; auch Eduardo Galeano, Las Vienas Abiertas de America Latina, Montevideo 1971

5 Hubert Krier, Tapferes Paraguay, S. 34

6 Ebd., S. 29

7 Augusto Roa Bastos, Ich, der Allmächtige, S. 174

8 Günter Kahle, Grundlagen und Anfänge des paraguayischen Nationalbewußtseins, S. 293

9 Augusto Roa Bastos, a. a. O., S. 310

10 Ebd., S. 351

11 Helen Miller Bailey/Abraham P. Nasatir, Lateinamerika. Von iberischen Kolonialreichen zu autonomen Republiken, S. 588f

12 Augusto Roa Bastos, a. a. O., S. 380

13 Ebd., S. 322f

14 Robert Carlyle, Dr Francia, in: The Works of Thomas Carlyle, Bd. XXIX: Critical and Miscellaneous Essays IV, S. 277f

15 Günter Kahle, Geschichtsschreibung, S. 255

16 Augusto Roa Bastos, a. a. O., S. 383

Mathilde Franziska Anneke (1817–1884).

Deutsche Feministin und Revolutionärin der ersten Stunde

1 Martin Henkel/Rolf Taubert, Das Weib im Conflict mit den socialen Verhältnissen, S. 9

2 Mathilde Franziska Anneke, Mutterland. Memoiren einer Frau aus dem badisch pfälzischen Feldzuge 1848/49, S. 48

3 Manfred Gebhardt, Mathilde Franziska Anneke: Madame, Soldat und Suffragette, S. 26

4 Karin Hockamp, Von vielem Geist und großer Herzensgüte – Mathilde Franziska Anneke, S. 15

5 Petitionen und Barrikaden. Rheinische Revolutionen 1848/49, hrsg. v. Ottfried Dascher und Everhard Kleinertz, S. 137

6 Ferdinand Freiligrath, Die Todten an die Lebenden, in: Manfred Görtemaker, Deutschland im 19. Jahrhundert, S. 125f

7 Manfred Gebhardt, a. a. O., S. 85f

8 Klaus Schmidt, Mathilde Franziska und Fritz Anneke, S. 70

9 Mathilde Franziska Anneke, a. a. O., S. 36

10 Ebd., S. 89

11 Ebd., S. 102f

12 Karin Hockamp, a. a. O., S. 25

Louise Michel (1830–1905).

Von der Pariser Kommune zur Ikone der Internationalen Arbeiterbewegung

1 Louise Michel, Memoiren, S. 164

2 Ebd., S. 52

3 Ebd., S. 83

4 Die Pariser Kommune 1871, hrsg. v. Helmut Swoboda, S. 40f

5 Hippolyte Lissagaray, Der Pariser Kommune-Aufstand, S. 210

6 Ebd., S. 214

7 Edith Thomas, Les »Petroleuses«, S. 168

8 Frauen in der Revolution, Band 1: Louise Michel; S. 78f

9 Louise Michel, a. a. O., S. 136

10 Frauen in der Revolution, a. a. O., S. 127

Mohammed Achmed (1844–1885).

Islamische Fundamentalisten im Lande des Mahdi

1 Karl May, Der Mahdi, S. 87ff

2 Rudolf Slatin, Fire and Sword in the Sudan, Bd. I, S. 181. Es liegt nur die Übersetzung von Francis Reginald Wingate (aus demselben Jahr,

in dem Slatins Buch auf deutsch erschien) vor. Wingate war als Major der britischen Armee und vor allem als Chef des Geheimdienstes in Ägypten bestens über alle Vorgänge im Sudan unterrichtet.

3 Der Mahdiaufstand in Augenzeugenberichten, hrsg. v. Heinrich Pleticha, S. 36

4 Rudolf Slatin, a. a. O., S. 177

5 Der Mahdiaufstand in Augenzeugenberichten, S. 73 f

6 Peter Malcolm Holt, The Mahdist State in the Sudan 1881–1898, S. 73

7 Der Mahdiaufstand in Augenzeugenberichten, S. 70

8 Ebd., S. 114 f

9 Anthony Nutting, Gordon von Khartum. Abenteurer und Märtyrer, S. 301 f

10 Rudolf Slatin, a. a. O., S. 148 f

11 Der Mahdiaufstand in Augenzeugenberichten, S. 389 f

Menelik II. von Äthiopien (1844–1913).

Versklavte Kolonialherren bauen eine afrikanische Hauptstadt

1 Augustus B. Wylde, Modern Abyssinia, S. 385

2 Harold G. Marcus, The Life and Times of Menelik II, S. 112

3 Ebd., S. 55

4 Ebd., S. 122

5 Giovanni Giolitti, Denkwürdigkeiten meines Lebens, S. 77

6 Richard Pankhurst, Economic History of Ethiopia 1800–1935, S. 59

7 Ministero degli Affari Esteri, I Documenti Diplomatici (diplomatischer Schriftverkehr des italienischen Außenministeriums), 3. Reihe, Band I, S. 224

8 Ebd., S. 127

Emiliano Zapata (1879–1919).

Robin Hood in Mexiko

1 »Die Nachfahren der Mayas erheben sich«. Artikel von Theo Peters in der *Süddeutschen Zeitung* vom 4. Jan. 1994

2 »Blutspuren, Hoffnungen und weiße Fahnen«. Artikel von Eva Karnofsky in der *Süddeutschen Zeitung* vom 20. Jan. 1994

3 Eduardo Galeano, Die offenen Adern Lateinamerikas, S. 139
4 John Womack, Sterben für die Indios. Zapata und die mexikanische Revolution, S. 372
5 Hans Werner Tobler, Die mexikanische Revolution, S. 262
6 John Womack, a. a. O., S. 233 f
7 Ebd., S. 235 f
8 Dittmar Dahlmann, Land und Freiheit, S. 232 f
9 Ebd., S. 202
10 Hans Werner Tobler, a. a. O., S. 348 f
11 John Womack, a. a. O., S. 308

Nestor Machno (1889–1934).

Der Erfinder des modernen Partisanenkrieges

1 Michael Malet, Nestor Makhno in the Russian Civil War, S. 192
2 Peter Arschinow, Geschichte der Machno-Bewegung, S. 62 f
3 Michail Heller/Alexander Nekrich, Geschichte der Sowjetunion, Bd. 1, S. 17
4 Ebd.
5 Dittmar Dahlmann, Land und Freiheit, S. 98,
6 Voline [Wsewolod Michailowitsch Eichenbaum], Die unbekannte Revolution, Bd. 2, S. 9 f. An sein Trotzki-Zitat schließt er die Bemerkung an: »Ewige und grausame Ironie der menschlichen Geschichte: fünfzehn Jahre später wird Stalin dieselbe Formel gebrauchen und denselben ›eisernen Besen‹ anwenden, gegen den Trotzkismus, zum großen Mißvergnügen Trotzkis. Ich gestehe, eine gewisse Genugtuung empfunden zu haben, über diese Art immanenter Gerechtigkeit.«
7 David Footman, Civil War in Russia, S. 253 f
8 Peter Arschinow, a. a. O., S. 100 f
9 Ebd., S. 129 f
10 Voline, a. a. O., Bd. 3, S. 58 f
11 Justus F. Wittkop, Unter der schwarzen Fahne, S. 210 f
12 Voline, a. a. O., Bd. 2, S. 13
13 Peter Arschinow, a. a. O., S. 250 f
14 Michael Palij, The Anarchism of Nestor Makhno, S. 243

Valentín González (El Campesino) (1909–1983).

Gegen Franco, Mussolini, Hitler und Stalin

1 Robert Payne, The Civil War in Spain, S. 212
2 Ebd., S. 216
3 Ernest Hemingway, Wem die Stunde schlägt, S. 240 f
4 Valentín González, Morgen ist ein anderer Tag. Memoiren, S. 18
5 Ders., Die große Illusion. Von Madrid nach Moskau, S. 7
6 Der Spanische Bürgerkrieg in Augenzeugenberichten, hrsg. v. Hans-Christian Kirsch, S. 122 f
7 Valentín González, Morgen ist ein anderer Tag, S. 114
8 Ebd., S. 116
9 Hugh Thomas, Der Spanische Bürgerkrieg, S. 403
10 Valentín González, Morgen ist ein anderer Tag, S. 145
11 Ebd., S. 156

Niuta Tajtelbaum (1917–1943).

Die Apokalypse in Warschau

1 Yuri Suhl, They fought back, S. 51
2 Reuben Ainsztein, Jüdischer Widerstand im deutschbesetzten Osteuropa während des Zweiten Weltkrieges, S. 279 f
3 Yuri Suhl, a. a. O., S. 52
4 Philip Friedman, Im Ghetto von Warschau, in: Der Zweite Weltkrieg, Band 2: Von Pearl Harbor bis Stalingrad, S. 124
5 Wladyslaw Bartoszewski, Uns eint vergossenes Blut – Juden und Polen in der Zeit der Endlösung, S. 152
6 Die Tagebücher von Joseph Goebbels, Teil II (Diktate 1941–45), Bd. 8 (April–Juni 1943), S. 192
7 Wladyslaw Bartoszewski, a. a. O., S. 169 f
8 Bernard Mark, Der Aufstand im Warschauer Ghetto, S. 116

Literatur

Reuben Ainsztein, *Jüdischer Widerstand im deutschbesetzten Ost-europa während des Zweiten Weltkrieges*, Oldenburg 1993.

Hartmann Ammann, »Peter Passler, der Bauernrebell aus Antholz«, in: *Forschungen und Mitteilungen zur Geschichte Tirols und Vorarlbergs* 6 (1909).

Mathilde Franziska Anneke, *Mutterland. Memoiren einer Frau aus dem badisch pfälzischen Feldzuge*, Münster 1982.

Peter Arschinow, *Geschichte der Machno-Bewegung*, Berlin 1924.

Gracchus Babeuf, *Die Verschwörung für die Gleichheit*, Hamburg 1988.

Helen Miller Bailey/Abraham P. Nasatir, *Lateinamerika. Von ibe-rischen Kolonialreichen zu autonomen Republiken*, Essen 1975.

Wladyslaw Bartoszewski, *Uns eint vergossenes Blut – Juden und Polen in der Zeit der Endlösung,* Frankfurt am Main 1967.

Hans Benedikter, *Rebell im Land Tirol: Michael Gaismair*, Wien 1970

Justo Pastor Benítez, *La Vida Solitaria del Dr. José Gaspar de Francia, Dictador del Paraguay*, Buenos Aires 1937.

Karl Hans Bergmann, *Babeuf. Gleich und Ungleich*, Köln 1965.

Henry Noel Brailsford, *The Levellers and the English Revolution*, 2. Aufl., Nottingham 1983.

Horst Bredekamp, *Kunst als Medium sozialer Konflikte. Bilderkämpfe von der Spätantike bis zur Hussitenrevolution*, Frankfurt am Main 1975.

Jürgen Bücking, *Michael Gaismair: Reformer – Sozialrebell – Revolu-tionär*, Stuttgart 1978.

Philipp (Filippo) Buonarroti, *Babeuf und die Verschwörung für die Gleichheit*, Stuttgart 1909.

Thomas Carlyle, *Critical and Miscellaneous Essays* (Ges. Werke, Bd. 29), London 1899.

Julio César Chaves, *El Supremo Dictador. Biografía de José Gaspar de Francia*, Buenos Aires 1942.

Dittmar Dahlmann, *Land und Freiheit*, Stuttgart 1986.

Ottfried Dascher/Everhard Kleinertz, (Hg.), *Petitionen und Barrikaden. Rheinische Revolutionen 1848/49*, Münster 1998.

Lieselotte Engl/Theodor Engl (Hg.), *Die Eroberung Perus*, München 1991.

David Footman, *Civil War in Russia*, London 1961.

Günther Franz, *Der deutsche Bauernkrieg*, Berlin 1926.

Frauen in der Revolution, Band 1: Louise Michel, Berlin 1976.

Richard Friedenthal, *Ketzer und Rebell. Jan Hus und das Jahrhundert der Revolutionskriege*, München 1977.

Philip Friedman, Im Ghetto von Warschau, in: *Der Zweite Weltkrieg*, Band 2: Von Pearl Harbor bis Stalingrad, 2. Aufl., Stuttgart 1989.

Elke Fröhlich (Hg.), *Die Tagebücher von Joseph Goebbels*, München 1993.

Erich Fromm, *Über den Ungehorsam und andere Essays*, Stuttgart 1982.

Eduardo Galeano, *Die offenen Adern Lateinamerikas*, 3. Aufl., Wuppertal 1983.

Manfred Gebhardt, *Mathilde Franziska Anneke: Madame, Soldat und Suffragette*, Berlin 1988.

Giovanni Giolitti, *Denkwürdigkeiten meines Lebens*, Stuttgart 1923.

Manfred Görtemaker, *Deutschland im 19. Jahrhundert*, 4. Aufl., Opladen 1994.

Jaroslav Goll (Hg.), Vavrince z Brezové kronika husitská (die hussitische Chronik des Laurentius von Brezová), in: Fontes Rerum Bohemicarum, Bd. V.

George Peabody Gooch, *The Antagonists of the Oligarchy: The Communists*, 2. Aufl. , New York 1959.

Valentín González, *Morgen ist ein anderer Tag. Memoiren*, Köln 1979.

Ders., *Die große Illusion. Von Madrid nach Moskau*, Köln 1951.

Walter Grab (Hg.), *Die Französische Revolution. Eine Dokumentation*, München 1973.

Ted Robert Gurr, *Rebellion. Eine Motivationsanalyse von Aufruhr, Konspiration und innerem Krieg*, Düsseldorf 1972.

Michail Heller/Alexander Nekrich, *Geschichte der Sowjetunion*, Königstein/Taunus 1982.

Ernest Hemingway, *Wem die Stunde schlägt*, 14. Aufl., Frankfurt am Main 1977.

Martin Henkel/Rolf Taubert, *Das Weib im Conflict mit den socialen Verhältnissen*, Bochum 1976.

Frederick Heymann, *John Zizka and the Hussite Revolution*, New York 1955.

Christopher Hill, *The World Turned Upside Down*, Harmondsworth 1984.

Karin Hockamp, *Von vielem Geist und großer Herzensgüte – Mathilde Franziska Anneke*, Wetter/Ruhr 1999.

Peter Malcolm Holt, *The Mahdist State in the Sudan 1881–1898*, Oxford 1958.

Günter Kahle, *Grundlagen und Anfänge des paraguayischen Nationalbewußtseins*, Köln 1962.

Ders., »Ein südamerikanischer Diktator, Dr. Francia von Paraguay, im Spiegel der europäischen Geschichtsschreibung«, in: Saeculum, Jahrbuch für Universalgeschichte 15 (1964).

Hans-Christian Kirsch (Hg.), *Der Spanische Bürgerkrieg in Augenzeugenberichten*, 5. Aufl., München 1986.

Walter Klaassen, *Michael Gaismair: Revolutionary and Reformer*, Leiden 1978.

Hermann Klenner (Hg.), *Gerrard Winstanley. Gleichheit im Reiche der Freiheit*, 2. Aufl., Leipzig 1986.

Reiner Kornberger (Hg.), *Peru*, 2. Aufl., Frankfurt am Main 1988.

Hubert Krier, *Tapferes Paraguay*, 4. Aufl., Tübingen 1982.

Alain Labrousse, *Die Tupamaros*, München 1971.

Gernot Lennert, *Die Diggers*, Grafenau 1986.

Hippolyte Lissagaray, *Der Pariser Kommune-Aufstand*, Berlin 1931.

John Lynch, *The Spanish American Revolutions 1808–1826*, London 1973.

Josef Macek, *Die hussitische revolutionäre Bewegung*, Berlin 1958.

Michael Malet, *Nestor Makhno in the Russian Civil War*, London 1985.

Harold G. Marcus, *The Life and Times of Menelik II*, Oxford 1975.

Bernard Mark, *Der Aufstand im Warschauer Ghetto*, Berlin 1957.

Karl May, *Der Mahdi* (Ges. Werke, Bd. 17), Bamberg 1952.

Louise Michel, *Memoiren*, Münster 1977.

Ministero degli Affari Esteri, I Documenti Diplomatici (diplomatischer Schriftverkehr des italienischen Außenministeriums), Rom 1953.

Anthony Nutting, *Gordon von Khartum. Abenteurer und Märtyrer*, Wien 1967.

Michael Palij, *The Anarchism of Nestor Makhno*, Washington 1076.

Richard Pankhurst, *Economic History of Ethiopia 1800–1935*, Addis Abeba 1968.

Robert Payne, *The Civil War in Spain*, New York 1962.

Scarlett O'Phelan Godoy, *Rebellions and Revolts in 18th Century Peru and Upper Peru*, Köln 1985.

Heinrich Pleticha (Hg.), *Der Mahdiaufstand in Augenzeugenberichten*, München 1981.

Josef Riedmann, *Geschichte Tirols*, 2. Aufl., München 1988.

Augusto Roa Bastos, *Ich, der Allmächtige*, Stuttgart 1977.

John Parish Robertson/William Parish Robertson, *Letters on Paraguay*, London 1839.

Emir Rodríguez Monegal (Hg.), *Die Neue Welt. Chroniken Lateinamerikas von Kolumbus bis zu den Unabhängigkeitskriegen*, 8. Aufl., Frankfurt am Main 1997.

Robert Barrie Rose, *Gracchus Babeuf. The First Revolutionary Communist*, Stanford 1978.

Ernst Samhaber, *Südamerika*, Hamburg 1939.

Klaus Schmidt, *Mathilde Franziska und Fritz Anneke*, Köln 1999.

Rudolf Slatin, *Fire and Sword in the Sudan*, Leipzig o. J.

Yuri Suhl, *They fought back*, New York 1967.

Helmut Swoboda (Hg.), *Die Pariser Kommune 1871*, München 1971.

Edith Thomas, *Les »Petroleuses«*, Paris 1980.

Hugh Thomas, *Der Spanische Bürgerkrieg*, Frankfurt am Main 1964.

Hans Werner Tobler, *Die mexikanische Revolution*, 6. Aufl., Frankfurt am Main 1997.

Voline [Wsewolod Michailowitsch Eichenbaum], *Die unbekannte Revolution*, Hamburg 1975.

Justus F. Wittkop, *Unter der schwarzen Fahne*, Frankfurt am Main 1989.

John Womack, *Sterben für die Indios. Zapata und die mexikanische Revolution*, Zürich 1972.

Augustus B. Wylde, *Modern Abyssinia*, London 1901.

Wilhelm Zimmermann, *Großer Deutscher Bauernkrieg*, Stuttgart 1907.

Nikolaus Ludwig von Zinzendorf, Materialien und Dokumente. Ergänzungsband: *Zacharias Theobald, Husitenkrieg*, Hildesheim 1981 (Erstdruck 1609).

Quellennachweis

Gracchus Babeuf, Verschwörung für die Gleichheit
© Junius Verlag, Hamburg 1988

Wladyslaw Bartoszewski, Uns eint vergossenes Blut
© S. Fischer Verlag GmbH, Frankfurt am Main 1987

Augusto Roa Bastos
Aus: Ich, der Allmächtige. U: Elke Wehr
© Suhrkamp Verlag, Frankfurt am Main 2000
S. 174, 322, 380

Hans Benedikter, Rebell im Land Tirol. Michael Gaismair
© Europa Verlag, Hamburg 1970

Jürgen Bücking, Michael Gaismair: Reformer – Sozialrebell – Revolutionär. Seine Rolle im Tiroler »Bauernkrieg« (1525/32). (Reihe: Spät-
mittelalter und Frühe Neuzeit. Tübinger Beiträge zur Geschichtsfor-
schung. Hrsg. von Volker Press/Ernst W. Zeeden. Klett-Cotta, Stuttgart
1978

Dittmar Dahlmann, Land und Freiheit
© Franz Steiner Verlag, Wiesbaden 1986

El Campesino. Morgen ist ein anderer Tag. Memoiren
© 1979 by Verlag Kiepenheuer & Witsch, Köln

Lieselotte Engl, Die Eroberung Perus
© Piper Verlag GmbH, München 1991

Ernest Hemingway, Wem die Stunde schlägt
© Bermann-Fischer Verlag, Stockholm 1941. Alle Rechte vorbehalten
S. Fischer Verlag GmbH, Frankfurt am Main

Hermann Klenner (Hg.), Gerrard Winstanley. Gleichheit im Reiche der
Freiheit, 2. Aufl. 1986
© Hermann Klenner, Gubitzstraße 40, D-10409 Berlin

Bildnachweis

S. 11: Jan Žižka: Zacharias Theobald, *Hussitenkrieg*, Hildesheim 1981 (Erstdruck 1609);

S. 39: Michael Gaismair: Jürgen Bücking, *Michael Gaismair: Reformer – Sozialrebell – Revolutionär*, Stuttgart 1978;

S. 67: Gerrard Winstanley: http://www.tlio.demon.co.uk/diggers.htm;

S. 89: Túpac Amaru: http://www.nativeweb.com/tawantinsuyu/tupac.htm;

S. 105: Gracchus Babeuf: Karl Hans Bergmann, *Babeuf. Gleich und Ungleich*, Köln 1965;

S. 131: Francia: Justo Pastor Benítez, *La Vida Solitaria del Dr. José Gaspar de Francia, Dictador des Paraguay*, Buenos Aires 1937;

S. 171: Louise Michel: Pierre Durand, *Louise Michel: La Passion*, Paris 1987;

S. 189: Mohammed Achmed: Wilfried Westphal, *Sturm über dem Nil. Der Mahdi-Aufstand*, Sigmaringen 1998;

S. 213: Menelik II.: http://www.lonestar.utsa.edu/yselassi;

S. 231: Zapata: John Womak, *Sterben für die Indios. Zapata und die Mexikanische Revolution*, Zürich 1972;

S. 257: Nestor Machno: Justus F. Wittkop, *Unter der schwarzen Fahne*, Frankfurt a. M. 1989;

S. 279: Valentín González: Valentín González, *Morgen ist ein anderer Tag. Memoiren*, Köln 1979;

S. 295: Niuta Tajtelbaum: Bernard Mark, *Der Aufstand im Warschauer Ghetto*, Berlin 1957.

Literarische Spaziergänge
mit Büchern und Autoren

Ralf Höller

Der Anfang,
der ein Ende war
Die Revolution
in Bayern 1918/19

Originalausgabe
298 Seiten
Band 8043
ISBN 3-7466-8043-3

»Wenn ein deutscher Revolutionär einen Bahnhof besetzen
will, kauft er sich zuerst eine Bahnsteigkarte.«
Nichts trifft die politische Mentalität der Deutschen so in
ihrem Kern wie dieses Lenin-Zitat. Anders als die Franzosen
oder die Russen können wir auf kein Ereignis zurückblicken,
das die gesellschaftlichen Verhältnisse komplett umgekrem-
pelt hätte.
Im 20. Jahrhundert erhoben sich deutsche Arbeiter und
Bürger nur ein einziges Mal gegen die alte Ordnung. Bei der
Revolution von 1918/19 spielte München neben Berlin die
wichtigste Rolle. In Bayern wurde zwei Tage früher als in den
übrigen deutschen Ländern der Monarch davongejagt und die
Republik ausgerufen.
Die Revolution von 1918/19 machte Bayern zu dem, was
es heute ist, zu einem demokratischen Freistaat.

A*t*V
Aufbau Taschenbuch Verlag

Helmut Blazek
Männerbünde
Eine Geschichte
von Faszination und Macht

Mit 54 Abbildungen
264 Seiten
Band 8062
ISBN 3-7466-8062-X

Noch immer bilden Männerbünde Zentren der Macht. Ob in der Kirche, den Burschenschaften, bei den Freimaurern oder unter Fußballfans: Männer schließen sich zu Gruppen zusammen, die nach außen abgeschottet sind, nach innen oft strengen Hierarchien folgen und häufig einem mehr oder weniger charismatischen Führer unterworfen sind. Blazek untersucht die Wurzeln und die Ausprägungen dieser männerzentrierten Mentalität von der Antike bis heute.

A*t*V
Aufbau Taschenbuch Verlag

Heinrich Hannover

Die Republik
vor Gericht 1954–1974
Erinnerungen
eines unbequemen
Rechtsanwalts

494 Seiten
Band 7031
ISBN 3-7466-7031-4

Die Liste von Heinrich Hannovers Mandanten spiegelt ein
Stück bundesdeutscher Geschichte wider. Die Verfahren gegen
Günter Wallraff, Ulrike Meinhof, Peter-Paul Zahl, Karl Heinz
Roth, Astrid Proll oder Daniel Cohn-Bendit standen symbol-
haft für den Zustand unserer Bundesrepublik, an deren Rän-
dern zudem eine Fülle jener Namenloser zu Kriminellen er-
klärt wurde, die in traditionellen Demokratien das Salz der
Gesellschaft bilden: Kommunisten, Anarchisten, Kriegs- und
Atomwaffengegner, radikale Kritiker und Unruhestifter.

»Heinrich Hannover, ein furchtloser Mann von Anstand und
Gesittung, hat ein sehr wichtiges und spannendes Buch geschrieben. Es sei allen, vor allem aber jenen zum Studium
empfohlen, die in ihrer satten Selbstzufriedenheit befangen
sind.« *Die Zeit*

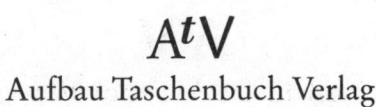

Aufbau Taschenbuch Verlag

Margret Jäger
Siegfried Jäger

Gefährliche
Erbschaften
Die schleichende Restauration
rechten Denkens

Originalausgabe
216 Seiten
Band 7019
ISBN 3-7466-7019-5

»Ich sehe eine neuen Hitlerismus kommen«, notierte Victor Klemperer kurz nach dem Zusammenbruch des Naziregimes. Aus seinen Tagebüchern der Jahre 1933–1945 destillierte er sein Buch über die Sprache des Dritten Reiches, »LTI«, das er als »Erziehungsbuch« verstand, um der Fortdauer faschistischen Denkens und Handelns etwas entgegenzusetzen. Margret und Siegfried Jäger rekonstruieren Klemperers Sprach- und Gesellschaftskritik und versuchen, sie für die Gegenwart fruchtbar zu machen. Sie wenden Klemperers Methode zum einen auf die Sprache und Ideologie des heutigen Rechtsextremismus an und untersuchen darüber hinaus, ob und welche Elemente völkischen Denkens in die »Mitte« der Gesellschaft eingedrungen sind und dort Wirkung entfalten. Ihre Analysen beziehen sich auf aktuelle Textbeispiele und Illustrationen zentraler deutscher Zeitungen und Zeitschriften, auf Politikerreden jüngster Zeit und auf Alltagsinterviews.

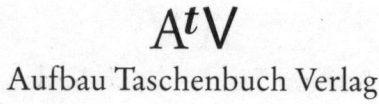

A*t*V
Aufbau Taschenbuch Verlag

Geistige Brandstiftung
Die neue Sprache der Berliner Republik

Herausgegeben von Johannes Klotz und Gerd Wiegel

263 Seiten
Band 7035
ISBN 3-7466-7035-7

Die Berliner Republik soll sich von der Erblast des Nationalsozialismus befreien, vernehmen wir aus der Mitte der Gesellschaft. Sie störe bei dem Versuch, zur Normalität zurückzukehren. Deutsche Normalität hat erschreckende Seiten: mindestens 117 Mord-Opfer rechtsextremer Gewalt seit 1990, 147 antisemtische Straftaten in nur drei Monaten. Anschläge auf Synagogen, auf Ausländer und Friedhofsschändungen häufen sich.

Die Autoren dieses Buches erörtern den Zusammenhang zwischen den auch von Politikern und Intellektuellen popularisierten Forderungen nach einem »Schlußstrich« unter die Vergangenheit und der Konjunktur von Nationalismus, Fremdenfeindlichkeit und Antisemitismus.

A*t*V
Aufbau Taschenbuch Verlag

Anna Seghers
Das siebte Kreuz
Ein Roman
aus Hitlerdeutschland

*Mit einem Nachwort
von Sonja Hilzinger*

432 Seiten
Band 5177
ISBN 3-7466-5177-8

Aus sieben gekuppten Platanen wurden im Konzentrationslager Westhofen Folterkreuze für sieben geflohene Häftlinge
vorbereitet. Sechs der Männer müssen ihren Fluchtversuch
mit dem Leben bezahlen. Das siebte Kreuz aber bleibt frei.

»Das bedeutendste Buch des Exils über das ›Dritte Reich‹«.
Hans Albert Walter

A*t*V
Aufbau Taschenbuch Verlag

Brigitte Reimann

Franziska Linkerhand

Roman

Ungekürzte Neuausgabe
639 Seiten
Band 1535
ISBN 3-7466-1535-6

Zehn Jahre schrieb Brigitte Reimann an diesem Roman über die lebenshungrige, kompromißlose, von einer Vision und einer Liebe besessene junge Architektin Franziska Linkerhand. Obwohl unvollendet, ist dies eines der wichtigsten und schönsten Bücher der deutschen Gegenwartsliteratur. Die ungekürzte Ausgabe liefert ein illusionsloses Bild der DDR der sechziger Jahre und zeigt eine freimütigere Franziska Linkerhand – so radikal wie ihre Autorin in den Tagebüchern.

»Ein aufregendes, aufwühlendes Buch.«   *FAZ*

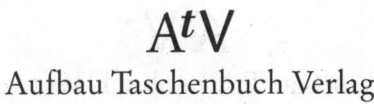

A*t*V
Aufbau Taschenbuch Verlag

Lion Feuchtwanger

GOYA
oder Der arge Weg
der Erkenntnis

Roman

*Mit einem Nachwort
von Fritz Rudolf Fries*

*597 Seiten
Band 5025
ISBN 3-7466-5025-9*

Der spanischen Inquisition sind die »Caprichos« des Malers
Francisco de Goya überbracht worden, ketzerische Zeichnun-
gen, Impressionen des Schreckens, visionäre Bilder der An-
klage. Brutal, barbarisch, geschmacklos – urteilt die Herzogin
von Alba, die Frau, mit der Goya aufs engste verbunden ist.
Don Francisco macht die Angst sichtbar, die auf dem ganzen
Lande liegt, rühmt der Dichter Quintana. Es scheint eine
Frage der Zeit, bis das Heilige Tribunal den Ketzer und sein
Werk vernichten wird. Aber die kühne, eigenwillige Kunst
Goyas triumphiert über den Geist klerikaler Willkür.

AtV
Aufbau Taschenbuch Verlag

Peter Stanford

Die wahre Geschichte
der Päpstin Johanna

Aus dem Englischen
von Hans Freundl

272 Seiten
Band 8057-3
ISBN 3-7466-8057-3

Die Figur der Päpstin Johanna - der Frau, die sich im frühen Mittelalter als Mann verkleidete, Kirchenoberhaupt wurde und irgendwann auf offener Straße niederkam – gab lange Zeit zu immer neuen Mythen, Legenden und wilden Spekulationen Anlaß. Erst allmählich setzt eine ernsthafte Auseinandersetzung mit ihrer Person ein. Die katholische Kirche, die alle Spuren aus ihren Annalen getilgt hat, will noch immer nichts von einem weiblichen Papst wissen. Aber gerade jetzt, da die Priesterschaft für Frauen heiß diskutiert wird, ist es höchste Zeit, die wahre Geschichte hinter dem Mythos aufzudecken.

A*t*V

Aufbau Taschenbuch Verlag